Thomas Mayer (Hg.)

Die Bibel

—

Ganze Inspiration
Ganze Wahrheit
Ganze Einheit

VTR

Bibliografische Information der Deutschen Nationalbibliothek
Die Deutsche Nationalbibliothek verzeichnet diese Publikation in der Deutschen Nationalbibliografie; detaillierte bibliografische Daten sind im Internet über http://dnb.d-nb.de abrufbar.

ISBN 978-3-941750-40-1

VTR, Gogolstr. 33, 90475 Nürnberg
http://www.vtr-online.de

ISSN 0006-5061
Zeitschrift des Bibelbundes
112. Jahrgang / April-Juni 2012
„Bibel und Gemeinde" 2/2012

Bibelbund e.V., Postfach 470268, 12311 Berlin
http://www.bibelbund.de

Umschlaggestaltung: VTR
Satz: VTR
Druck: druckhaus koethen
Printed in Germany

Inhalt

Michael Kotsch

Der Bibelbund: Gestern und Morgen

Die Anfänge

Der Bibelbund geht auf einige lutherische Pfarrer und Kirchenvertreter zurück, die ihren Protest gegen die damals herrschende Bibelkritik organisieren wollten. Im Pfarrhaus in Hohenselchow in Pommern gründeten sie damals den Bibelbund als Sammelbecken für bibeltreue Christen. Zu den Gründungsmitgliedern gehörten die bibeltreuen Lutheraner Pfarrer Gustav Sauberzweig (Hohenselchow), Professor Theodor Beyer (Neustettin), Superintendent August Vogel (Wollin), Pfarrer Wilhelm Quistorp (Schweringsburg), Pastor Oskar Steinmeier (Zarben), Pfarrer Julius Helterhoff (Langenhagen) und Pastor Friedrich Gaedke (Robe).[1]

Von Anfang an stand die Überzeugung von der Irrtumslosigkeit der Heiligen Schrift im Mittelpunkt des Bibelbundes. In der ersten Satzung des Vereins hieß es dazu:

> „Die Mitglieder bekennen sich zu dem Glauben, dass die Heilige Schrift Alten und Neuen Testamentes nach ihrem Zeugnis über sich selbst das durchaus und in allem einzelnen wahre und von jedem Irrtum freie Wort Gottes und darum die einzige Richtschnur unseres Glaubens und Lebens ist."

In kritischen Artikeln setzte man sich beispielsweise mit Adolf von Harnack auseinander, der das Evangelium auf den gütigen Gott im Himmel reduzieren wollte. Aber nicht nur an den evangelischen Fakultäten, auch in den lutherischen Gemeinden äußerten sich zunehmend mehr Pfarrer und Gemeindeglieder kritisch zur Bibel.

Schwerpunktmäßig kamen nur wenige Mitglieder des Bibelbundes in den ersten Jahren aus dem Westen des Reiches. Zu den schwerpunktmäßig aus Pommern, Schlesien und Sachsen stammenden Mitgliedern des Bibelbundes zählten so bekannte Persönlichkeiten wie der Evangelist General von Viebahn (1840-1915), Superintendent Wilhelm Kölling, der Seminardirektor der *Leipziger Mission* Julius Greve, der Missionsinspektor der *Breklumer Mission* Bracker, Verleger Gottlieb Koezle, Pfarrer und Alttestamentler Eduard Rupprecht und Superintendent Wilhelm Rohnert. Einer der führenden Mitglieder des *Bibelbundes* war auch der unierte Superintendent in Pleß (Oberschlesien) Dr. Wilhelm Kölling (1836-1903).

---

[1] Die historische Darstellung des Bibelbundes stützt sich stark auf folgende Aufsätze von Stephan Holthaus: „Geschichte des Bibelbundes", in: Bibel und Gemeinde (BuG), 2/1994, S. 6-68 / Stephan Holthaus: „100 Jahre Bibel und Gemeinde", in: BuG, 1/2000.

Etwa 70% der Mitglieder waren damals Pastoren der Landeskirchen. Erste Schriften des Bundes erschienen ab 1897 im Verlag Wollermann in Braunschweig, darunter Arbeiten zum Pentateuch und zur Archäologie. Autoren waren u.a. Theodor Beyer, Adolf Zahn und Julius Greve.

Ab April 1901 erschien erstmalig die Zeitschrift des Bibelbundes, damals unter dem Titel: *„Nach dem Gesetz und Zeugnis“*. Damit bezog man sich auf Jes 8,20, wo es nach der alten Luther-Übersetzung hieß:

> „Wenn sie aber zu euch sagen: Ihr müsset die Wahrsager und Zeichendeuter fragen, die da flüstern und murmeln, so sprecht: Soll nicht ein Volk seinen Gott fragen, oder soll man die Toten für die Lebendigen fragen? Ja nach dem Gesetz und Zeugnis! Werden sie das nicht sagen, so werden sie die Morgenröte nicht haben“ (Jes 8,19-20).

„Nach dem Gesetz und Zeugnis“ galt in diesem Text als Aufruf zur Umkehr zu Gott und seinem Wort. So sollte auch die neue Zeitschrift des Bibelbundes zur Nachfolge Gottes aufrufen und vor falschen Propheten unter den theologischen Lehrern warnen.

Erster Schriftleiter wurde der aus der Gemeinschaftsbewegung stammende Pfarrer Friedrich Gaedke (1863-1932). Aufgewachsen in einem gläubigen Elternhaus in Pommern hatte Gaedke Theologie in Leipzig, Rostock, Berlin und Greifswald studiert. Als Pfarrer wurde er durch die Förderung der Mission und durch seine evangelistischen Predigten bekannt. Ab 1905 engagierte er sich in der Gemeinschaftsbewegung und war auch einige Zeit Vorsitzender des Pommerschen Brüderrates und ab 1919 war er Missionsinspektor der *Liebenzeller Mission.*

In der Zeitschrift des Bibelbundes fanden sich akademische Aufsätze ebenso wie Artikel zur persönlichen Erbauung. Daneben berichtete man von den Aktivitäten des Bibelbundes und den Eintritten von neuen Mitgliedern. Biblische Fragen konnten an den Schriftleiter gestellt werden und wurden ausführlich beantwortet. Über die Bibelkritiker seiner Tage urteilte Gaedke:

> „Wenn die Herren doch bedenken wollten, welchen Schaden sie mit ihrer ‚Wissenschaft‘ anrichten und wie vielen sie dadurch zum völligen Unglauben an der Bibel und zum ewigen Verderben verhelfen! Wenn das Licht der Offenbarung ausgelöscht und verdunkelt wird, so wird Tausenden das Licht des Trostes in ihrer Trübsal und das Licht der Hoffnung am Rande des Grabes genommen. Mit verfinstertem Herzen gehen sie in der Stunde des Todes in die ewige Finsternis.“[2]

2 F. Gaedke: „Zwei verschiedene Lichter!“, in: Nach dem Gesetz und Zeugnis, 1/1903, S. 5.

Wichtige Themen waren damals der „*Bibel-Babel-Streit*", die Quellenscheidung im Pentateuch, die Frage nach dem Verhältnis von Bibel und Naturwissenschaft und die Schrifthaltung Martin Luthers. Es wurden auch bedenkliche Entwicklungen unter den Frommen aufgegriffen. So kritisierte man z.B. die offene Schrifthaltung des bekannten Evangelisten Samuel Keller und die eigentümlichen Textkonstruktionen von Johannes Lepsius, beides profilierte Vertreter der Gemeinschaftsbewegung.[3] Zudem wandte man sich gegen die nicht eindeutige Schrifthaltung der unter Friedrich von Bodelschwingh eröffneten *Theologischen Schule* in Bethel.

Gaedke beschäftigte sich als Schriftleiter intensiv mit den Angriffen der Naturwissenschaft auf den biblischen Schöpfungsbericht. Hier stand der Bibelbund von Anfang an auf der Seite der Kreationisten und argumentierte für eine wörtlich verstandene 24-Stunden-Schöpfung. Auch in der Frage nach den geologischen Zeitskalen trat Prof. Endemann für eine junge Erde ein.

Einige weitere Überschriften von Artikeln dieser Zeit zeigen wie sich der Bibelbund an der aktuellen theologischen Diskussion dieser Zeit beteiligte: „*Zur Theologie Ritschls*"; „*Die Echtheit des Daniel*"; „*Das Alte Testament und Wellhausen*"; „*Konnte Jesus sündigen*?"; „*Gibt es zwei Schöpfungsberichte*?"; „*Was lehren die lutherischen Bekenntnisse von der Heiligen Schrift*?"; „*Das Verhältnis der Evangelien zueinander*"; „*Jesaja als Zeuge gegen den Deuterojesaja*".

Der 1. Weltkrieg

1911 gab Gaedke die Schriftleitung von „*Nach dem Gesetz und Zeugnis*" an Pfarrer Oskar Steinmeier aus Stettin ab, der auch gleichzeitig als Vorsitzender des Bibelbundes fungierte. In regelmäßigen Berichten wurde über die geistliche Lage im Deutschen Reich berichtet. In jenen Jahren kamen auch neue Mitglieder dazu; unter anderen Dr. Emil Dönges, Dr. Georg Stosch, Prof. Hashagen und Pfarrer Johannes Kuhlo aus Bethel. 1915 begrüßte man das 300ste Mitglied im Bibelbund.

Als überzeugter Monarchist sah Steinmeier in der damals aufkommenden Kritik am Kaisertum ein Resultat der Kritik an Gott und seinem Wort. Sozialdemokratie stand gleichbedeutend mit Gottlosigkeit. So verwundert es nicht, dass er im 1. Weltkrieg deutlich Stellung für die deutsche Armee und gegen England und die USA bezog. So sollten englische Lieder sollten aus den Gesangbüchern gestrichen werden und das eigentliche Anliegen des Bibelbundes, die Verteidigung der Inspiration der Schrift, trat leider damals in den Hintergrund.

[3] Zu Lepsius vgl. den Artikel von Karl Endemann: „Dr. Johannes Lepsius und ‚Ein menschlicher Tag'", in: Nach dem Gesetz und Zeugnis, 4/1904, S. 38-56, 77-82.

Im 1. Weltkrieg führte man auch eine Rubrik über Erlebnisse von der Ost- und Westfront ein. Immer wieder finden sich Aufrufe zum Gebet für den Sieg des deutschen Volkes über die Feinde. Als die Erfolge mit den Jahren ausblieben und der Krieg endgültig verloren war, suchte man im Abfall von Gott und der nationalen Überheblichkeit den Grund für die Niederlage.

Zwischen den Kriegen

Nach Steinmeiers Tod folgte Heinrich Cornelius als Schriftleiter des Bibelbundes (1918-1937). Cornelius war damals Pfarrer an der St. Michaeliskirche in Lütjenburg. In der Schriftfrage stand er zur Satzung des Bibelbundes:

> „Wir stehen mit diesem Bekenntnis zur Irrtumslosigkeit der Bibel voll und ganz auf dem Formalprinzip der deutschen Reformation … Wir meinen, wer ernst macht mit jenem Bekenntnis, dem müsse auch die Stellung des Herrn zur Schrift maßgebend sein!“[4]

Auslegungsserien lieferten Anfang der 20er Jahre Dr. Arnold Braune über Hesekiel, Prof. Theodor Beyer über die Chronik-Bücher und Prof. Dr. Karl Endemann über den Jakobusbrief. Auffallend sind die vielen Buchbesprechungen in dieser Zeit. Kaum eine Ausgabe, in der nicht zwanzig und mehr neue Bücher vorgestellt oder rezensiert wurden. Insgesamt ging es mehr darum die Gemeinde zu ermutigen, als sich mit der Bibelkritik zu beschäftigen, die sich jetzt ohnehin in einer inneren Krise befand.

Die wirtschaftliche Krise nach dem ersten Weltkrieg führte zu einer deutlichen Einschränkung der literarischen Arbeit des Bibelbundes. Das Heft erschien jetzt nur noch alle drei Monate und kostete in der Inflationszeit 7 Milliarden Mark. Finanzielle Unterstützung erhielt der Bibelbund in diesen Jahren von Freunden aus Schweden, Holland und Nordamerika. Der jungen Demokratie der Weimarer Republik gegenüber stand der Bibelbund abwartend kritisch. Die politischen Unruhen der 20er Jahre unterstützten diese Skepsis. Heinrich Cornelius nahm 1919 den Kaiser und General Ludendorff gegen jede Kritik in Schutz.

Gleichzeitig konnten in dieser Zeit wichtige neue Mitglieder gewonnen werden: Pfarrer Theophil Krawielitzki vom *Deutschen Gemeinschafts-Diakoniewerk*, Johannes Warns, später Erich Sauer von der *Bibelschule Wiedenest* und Fritz Rienecker u.a. Auch das Niveau der Veröffentlichungen stieg und man beschäftigte sich wieder mit den theologischen Fragen um die Bibel. Seit 1924 gab es öffentliche Hauptversammlungen des Bibelbundes in Berlin und anderen Städten, zu denen teilweise bis zu 400 Besucher kamen.

---

4 Heinrich Cornelius: „Die Aufgaben unseres Bibelbundes in der Gegenwart“, in: Nach dem Gesetz und Zeugnis, 24 (April-Juni, 1924), S. 6.

Seit Mitte der 20er Jahre griff der Bibelbund Karl Barths Dialektische Theologie auf. Zwar begrüßte man das neue Fragen nach dem Wort Gottes und die Ablehnung der liberalen Theologie bei Barth, durchschaute jedoch die unbefriedigende Haltung Barths zur Irrtumslosigkeit der Bibel.[5] Immer wieder wurde vor der falschen Bibelhaltung Barths gewarnt, bei der das Wort Gottes erst durch die Verkündigung zum Wort Gottes würde. Diesen Kompromiss in der Schriftfrage lehnte der Bund von vornherein ab.

Seit 1924 veröffentlichte Dr. Wilhelm Möller (1872-1956) seine Erkenntnisse über das Alte Testament in der Zeitschrift des Bibelbundes. Ab 1929 trat er auch als Mitherausgeber der Bibelbund-Zeitschrift auf. Möllers Artikel gehören zu dem Besten, was in *„Nach dem Gesetz und Zeugnis“* je erschienen ist. Immer wieder verteidigte Möller die Einheit und Echtheit des Pentateuch gegen die liberale Theologie seiner Tage.

Unter dem Nationalsozialismus

Nach der Machtergreifung der Nationalsozialisten (1933) gingen die Mitgliederzahlen wieder deutlich zurück. Die Gefahren des Nationalsozialismus erkannte man nicht, sondern übernahm unkritisch viele Parolen jener Zeit.

Von den Thesen der Deutschen Christen und den Nationalsozialisten, Jesus sei ein Arier und kein Jude gewesen distanzierte sich der Bibelbund jedoch deutlich.[6] Auch die Forderung der deutsch-völkischen Bewegung sich vom *„jüdischen“* Alten Testament zu distanzieren wurde strikt zurückgewiesen. Nach der Machtergreifung Hitlers wandte man sich gegen die nationale Theologie der Deutschen Christen und gegen den Antijudaismus eines Ludendorff. Eine einheitliche Reichskirche lehnte Cornelius schon aus konfessionellen Gründen ab.

Andererseits sprach Wilhelm Möller schon 1926 auf einer Bibelbundtagung von der *„zersetzenden Wirkung des Judentums auf die Völkerwelt“*. Auch sah man die antichristliche Bedrohung mehr im Bolschewismus, als in der Gefahr von rechts. Die Machtergreifung Hitlers begrüßte man demnach im Bibelbund als eine Führung Gottes. 1936 hieß es:

> „Als Deutsche wollen wir Gott danken, daß er uns einen Führer gegeben hat, der mit starker, energischer Hand dem verderblichen Einfluß des Judentums in Wirtschaft, Politik, Recht und Kultur Schranken setzt.“[7]

---

[5] O. Rohnert: „Karl Barth und wir“, in: Nach dem Gesetz und Zeugnis, 26 (Januar-März, 1927), S. 350-360.

[6] Theodor Beyer: „Jesus, kein Arier, sondern ein Glied des auserwählten Volkes der Juden“, in: Nach dem Gesetz und Zeugnis, 25 (Juli-September, 1925), S. 130-136.

[7] E. Kruse: „Das Alte Testament – heute noch?“, in: Nach dem Gesetz und Zeugnis, 36 (August/September, 1936), S. 166.

Cornelius drückte mehrfach im Blatt seine Liebe zum Führer Adolf Hitler aus. Das Vorgehen des Staates gegen die Juden spielte man herunter und rechtfertigte sie mit den schwierigen politischen Verhältnissen. Man lobte die Anstrengungen der Reichsregierung gegen Schund- und Schmutzliteratur und gegen die Prostitution.

Im Einklang mit nationalsozialistischer Propaganda war Cornelius der Überzeugung, dass nach der Verwerfung Jesu durch die Juden nur noch Unheil von ihnen über die Erde kommen konnte. Die schlimmste Judenhetze formulierte Schuldirektor August Fliedner in einer Artikelserie über die Schöpfung. Nach einer Aufzählung von Gräueltaten der Juden an Christen, zu denen er auch die Verfolgungen unter den russischen Bolschewisten zählte, versuchte Fliedner seine Judenfeindschaft mit konstruierten Hinweisen auf Aussagen von Jesus, Paulus und Luther zu begründen. Dann verweist er auf Hitler als

> „viertem Zeugen“, der „unserm Volke mit so goldtreuem Herzen so große Wohltaten getan hat, der uns Leib und Leben behütet hat; denn sonst hätten uns die Juden schon von Haus und Hof getrieben und unsere Kirchen zerstört, ja, uns selbst ums Leben gebracht. Hitler ist der größte deutsche Staatsmann, größer als einst Bismarck; denn zum erstenmal seit Luther habe Adolf Hitler der jüdischen Lügen- und Mordpest auf den Grund gesehen und deshalb die Schutzgesetze gegen die Juden gegeben.“[8]

Wilhelm Möller rechtfertigte noch 1939, als die Judenverfolgungen schon längst bekannt waren, das Vorgehen der Nationalsozialisten:

> „Und es ist erst recht kein Geheimnis, wie unselig und verderblich sich der jüdische Geist, qualitativ betrachtet, ausgewirkt hat. Dass der Staat hier eingegriffen hat, war nicht nur sein gutes Recht, sondern seine von früheren Regierungen nicht geübte Pflicht, und alle müssen ihm das von ganzem Herzen danken, auch die evangelischen Christen; denn alle hatten in dem jüdisch verseuchten Staat mitzuleiden.“[9]

Möller begründete das mit einer grundsätzlichen Differenzierung zwischen dem Alten Testament und dem zeitgenössischen Judentum. Die alttestamentliche Kritik Gottes an Israel aber wollte er als Argument gegen das neuzeitliche Judentum verwenden. Zur „*Bekennenden Kirche*“ hat man im Bibelbund keinen Kontakt bekommen, weil man sich weigerte mit unierten oder reformierten Pfarrern zusammenzuarbeiten.

---

[8] August Fliedner: „Die Schöpfung der Welt“, in: Nach dem Gesetz und Zeugnis, 37 (September, 1937), S. 134f.

[9] Wilhelm Möller: „Zum Brückenbau zwischen Staat und Kirche“, in: Nach dem Gesetz und Zeugnis, 38 (Januar-Februar, 1939), S. 233.

Aus Krankheitsgründen übergab Heinrich Cornelius 1937 sein Amt des Schriftleiters des Bibelbundes an den Amberger Strafanstaltspfarrer Karl Ramge. Auch Ramge war überzeugter Hitlerverehrer und fand glühende Worte für den Anschluss Österreichs an das Deutsche Reich. 1938 wurde er auch erster Vorsitzender des Bibelbundes.

Die Öffentlichkeitsarbeit wurde vernachlässigt. Auch Konferenzen fanden nur noch sporadisch statt. 1939 gehörten zum Bibelbund ca. 250 Mitglieder, also 200 weniger als noch 1929. Mit Kriegsbeginn kam die Bibelbundarbeit weitgehend zum Erliegen. Zu den eigentlichen Herausforderungen der Zeit und zur Judenfrage hatte man keine Antwort gefunden.

Die Nachkriegszeit

Die Neuorganisation des Bibelbundes nach dem Zweiten Weltkrieg gestaltete sich aufgrund der desolaten wirtschaftlichen Situation und der völligen Zerschlagung der Kommunikationswege als äußerst schwierig. Viele Bibelbundmitglieder galten als vermisst. Darüber hinaus stammten 60% der Mitglieder aus Ostdeutschland, Schlesien und Pommern. Eine Neubelebung des Bundes – und das wurde spätestens 1949 klar – konnte aber nur vom freien Westdeutschland aus gelingen. Die dortige schmale Mitgliederbasis verzögerte jedoch den zügigen Wiederaufbau.

Am schnellsten nahm der Bibelbund seine Arbeit in Württemberg wieder auf. Regelmäßig wurden Tagungen organisiert. Rundbriefe informierten über den Fortgang der Arbeit. Diese Ausweitung des Bibelbundes in Württemberg führte zu einer Abwendung vom lutherischen Konfessionalismus hin zum Pietismus. Die entscheidenden Leute im Bibelbund waren bis zu diesem Zeitpunkt überzeugte Mitglieder der lutherischen Landeskirchen. Nach 1945 änderte sich diese Situation. Immer mehr Pietisten aus Württemberg schlossen sich dem Bibelbund an. Sie waren durch den Pietismus und die Erweckungsbewegung geprägt. Hier standen Wiedergeburt und Bekehrung wesentlich mehr im Vordergrund als im Luthertum. Heiligung und einfältiges Christenleben wurden betont, weniger der Kampf um die rechte Lehre. Unzufrieden mit diesen Veränderungen reichte Karl Ramge 1946 seinen Rücktritt als Vorsitzender des Bibelbundes ein.

Nach über 10-jähriger Pause erschien 1950 eine neue Ausgabe der Bibelbund-Zeitschrift „*Nach dem Gesetz und Zeugnis*“. Als Schriftwart zeichnete der neue Schriftleiter Friedrich Hübner (1881-1953) verantwortlich, der von Anfang an die theologische Kontinuität des Bibelbundes betonte:

> „Noch ist ja die Stimme unseres Bundes keineswegs überflüssig geworden … Es kommt bei Theologen und Nichttheologen in diesen unseren

> Kirchen ganz und gar darauf an, wie man sich der Bibel nähert. Es gibt nur eine gültige Art das zu tun, nämlich daß ihnen dieses Wort des ewigen, allmächtigen Gottes, dieses Wort Seiner Geduld in Christus (Offb 3,11) das für den, der es annimmt, das gerechte Wort des göttlichen Zornes in das Wort Seiner Gnade und Huld wandelt, so wichtig ist, daß sie aus allen seinen Teilen Gott selber hören."[10]

An der Überzeugung von der Irrtumslosigkeit der Schrift ließ der neue Schriftleiter keinen Zweifel. Der Rückgriff auf die alte Orthodoxie schien Hübner *der* Ausweg aus dem Dilemma der kraftlosen Kirche. Gleich in der ersten Nummer wurde auf die sogenannte Entmythologisierungstheologie Rudolf Bultmanns eingegangen, die in den 50er Jahren die evangelische Theologie dominierte. Hier hatte man eine neue Gefahr für die Gemeinde Jesu entdeckt, zu der man Stellung bezog.

Hübner verband in seiner Person das Luthertum und den Pietismus. Streng lutherisch erzogen, lebte er am Missionsseminar in Breklum mit pietistisch orientierten Christen zusammen. Nachdem er für einige Jahre als Missionar in Indien tätig gewesen war, holte er in Deutschland sein Theologiestudium nach und traf 1930 auf den Bibelbund.

In dieser Aufbauzeit wurden auch neue Autoren für den Bibelbund gewonnen: Dr. Gahr aus Erlangen und Dr. Theophil Flügge aus Berlin. Thematisch ging es vor allem wieder um die Bibelfrage und die Zurückweisung der Bibelkritik. Die Theologie Karl Barths wurde ebenso in Frage gestellt wie der schon erwähnte Neuansatz Bultmanns, aber auch die Ablehnung der Verbalinspiration beim Gemeinschaftsmann Dr. Ludwig Thimme. Ausführlich unterrichtete man die Leser auch über die Ausgrabungen in Qumran und den Bestseller von Immanuel Velikowsky „*Welten im Zusammenstoß*". Auch die in Württemberg verbreitete Allversöhnungslehre wurde mehrfach kritisch besprochen. Umstritten blieb noch die Frage nach der Evolutionslehre: Vertreter einer vermittelnden Position (theistische Evolution) und eines strengen Kreationismus standen sich Mitte der 50er Jahre gegenüber. Aber schon in dieser Zeit finden sich Artikel des bekannten Prof. Dr. Wilder-Smith.[11] Kritisch äußerte sich der Bibelbund damals zur aufkommenden ökumenischen Bewegung.

Neben zahlreichen persönlichen und erbaulichen Beiträgen wurde eine „*Theologische Beilage*" zur Zeitschrift eingeführt, in der anspruchsvolle Artikel für theologisch vorgebildete Leser erschienen. Insgesamt waren die Mittel sehr

---

[10] Friedrich Hübner: „Zum Geleit", in: Nach dem Gesetz und Zeugnis, 40 (Heft 1, 1950), S. 2. Vgl. Stephan Holthaus: „100 Jahre Bibel und Gemeinde", in: BuG, 1/2000.

[11] Vgl. z.B. A.E. Wilder Smith: „Schöpfung und Naturwissenschaft", in: Nach dem Gesetz und Zeugnis, 42 (März, 1952), S. 32-34.

begrenzt. Für den Druck stand nur schlechtes, grobes Papier zur Verfügung. Alle Arbeiten geschahen ehrenamtlich. Der Haushalt belief sich im Geschäftsjahr 1949/1950 auf nur 2.400 DM, und mehrmals musste der Druck hinausgezögert werden, bis genügend Beiträge eingegangen waren.

Als Hübner überraschend 1953 starb wurde die Arbeit von Christoph Schulz aus Leonbronn weitergeführt. Zu dieser Zeit hatte der Bibelbund 372 Mitglieder, 60 davon in der *Ostzone*.

Wichtige Impulse gingen in dieser Zeit von Pfr. Fritz Rienecker (1897-1965) aus. Der Sachse Rienecker hatte Theologie und Pädagogik in Berlin, Kiel und Hamburg studiert und war dann Mitarbeiter im Verlag Ihloff in Neumünster geworden. Sein schriftstellerischer Dienst begann als Redakteur der Zeitschriften „*Nimm und lies*“ und „*Auf der Warte*“. Seit 1949 war Rienecker Dozent für Systematische Theologie und Neues Testament an der Evangelischen Akademie in Braunschweig, danach bis 1957 am Predigerseminar auf St. Chrischona.

Auf der Mitgliederversammlung 1953 in Bad Cannstatt wurde Rienecker um die Schriftleitung und den Vorsitz im Bibelbund gebeten, der aufgrund seiner starken Arbeitsbelastung erst zurückhaltend reagierte. Anfang 1954 verband Rienecker das Organ „*Nach dem Gesetz und Zeugnis*“ mit dem „*Informationsdienst für biblische Fragen*“ von Prediger Eugen Reichart in Zürich, um noch mehr Leser aus der Schweiz zu gewinnen. Die Werbung und Auslieferung übernahm nun der R.Brockhaus Verlag in Wuppertal. Bis dahin hatte die Bibelbund-Zeitschrift nur 500 Leser. Um mehr Christen anzusprechen wurde 1954 die Zeitschrift in „*Bibel und Gemeinde*“ umbenannt. Ein neues Cover, ein neuer Titel, durchgehend zweispaltiger Text und ein frischer Inhalt sollten die Sache attraktiver machen. Ein Hauptanliegen Rieneckers war die Förderung der wissenschaftlichen Schriftforschung auf bibeltreuer Grundlage.

Die meisten Artikel in der Zeitschrift kamen nun aus der Feder des neuen Schriftleiters Rienecker. Wichtig wurden die Artikel über das „*Leid in der Welt*“ und viele Einführungen in biblische Bücher. Auch widmete man sich wieder stärker Rezensionen über moderne theologische Werke von Martin Noth, Franz Mussner, Rudolf Bultmann u.a. Weitere Themen waren die Stellung zu Karl Barth, Fragen nach der Quellenscheidung in den Evangelien, die Bedeutung des Judentums in der Gegenwart und die Haltung zur modernen Naturwissenschaft.

Die Stuttgarter Tagung von 1960 scheint in vielerlei Hinsicht ein Durchbruch für den Bibelbund gewesen zu sein. Dort sprachen zum Thema „*Bibel und Naturwissenschaft*“ u.a. Prof. Hans Rohrbach und der damals noch recht unbekannte Drs. Samuel Külling. Erstmals erschienen zu den Vorträgen bis zu 600 Besucher. Der Bibelbund wurde in einer breiteren Öffentlichkeit wahrgenommen. Zum Bibelbund kamen damals profilierte Männer wie Hans Bruns, Friedrich Hauss, Ernst Schrupp, Heinrich Jochums u.a.

Kampf der Bibelkritik

Nach dem gesundheitlich bedingten Rücktritt Rieneckers übernahm Reinhard Hildenbrand die Verantwortung für die laufenden Geschäfte des Bibelbundes. Mit Samuel Külling als Schriftleiter und Vorsitzenden bekam der Bibelbund ab 1965 sein Profil wieder, das ihn bis zum 2. Weltkrieg ausgezeichnet hatte: kompromissloser Einsatz für die Irrtumslosigkeit der ganzen Bibel und Orientierung der Gemeinde in aktuellen theologischen Fragen. In der Zeit von 1965 bis 1979 wuchs die Zahl der Mitglieder und Autoren, die sich im Bibelbund engagierten erheblich.

Samuel Külling (1924-2003) war nach seinem Theologiestudium in Bern und Edinburgh zunächst Pfarrer der evangelisch-reformierten Kirche gewesen. Es folgten Studien in Jerusalem und den Niederlanden, wo er auf bibeltreue Professoren in der konservativen reformierten Kirche stieß. Nach seiner Promotion 1964 an der reformierten Fakultät in Kampen lehrte Külling am *Predigerseminar auf St. Chrischona* (Schweiz) und an der *Faculté Libre de Théologie* Evangélique in Vaux-sur-Seine (Frankreich).

Schon in seinem ersten Artikel als neuer Schriftleiter forderte Külling 1965 mehr Zivilcourage:

> „Besonders gilt dies für die Schriftleitung, die wagen muß, sich zu der Schriftautorität zu bekennen, koste es, was es wolle. Sie darf die Übelstände der Bibelkritik nicht unwidersprochen hinnehmen. Es muß eine Front echter Kämpfer für die Wahrheit geben, die sich durch nichts einschüchtern oder zurückhalten läßt. Zum würdigen Wandel nach dem Evangelium gehört solch ein gemeinsamer Kampf (Phil 1,27.28). Dieser braucht Mut.“[12]

Als Ziel formulierte er den Kampf für die Wahrheit, nicht allein den Kampf gegen die Bibelkritiker.

In „*Bibel und Gemeinde*“ wurde auch von den Aktivitäten der „*Bekenntnisbewegung kein anderes Evangelium*“ berichtet, die nach der Gründungsversammlung 1966 in der Dortmunder Westfalenhalle von sich reden machte. Einige ihrer Mitglieder vertraten eine gemäßigte Form der historisch-kritischen Methode. Hier konnte und wollte Külling nicht mitgehen. Külling nannte in seinen Artikeln offen Namen von evangelikalen Christen, die nicht uneingeschränkt zur Wahrheit und Inspiration der Schrift standen: Gerhard Bergmann, Paul Deitenbeck, Hellmuth Frey, Otto Rodenberg u.a. Kompromisslos formulierte Külling:

---

[12] Samuel Külling: „Der Bibelbund verlangt Zivilcourage: Ein Wort des neuen Schriftleiters“, in: BuG, 1/1965, S. 5.

> „Es geht uns darum, die Feuerwehr zu alarmieren, bevor die Flammen den Dachstock erreichten. Wer eine Krankheit überwinden will, darf nicht nur ihre Symptome bekämpfen. Er muß die Ursachen zu erkennen suchen und nach Möglichkeit Abhilfe dafür schaffen. Wer Unkraut jätet, darf nicht nur oben abreißen, er muß die Wurzel mit herausbekommen. Das heißt: Wehre den Anfängen."[13]

Die Artikel in „*Bibel und Gemeinde*" wurden wissenschaftlicher und tiefgründiger. Man beschäftigte sich in erster Linie mit Behauptungen der Bibelkritiker, z.B. zur Autorenschaft der fünf Bücher Mose und zur Einheit des Jesajabuches. Auf hohem Niveau setzte man sich mit den Quellenscheidungstheorien im Pentateuch und Jesaja, der Bibelhaltung von Karl Barth, mit der Formkritik der Evangelien, der Befreiungstheologie und problematischen Entwicklungen in der Ökumene auseinander.

Mitte der 60er Jahre wandte man sich erneut der Kontroverse zwischen Schöpfung und Evolution zu. Der Bibelbund hatte schon zu Beginn des Jahrhunderts eine klar ablehnende Haltung zur Frage nach der zufälligen Entstehung des Lebens eingenommen. Später gewannen jedoch die Vertreter einer „*theistischen Evolution*" die Oberhand. Sie wollten die Ergebnisse des Darwinismus mit dem biblischen Schöpfungsbericht harmonisieren.

Külling stellte sich nun hinter die alte Position des Bibelbundes von einer wörtlich verstandenen 7-Tage-Schöpfung. Entscheidende Impulse kamen von dem Pharmakologen Prof. Wilder-Smith. Theistische Evolutionskonzepte wurden vom Bibelbund abgelehnt. In mehreren Artikeln nahm Küllling 1975 zu diesem Thema Stellung und untermauerte den Kreationismus exegetisch.[14]

Külling baute auch den Redaktionskreis der Zeitschrift aus: Er selbst übernahm die Leitung für Artikel zum Alten Testament, Prof. Dr. Wilhelm Mundle aus Marburg kümmerte sich um Beiträge zum Neuen Testament, Dekan Richter um die Kirchengeschichte. Für die Naturwissenschaften war zunächst noch Prof. Dr. Rohrbach aus Mainz zuständig, die Weltanschauungsfragen behandelte Dr. Arthur Hoffmann aus Düsseldorf-Kaiserswerth. Später übernahm dann Prof. Wilder-Smith die Rubrik Naturwissenschaft. In dieser Zeit stieg das akademische Niveau der Zeitschrift an, ohne die Gemeindeglieder und ihre Fragen aus dem Blick zu verlieren.

Im Rahmen einer Internationalisierung des Bibelbundes wurden in den Heften vermehrt Artikel ausländischer Theologen abgedruckt: aus Holland die Pro-

---

[13] Samuel Külling: „Initiis obsta!", in: BuG 1/1966, S. 4.

[14] Samuel Külling: „Der Schöpfungsbericht und naturwissenschaftliche Fragen", in: BuG, 1-4/1975.

fessoren Zuidema, Ridderbos, Mulder und Gispen, aus Frankreich J.M. Nicole vom Bibelinstitut Nogent-sur-Marne, aus Ungarn Franz Kiss, aus Israel Yigael Yadin, aus Amerika Allan MacRae und John C. Whitcomb. Regelmäßig berichtete man über die Situation in anderen Ländern. In „*Bibel und Gemeinde*" wurde über die bibeltreue Gemeindefakultät in Oslo wurde berichtet, ebenso von der Neugründung der bibeltreuen Fakultät im französischen Vaux-sur-Seine bei Paris. Positiv war auch der Bericht über den „*Weltkongress für Evangelisation*" in Berlin im Jahre 1966. Instruktiv wurde über „*Lausanne 1974*" informiert.

Külling gewann auch neue Autoren: Der kanadische Mennonit Dr. H.H. Janzen, der als Evangelist und Radioprediger bekannt war, legte in mehreren Fortsetzungen den Römerbrief und den ersten Johannesbrief aus. Pfr. Georg Vischer, Lehrer auf St. Chrischona, beschäftigte sich mit dem Zeugnis des Neuen Testamentes über das Alte Testament. Horst Thurmann, Krankenhauspfarrer in Wuppertal und Lehrer am Bibelseminar in Wuppertal, gehörte ebenfalls zum Autorenkreis. Abraham Meister, ein theologischer Autodidakt, übernahm die Verantwortung für die Rubrik der Fragenbeantwortung.

Auch die Zahl der Bibelbundmitglieder stieg in diesen Jahren an. Durch Kontakte zu den Schülern auf St. Chrischona, durch die großen Bibelbundkonferenzen, durch mehrfache Israelreisen usw. knüpften Külling und von Almassy vielfältige Kontakte. Aber auch andere Mitglieder warben kräftig, so dass die Zahl der Mitglieder und Leser auf über 3.000 stieg.

Ende der 70er Jahre kam es zu Konflikten im Bibelbund, die im Dezember 1979 zum Rücktritt Küllings führte, der zwischenzeitlich die bibeltreue „*Freie Evangelisch Theologische Akademie*" (FETA) in Basel gegründet hatte und eine eigene theologische Zeitschrift (*Fundamentum*) herausbrachte.

Ende des Jahrhunderts

Den Vorsitz des Bibelbundes übernahm 1980 Paul Schnabel (*1923). Hans Passarge (1923-2006) wurde als neuer Schriftleiter gewonnen. Als 9-jähriger hatte Passarge in Essen das *Weigle-Haus* unter der Führung von Wilhelm Busch kennengelernt. Hier bekam er seine entscheidenden geistlichen Prägungen. Nach dem Krieg hatte Passarge Geodäsie studiert. Seine geistliche Heimat fand er im Liebenzeller Gemeinschaftsverband.[15]

In Sachfragen gab es nach dem Ausscheiden Küllings keine grundlegenden Veränderungen. Weiter argumentierte man für den Kreationismus und stellte sich hinter die nun entstehende „*Studiengemeinschaft Wort und Wissen*" um

---

[15] Vgl. seinen Artikel zur Vorstellung seiner Person in: BuG, 2/1980, S. 131-134.

Prof. Horst Beck und Dr. Joachim Scheven. Deutlich kritisierte man auch die synkretistischen Tendenzen innerhalb des Weltkirchenrates. Passarge forcierte die Übersetzung von englischsprachiger Literatur für *„Bibel und Gemeinde"*. Viele Artikel von Martin Lloyd-Jones (Pfarrer an der *Westminster Chapel* in London) wurden übersetzt.

Seit Ende der 70er Jahre setzte man sich im Bibelbund kritisch mit der neu aufgekommenen *Charismatischen Bewegung* auseinander: z.B. kritisierte man die Gruppe um Volkhard Spitzer in Berlin, oder die fragwürdigen Veröffentlichungen von Kathleen Kuhlmann, Agnes Sandford, Charles Hunter, Reinhard Bonnke u.a. Man hatte im Bibelbund erkannt, dass die charismatischen Lehren und Begleiterscheinungen nicht biblisch legitimiert waren.

Passarge ging in „*Bibel und Gemeinde*" auch auf andere aktuelle Themen ein: Stellungnahmen zu christlicher Rockmusik, zu neuen Tendenzen der Psychologie, zu Methoden der Alternativmedizin wie Homöopathie, Akupunktur, Yoga und den spirituellen Hintergründen der Freimaurerei wurden ebenso gedruckt wie Warnungen vor Bibelkritik auch in den Freikirchen und evangelikalen Kreisen. Dazu kamen Informationen über Sekten und Weltanschauungen. Nun ging es nicht mehr nur um die Zurückweisung der Bibelkritik, sondern um Apologetik in allen Bereichen des gesellschaftlichen Lebens.

In dieser Zeit erreichte „*Bibel und Gemeinde*" eine Auflage von 3.000 Exemplaren. 1981 wurden Pfr. Lienhard Pflaum von der *Liebenzeller Mission* und Dr. Cleon Rogers (1932-2005) von der „*Freien Theologischen Akademie*" (FTA) in den Vorstand gewählt. 1984 kamen Dr. Helge Stadelmann, Dr. Thomas Schirrmacher, Roger Wyssbrod und Fritz Weber dazu. Mit Weber gab es nun auch einen Vertreter aus Österreich im Bibelbundvorstand.

Ab 1985 erschienen vermehrt Artikel des Theologischen Referenten des Bibelbundes, Dr. Bernhard Kaiser, in „*Bibel und Gemeinde*". Darin konzentrierte er sich auf den Bereich der Fundamentaltheologie. Kaisers Ziel war das Heraustreten aus der bloß defensiven Abwehrhaltung. Langfristig sei es wichtig die eigenen biblischen Positionen tiefgehend zu erfassen und aufzuarbeiten. Dabei stand Kaisers reformatorische Position manchmal im Gegensatz zum Dispensationalismus vieler Bibelbundmitglieder.

Ab 1988 standen mit Dr. Helge Stadelmann, Dekan der „*Freien Theologischen Akademie*", und Dr. Thomas Schirrmacher, Leiter des „*Instituts für Weltmission und Gemeindebau*" in Bonn, wieder zwei Theologen an der Spitze des Bibelbundes.

Schirrmacher, der neue Schriftleiter von „*Bibel und Gemeinde*", hatte an der FETA in Basel studiert und promovierte 1985 mit einer Arbeit über Theodor Christlieb an der reformierten Fakultät in Kampen (Niederlande). Wie Passarge veröffentlichte er viele Artikel aus allen Bereichen der Apologetik. Als Missionswissenschaftler hatte Schirrmacher auch einen Blick für die Weltmission – ein Bereich, der bisher im Bibelbund zu kurz gekommen war. In der neuen Rubrik „*Stimmen der Väter*" druckte man wertvolle Beiträge aus vergangenen Tagen ab. Auf unterschiedliches Echo stieß die Rubrik „*Zur Diskussion gestellt*". Hier wurden Themen besprochen, die auch in evangelikalen Kreisen umstritten waren: z.B. Ehescheidung, Wiederheirat, Heilsgewissheit und Schwören. Aber auch Sekten, Weltreligionen, Religions- und Konfessionskunde standen ab sofort auf dem Programm der Zeitschrift. Außerdem begann man mit Schwerpunktheften, die sich insbesondere einem Thema widmeten.

Im Osten Deutschlands gab es Ende der 70er Jahre einen Aufbruch in bibeltreuen Kreisen. Im Mai 1977 trafen sich einige Brüder – meist aus dem Kreis der dortigen Brüdergemeinden – zum ersten Male in einem „*Arbeitskreis bibeltreuer Theologie*". Trotz unterschiedlicher Meinungen war es allen Beteiligten klar: Die irrtumslose Bibel ist Grundlage allen theologischen Arbeitens. Bald begann man mit der Herausgabe eines eigenen theologischen Informationsblatts mit dem Titel „*Biblisch Glauben, Denken, Leben*".

Diese ostdeutschen Bibeltreuen kannten den Bibelbund recht gut. „*Bibel und Gemeinde*" wurde auch in der DDR gelesen und durch private Besuche von Mitgliedern war eine tiefere Beziehung gewachsen. Aus dem Arbeitskreis wurde 1990 der Bibelbund-Ost. 1992 beschloss man in Friedrichroda eine Fusion von Bibelbund Ost und Bibelbund West. Damit knüpfte man an die Arbeit des Bibelbundes im Osten Deutschlands vor dem Zweiten Weltkrieg an. Als Zeichen der gegenseitigen Anerkennung wurde auch ein Ostdeutscher zum Vorsitzenden des Bibelbundes gewählt, nämlich Richard Bergmann. Der Gesamtdeutsche Bibelbund führte nun beide theologischen Publikationen weiter („*Bibel und Gemeinde*" und „*Biblisch Glauben-Denken-Leben*").

Auch in der Schweiz wurde der Bibelbund Mitte der 90er Jahre verstärkt aktiv. Unter dem großen Engagement von Jürgen Neidhardt, Steffen Denker, Albert Sigrist und anderen wurden die Zeitschrift und das Anliegen des Bibelbundes in der Schweiz wieder bekannt. 1996 wurde der „*Bibelbund Schweiz*" als eigenständiger Verein gegründet, der in enger Verbindung mit dem deutschen Bibelbund arbeitet.

1997 übernahm Karl-Heinz Vanheiden, der Sekretär des Bibelbundes die Leitung von „*Bibel und Gemeinde*". Ihm war und ist es ein Anliegen, an der unbedingten Treue zur Bibel festzuhalten. Unter seiner Leitung wurde die Zeitschrift leserfreundlicher, ohne an der inhaltlichen Qualität Abstriche zu machen. Zudem gelang unter Vanheiden der Einstieg in die modernen Medien (Internet), womit sich die Breitenwirkung noch einmal erhöhte.

Die vergangenen zehn Jahre

Als Arbeitsgemeinschaft der Bibelbünde Deutschland, Schweiz und Ungarn[16] wurde 2002 der „*Bibelbund International*" gegründet. Regelmäßige Konsultationen, gemeinsame Projekte (z.B. Herausgabe der *Chicago-Erklärung* in anderen Sprachen) und die Herausgabe der Zeitschrift „*Bibel und Gemeinde*" verbinden die drei nationalen Bibelbünde miteinander. Die Gründung eines Bibelbundes in Österreich ist mehrfach angedacht worden. Im Sommer 2011 fand in Zürich (Schweiz) unter dem Motto „*Die Bibel: Ganze Inspiration – Ganze Wahrheit – Ganze Einheit*" eine erste Tagung des *Bibelbund International* statt, auf der Referenten aus Deutschland, der Schweiz und Ungarn vertreten waren. Der internationalen Ausrichtung des Bibelbundes wird auch mit der Übersetzung und Veröffentlichung einzelner theologischer Aufsätze in Russisch Rechnung getragen, die seit 2009 angegangen wurde.

Besonders aktiv in der Durchführung regionaler Konferenzen waren der Bibelbund Schweiz (unter der Leitung von Steffen Denker und Benedikt Peters), der Bibelbund Siegerland (Sebastian Merk), der Bibelbund Süd-West-Deutschland (Rainer Wagner) und der Bibelbund Sachsen (Thomas Schneider).

Großen Zuspruch fand die Jubiläumsveranstaltung des Bibelbundes mit Prof. Dr. Werner Gitt in der „*Hammerhütte*" (Siegen), die von rund 800 Gästen besucht wurde (19.-20.9.2009).

Für die theologische Mitarbeit im Bibelbund konnten seit 2005 Dr. Berthold Schwarz (*Freie Theologische Hochschule* (FTH)[17] / Gießen) Dr. Friedhelm Jung (*Bibelseminar Bonn*) Dr. Jacob Thiessen, (*Staatsunabhängige Theologische Hochschule* (STH) / Basel) gewonnen werden. Stephan Holthaus, Dekan der FTH begleitete durch theologische Aufsätze, aktive Vorstandsarbeit und innovative Ideen den Bibelbund bis 2005. Durch Hartmut Jäger, Verlagsleiter der Christlichen Verlagsgesellschaft (Dillenbeurg) ergaben sich verstärkte Beziehungen zu den deutschen Brüdergemeinden.

Zur Intensivierung der Literaturarbeit des Bibelbundes sind seit 2001 Kooperationen mit dem Jota Verlag (Hammerbrücke), dem VTR Verlag (Nürnberg) und der Christlichen Verlagsgesellschaft (Dillenburg) eingegangen worden. In

---

[16] Der Bibelbund Ungarn entstand 1989 aus einer Erweckung. Er besteht heute aus ca. 1000 Personen, davon etwa 100 Pfarrern. Er organisiert Tageskonferenzen, Lehrerwochen, Ärztewochen, Seminare für Pfarrer und Studenten, Kinderlager, Familientage usw. Die Mitglieder kommen vor allem aus der reformierten Kirche. Die Zeitschrift „Biblia és Gyülekezet" (Bibel und Gemeinde) erscheint viermal im Jahr.

[17] 2005 noch Freie Theologische Akademie (FTA), ab 2008 Freie Theologische Hochschule (FTH).

diesen evangelikalen Verlagen konnten seitdem verschieden Bücher zur Förderung der Bibeltreue veröffentlicht werden.[18]

Im Jahr 2005 übernahm Michael Kotsch, Lehrer an der Bibelschule Brake, den Vorsitz des Bibelbundes von Richard Bergmann, der sich aus gesundheitlichen Gründen aus der Vorstandsarbeit zurückgezogen hatte.

Neben den beiden Zeitschriften des Bibelbundes „*Biblisch Glauben, Denken, Leben*“ und „*Bibel und Gemeinde*“ wurde die Internetpräsenz (http://www.bibelbund.de) kontinuierlich ausgebaut und aktualisiert. Zwischenzeitlich (2012) sind hier alle Ausgaben von „Bibel und Gemeinde“ seit 1998 und alle Ausgaben von „*Biblisch Glauben, Denken, Leben*“ seit 1986 als PDF-Dateien einzusehen und abzurufen. Um stärker mit einem jüngeren Leserpublikum ins Gespräch zu kommen unterhält der Bibelbund seit 2010 einen Auftritt bei dem sozialen Netzwerk *facebook*. Seit 2003 betreut Thomas Jeising die neue Rubrik „*Frage & Antwort*“, in der schwierige Bibelstellen und scheinbare Widersprüche erklärt werden. Gegenwärtig gibt es rund 2600 Freunde des Bibelbundes bzw. Leser von „*Bibel und Gemeinde*“.

In den Jahren 2000 bis 2011 erschienen Andachten und praktische Bibelauslegungen[19], Stellungnahmen zu neuen Bibelübersetzungen[20], Erklärungen und Verteidigungen der Inspirationslehre und der Irrtumslosigkeit der Bibel[21],

---

[18] Z.B. Stephan Holthaus, Karl Heinz Vanheiden (Hg.): „Die Unfehlbarkeit und Irrtumslosigkeit der Bibel“, Hammerbrücke/Nürnberg: Edition Bibelbund / jota / VTR, 2001; Thomas Mayer / Karl Heinz Vanheiden (Hg.): „Steht Jesus dem Glauben im Weg? Glaube und intellektuelle Redlichkeit“, Hammerbrücke/Nürnberg: Edition Bibelbund / jota / VTR, 2001, erweiterte Neuauflage (2009) unter dem Titel: „Jesus, die Evangelien und der christliche Glaube“; Rudolf Möckel: „Anbetung als Lebensstil. Von der Freude und Motivation, Gott anzubeten“, Dillenburg: Christliche Verlagsgesellschaft / Edition Bibelbund, 2005; Rudolf Möckel: „Gottes zuverlässig Urkunde. Was jeder über die Glaubwürdigkeit des Alten Testamentes wissen sollte“, Dillenburg: Christliche Verlagsgesellschaft / Edition Bibelbund, 2011.

[19] Z.B. Karl-Heinz Vanheiden: „Jakobus der Gerechte“, in: BuG 2/2000-3/2002; Thomas Jeising: „Aufrisse zum Richterbuch. Praktische Predigthilfen für dieses schwierige Buch“, in: BuG 1/2004, S. 3-14; Jacob Thiessen: „Heilige sie in der Wahrheit! Johannes 17,17“, in: BuG 4/2006, S. 7-14; P. Stücklen: „Hilfen für die Stille Zeit. Erfahrungen mit Andachtsbüchern und -kalender“, 1/2008, S. 63-67; Jacob Thiessen: „Ein Gemeindeglied dem Satan übergeben? Eine Auslegung von 1. Korinther 5,5“, in: BuG 4/2008, S. 37-46.

[20] Z.B. Michael Kotsch: „Gerecht für Frauen, Juden und Arme. Die Bibel in gerechter Sprache“, in: BuG 1/2007, S. 2-18; Karl-Heinz Vanheiden: „Die Bedeutung der Septuaginta (LXX) für die christliche Gemeinde“, in: BuG 2/2010, S. 31-44.

[21] Z.B. Richard Schultz: „Die sogenannten Widersprüche im Alten Testament“, in: BuG 1/2000; Siegbert Becker: „Verbalinspiration und variierende Lesarten in der Bibel“, in: BuG 2/2008, S. 23-38; Thomas Jeising: „Irrtumslos trotz Fehlern? Die Lehre von der

Diskussionen mit verschiedenen Formen der Bibelkritik[22], Beiträge zur Auseinandersetzung mit dem Islam[23], Aufsätze über grundlegende biblische Lehren, wie der Trinität[24], ethische Perspektiven[25], Stellungnahmen zu Sekten, Esoterik und charismatischen Sonderlehren[26], aber auch Kritik an innerevangelikalen Positionen und Verhaltensweisen[27].

Besondere Reaktionen und öffentliche Aufmerksamkeit haben in dieser Zeit folgende Artikel aus „*Bibel und Gemeinde*" hervorgerufen: a) Eine Diskussion zwischen Dr. Armin Baum und Prof. Andreas Lindemann zur historischen Zuverlässigkeit der Evangelien (2001)[28]; b) Die Stellungnahme des Bibelbundes zur „*Hermeneutik der Demut*" von Heinz-Peter Hempelmann (2003)[29]; c) Die Dokumentation von Bibelkritik im europäischen, insbesondere deutschen Baptismus (2005)[30]; d) Eine Auseinandersetzung um Ehen ohne Trauschein (2006)[31] und e) Die Kritik moderner Verschwörungstheorien (2006/2011)[32].

Verbalinspiration und der Irrtumslosigkeit der Heiligen Schrift", in: BuG 3/2008-3/2010.

[22] Z.B. Jakob Thiessen: „Die historisch-kritische Methode der Bibelauslegung kritisch hinterfragt", in: BuG 4/2007, S. 63-75; Berthold Schwarz: „Das Missverständnis der sogenannten ‚Neuen Paulusperspektive'", in: BuG 4/2010, S. 61-70 und BuG 1/2011, S. 39-48.

[23] Z.B. Christine Schirrmacher: „Braucht der Mensch Erlösung? Warum Muslime den Opfertod Jesu so schwer verstehen", in: BuG 12/2001; Ulrich Neuenhausen: „Das heilige Buch des Islam", in: BuG 1/2002; Carsten Polanz: „Die Taliban", in: BuG 3/2007, S. 38f.

[24] Z.B. Noël Kachouh: „Jesus ist Gott", in: BuG 3/2001; Joel White: „Die Dreieinigkeitslehre. Ein Annäherungsversuch", in: BuG 4/2001; Michael Kotsch: „Krankheit und Gesundheit in der Bibel", in: BuG 3/2007, S. 6-18 und BuG 4/2007, S. 5-18.

[25] Stephan Holthaus, Thomas Jahnke: „Der gute Tod? Gedanken zur aktuellen Debatte um aktive Sterbehilfe", in: BuG 4/2009 S. 37-42; Timo Jahnke: „Homosexualität in Röm 1,18-32? Eine Auseinandersetzung mit Valeria Hinck", in: BuG 3/2011 S. 5-12.

[26] Z.B. Alexander Seibel: „Wer ist Benny Hinn? Wer ist dieser Mann, der behauptet, den Heiligen Geist durch Anblasen vermitteln zu können?", in: BuG 3/2003; Karl-Heinz Vanheiden: „Aufklärung über Engel. Wie sollen Menschen mit Engeln umgehen?", in: BuG 3/2005 S. 9-19; Michael Kotsch: ‚Neale Donald Walschs „Gespräche mit Gott"', in: BuG 3/2007, S. 39-52; Rainer Wagner: „100 Jahre Berliner Erklärung. Pharisäischer Hochmut oder geistliche Mahnung?", in: BuG 2/2009, S. 63-72 und BuG 3/2009, S. 23-49.

[27] Z.B. Ron Sider: „Der evangelikale Skandal. Die evangelikale Bewegung ist voller Heuchelei", in: BuG 4/2005, S. 65-72; Karl-Heinz Vanheiden: „Gnadenlose Intoleranz", in: BuG 1/2005.

[28] Armin Daniel Baum / Andreas Lindemann: „Das Wahrheitszeugnis der Evangelien und die historische Forschung", in: BuG 1/2001.

[29] Michael Kotsch: „Wie Chrischona, Liebenzell und Tabor mit Bibeltreue umgehen. Auseinandersetzung mit der ‚Hermeneutik der Demut'", in: BuG 1/2003 und 2/2003.

[30] Paige Patterson: „Anatomie einer Reformation: Die Südlichen Baptisten zwischen 1978 und 1994", in: BuG 2/2005, S. 18-48; William L. Wagner: „Der Fall Rüschlikon: Hin-

Seit 2008 wurden vom Bibelbund auch verschiedene Exkursionen organisiert, so eine Fahrt auf den Spuren Martin Luthers zur Wartburg und zwei Studienreisen nach Israel.

Seit 2010 veranstaltet der Bibelbund eine sechstägige Konferenz im „*Christlichen Erholungsheim Westerwald*“ (Rehe). Die bisherigen Konferenzen standen unter dem Thema: „Die Bibel – ihre Bedeutung für Ehe, Familie, Gemeinde und Gesellschaft“ (2010), „Fasziniert von der Bibel“ (2011) und „Einzigartig … warum durch die Bibel der Glaube an Jesus Christus einzigartig bleibt“ (2012).

Ins Morgen hinein

Der Bibelbund will auch in Zukunft auf religiöse Irrwege in Gesellschaft und Theologie aufmerksam machen. Außerdem sieht er es als seine Aufgabe an, Christen in ihrem Vertrauen in die Bibel zu stärken. Mit Aufsätzen, Vorträgen, Tagungen, Studienreisen und persönlichen Gesprächen will der Bibelbund helfen, die Bibel besser zu verstehen und Bibelkritik mit sachlichen Argumenten zurückzuweisen.

Angriffe auf die Glaubwürdigkeit der Bibel kommen heute nicht mehr zuerst aus der Theologie, deren öffentlicher Einfluss deutlich zurückgegangen ist, sondern aus anderen weltanschaulichen Prägungen der Gesellschaft.

1. Säkularismus

Der Säkularismus ist bibelkritisch, weil er das Irdische zur Hauptsache und das Jenseitige zur Nebensache macht. Die Bibel wird als Gefährdung eines diesseitsorientierten Lebens aufgefasst und deshalb in ihrer Bedeutung für Öffentlichkeit und Privatleben bekämpft.

Der wirkungskräftigste Angriff auf die Glaubwürdigkeit und Bedeutsamkeit der Bibel geht heute vom Säkularismus aus. Spätestens seit der Aufklärung

---

tergründe zur Kontroverse zwischen den Südlichen Baptisten und Teilen des europäischen Baptismus“, in: BuG 2/2005, S. 55-71.

31 Manfred Bönig: „Ehe ohne Trauschein: Wie barmherzig darf Seelsorge sein? Zur Problematik der Eheschließung bei Rentnern“, in: BuG 2/2006 S. 55-64; Thomas Jeising: „Zur Ehe ohne Trauschein gezwungen oder verführt? Was Seelsorger bei heiratswilligen Rentnern beachten sollten“, in: BuG 3/2006, S. 45-66.

32 Michael Kotsch: „Dan Brown und das „Sakrileg“. Bibelkritik in der Unterhaltungsliteratur“, in: BuG 1/2006, S. 59-71 und BuG 2/2006, S. 23-36; Seth Erlandsson: „Gnostisches Denken gestern und heute am Beispiel des ‚Da-Vinci-Codes‘“, in: BuG 4/2007, S. 27-34; Johannes Pflaum: „Weltverschwörungstheorien im Licht der Bibel“, in: BuG 1/2011 S. 15-31.

und der Französischen Revolution gewinnt das Diesseits im Gegensatz zum Jenseits beständig an Bedeutung. Erstrebenswert erscheint nicht mehr die Ewigkeit bei Gott sondern die möglichst behagliche Lebenszeit auf Erden. Glauben und Gott spielen höchstens noch zur Steigerung des irdischen Wohlbefindens eine Rolle. Alles Geld und die meiste Zeit werden für Beruf, Freizeitgestaltung, Familie, Gesundheit und Weiterbildung eingesetzt. Gott und die Beschäftigung mit der Bibel treten deutlich in den Hintergrund, auch bei Christen. Zeit mit Gott und anderen Glaubensgeschwistern wird knapp, obwohl objektiv gesehen, nie so viel Zeit zur freien Verfügung stand wie heute.

Der Bibelbund will Antworten geben auf säkularistische Bibelkritik und zeigen, dass die Bibel zuverlässig überliefert und glaubwürdig ist, wegweisend für Denken und Leben.

2. Politik

Gegenwärtige Politik ist bibelkritisch wo sie ethische Aussagen der Bibel verneint und gelegentlich sogar kriminalisiert. Außerdem wirbt sie in Stellungnahmen und Lehrplänen offen für Denk- und Lebensweisen, die biblische Aussagen nicht nur relativieren, sondern als falsch darstellen.

Über Jahrhunderte hinweg lagen in Europa dem politischen und öffentlichen Handeln zumindest formal christliche Prinzipien zugrunde. Die Gesetzgebung orientierte sich an biblischen Moralvorstellungen, die Zuordnungen von Gut und Böse, Sexualität, Freundschaft, Beruf und Lebenssinn entstammten zumeist dem christlichen Glauben. Auch wenn nicht jeder dementsprechend handelte und dachte, waren biblische Aussagen entscheidende Referenzpunkte. In der Gegenwart ist ein immer stärkeres Abrücken von ethischen Positionen zu beobachten, die bislang als Selbstverständlichkeiten angesehen wurden. Insbesondere ist das in den Vorstellungen von Familie und Ehe, von Erziehung, dem Umgang mit Natur und Religion zu spüren. Durch veränderte Gesetze werden christliche Moralvorstellungen und Werte an den Rand der Gesellschaft gedrängt oder sogar kriminalisiert. Abtreibung gehört zwischenzeitlich genauso zur politischen Normalität wie die Akzeptanz jeder sexuellen Orientierung, die massive Einschränkung elterlicher Autorität, die Ablehnung von Strafen und körperlicher Züchtigung, die Sakralisierung der Natur, die Verneinung absoluter Wahrheit, die Ächtung von Mission als Werbung für den christlichen Glauben usw. Neue Gesetze schränken das freie Äußern und Ausleben biblischer Prinzipien ein.

Geschlechterrollen und herkömmliche Partnerschaftsvorstellungen sollen abgeschafft werden, so könnte man die Hauptforderung von *Gender Mainstreaming* zusammenfassen. Dieses Programm ist nicht nur die Forderung weniger Einzelpersonen, sondern offizielles Programm der EU und der deutschen Regierung. Im Vordergrund will der Staat die Ungleichbehandlung zwischen Mann und Frau bekämpfen. Dahinter steht aber die prinzipielle Relativierung jeder festen Vorgaben, was das Verhalten von Mann und Frau betrifft. Gender Mainstreaming ist bereits fester Bestandteil des Schulunterrichts, vieler Studiengänge und zahlreicher Fortbildungen. Fast alle Behörden bewerten zwischenzeitlich ihre Förderungen, Jugend- und Kinderarbeit nach den Prinzipien von Gender Mainstreaming.

Tendenziell wird die Differenz zwischen politischen Forderungen und christlichen Überzeugungen zunehmen. Dadurch entsteht eine neue „*politische Bibelkritik*“, die verbietet bestimmte biblische Aussagen zu denken, zu lehren und auszuleben. Hier benötigen Christen Ermutigung zur Bibeltreue ohne staatlichen Forderungen zu widersprechen.

Der Bibelbund will Antworten geben auf ‚politische’ Bibelkritik und zeigen, dass die Bibel zuverlässig überliefert und glaubwürdig ist, sowie wegweisend für Denken und Leben.

3. Medien

Zahlreiche Medien betreiben Bibelkritik, weil sie ethischen oder lehrmäßigen Aussagen der Bibel zunehmend kritisch gegenüberstehen und gegen Christen Stimmung machen, die versuchen nach den Prinzipien der Bibel zu leben. Darüber hinaus werben viele Medien für einen Lebensstil, der den Ordnungen Gottes widerspricht.

Einerseits spiegeln die Medien das Denken und den Zustand der Gesellschaft wider, andererseits geben sie die Richtung vor, in die sich die Gesellschaft entwickelt. Da nur ein kleiner Teil der Medienschaffenden christlich oder gar biblisch denkt, kommen bibeltreue Christen in der Berichterstattung entweder nicht vor oder werden als skurrile Sonderlinge präsentiert, die womöglich sogar noch eine Gefahr für die Gesellschaft darstellten. In einer sich von christlichen Maßstäben entfernenden Welt fallen bibeltreue Christen immer stärker durch ihre Andersartigkeit auf. Überwiegend atheistische oder linksorientierte Journalisten bringen wenig Verständnis für überzeugte Christen auf. Häufig verstehen sie ihr Denken und ihre Glaubensgrundlage nicht oder ordnen sie gleich dem Extremismus zu. Besonders da wo bibeltreue Überzeugungen gängigen Vorstellungen widersprechen geraten Christen in negative Berichterstattung. In den vergangenen Jahren war das beispielsweise anlässlich eines Seminars über Homosexualität während des „*Christivals*“ in Bremen (2008)[33] zu beobachten, bei der Diskussion um die Schöpfungslehre der

33 Vgl. „Von der Leyen und die „Heilung“ der Schwulen“, Welt Online (9.1.2008), http://www.welt.de/politik/article1534856/Von_der_Leyen_und_die_Heilung_der_Schwulen.html / Art. Christival, http://de.wikipedia.org/wiki/Christival, (15.8.2009).

„*Georg-Müller-Schule*" in Bielefeld (2008)[34], im Vorfeld einer geplanten Fachtagung christlicher Therapeuten über sexuelle Orientierung in Marburg (2009)[35], nach der Ermordung zweier Bibelschülerinnen während ihres Praktikums im Jemen (2009)[36] und bei der Strafanzeige durch grüne Landtagsabgeordnete gegen Herausgeber von christlichen Erziehungsratgebern, die angeblich zu körperlicher Züchtigung auffordern (2011/2012)[37]. In keinem der genannten Beispiele war in den überregionalen Medien der Versuch einer objektiven oder gar wohlwollenden Berichterstattung zu erkennen. Journalisten übernahmen oftmals ungeprüft die Positionen der Gegner christlicher Positionen.

Wenn in den Medien religiöse Themen behandelt werden, ist es zwischenzeitlich vollkommen normal geworden, dass Stammeskulte und ostasiatische Religionen übermäßig positiv dargestellt, etablierte christliche Positionen hingegen fast ausnahmslos kritisiert werden. Regelmäßig zu den großen Feiertagen greift der Spiegel religiöse Themen auf. Jedes Mal wird dabei die Glaubwürdigkeit der Bibel in Frage gestellt: die Bibel sei unzuverlässig, Jesus sei lediglich ein einfacher jüdischer Wanderprediger gewesen, die apokryphen Evangelien seien von der frühen Kirche bewusst verdrängt worden usw. Hier zwei aktuelle Beispiele: Das Wissenschaftsmagazin *PM* titelte in seiner Januarnummer (1/2012): „Karma. Die geheimnisvolle Wissenschaft des Guten. Neue Studien bestätigen das fernöstliche Konzept des Schicksals". Der Spiegel veröffentlichte Anfang 2012 eine Sondernummer über Jesus Christus: „Jesus von Nazareth und die Entstehung einer Weltreligion" (6/2011). Darin wird ausgeführt, dass nur sozialwissenschaftliche Forschungen das wahre Leben erahnen lassen. „Näher als durch diese ... Rekonstruktion ist man der realen Person hinter dem theologisch-literarischen Jesus nie gekommen: Das Einzige, auf das sich alle Richtungen ... ohne glaubwürdigen materiellen Beweis ... einigen können, ist die Annahme, dass Jesus aller Wahrscheinlichkeit nach gelebt

---

34 Vgl. T.Stoldt: „Der Allmächtige erobert den Bio-Unterricht", Welt am Sonntag (20.4.2008), http://www.welt.de/wams_print/article1920179/Der_Allmaechtige_erobert_den_Bio_Unterricht.html.

35 Vgl. Gesa Coordes: „Therapeuten erzürnen Homosexuelle", in: Frankfurter Rundschau, (31.03.2009), http://www.fr-online.de/top_news/1705711_Hessen-Therapeuten-erzuernen-Homosexuelle.html / Eckhard Nickig: Der Seelsorgekongress fand statt. Aber unter schlimmen Umständen, in: http://www.kath.net/detail.php?id=23019, (28.5.2009).

36 Vgl. „EKD nimmt Evangelikale gegen Kritik in Schutz", in: Frankfurter Allgemeine Zeitung (FAZ) Montag, 7. September, 2009, S. 4 / Bernhard Limberg: ZDF-Sendung erzürnt Evangelikale, idea 5.8.2009, http://www.idea.de/nc/nachrichten/artikel-drucken/artikel/zdf-sendung-erzuernt-evangelikale.html.

37 Vgl. Christian Baars/ Angelika Henkel: „Kinder schlagen im Namen Gottes", in: ndr.de, http://www.ndr.de/zucht101_page-1.html (21.12.2011).

hat.“[38] Mit abwägenden Worten wird dem Leser also vermittelt, die biblischen Berichte hätten mit dem wirklichen Leben Jesu rein gar nichts zu tun.

Der Bibelbund will Antworten geben auf mediale Bibelkritik und zeigen, dass die Bibel zuverlässig überliefert und glaubwürdig ist, wegweisend für Denken und Leben.

4. Neuer Atheismus

Atheismus betreibt Bibelkritik, weil grundlegende Aussagen der Bibel zu dem Menschen, der Welt und Gott verneint werden und die Bibel als rein menschliches Werk vorgestellt wird.

Nachdem der Atheismus mit dem Zusammenbruch der sozialistischen Staaten (1989) für rund 15 Jahre in den Hintergrund getreten war, meldet er sich nun vehement zurück. In ganz Europa verkündeten 2009 zahlreiche Plakate an öffentlichen Verkehrsmitteln: „*Gottlos glücklich*“, „*Es gibt keinen Gott*“ oder „*Gott ist tot, genieße das Leben!*“.[39] Organisationen wie die „*Brights*“, die „*Humanistische Union*“ oder die „*Giordano-Bruno-Stiftung*“[40] wollen die Deutschen „*zum Atheismus bekehren*“ (Richard Dawkins).[41] Atheisten vermuten gerade in bibeltreuen Christen Feinde der Freiheit und der offenen Gesellschaft.

In den letzten Jahren formiert sich ein „*Neuer Atheismus*“, der aggressiv und mit öffentlichkeitswirksamen Aktionen gegen jeden Glauben vorgeht, bewusst provoziert und polarisiert. Bekannte Wissenschaftler behaupten vor diesem Hintergrund, der Glaube an Gott und die Wissenschaft schlössen einander aus. Sie nennen sich „*Brights*“[42], sehen sich als intellektuelle Elite und träumen von einer friedlichen, toleranten Welt ohne Gott. In Nordamerika und vielen europäischen Ländern erhalten sie großen Zuspruch.

---

[38] Christian Schülle: „König der Wahrheit“, in: Der Spiegel. Geschichte: Jesus von Nazareth und die Entstehung einer Weltreligion, 6/2001, S. 26.

[39] Vgl. http://www.buskampagne.de / http://www.atheistbus.org.uk, 12.12.2011.

[40] Vgl. Die Giordano-Bruno-Stiftung hat eine religionskritische Ausrichtung und vertritt die Ansicht, dass Religionen „die kulturelle Evolution der Menschheit bis heute auf unheilvolle Weise beeinflussen“. Sie fordert eine „Leitkultur Humanismus und Aufklärung“ (wikipedia), http://www.giordano-bruno-stiftung.de.

[41] Richard Dawkins: „Der Gotteswahn“, Berlin: Ullstein, 2007, S. 16.

[42] Die Brights-Bewegung ist ein Netzwerk von „Individuen“ zur Verbreitung des Atheismus: „Ein Bright ist eine Person mit einem naturalistischen Weltbild, frei von Übernatürlichem. „Wir Brights glauben nicht an Geister, Elfen oder den Osterhasen oder an Gott.“, Daniel C. Dennett: The Bright Stuff, Aufsatz in der New York Times, 12. Juli 2003.

In Prozessen und Werbeaktionen sollen offensichtliche *Spaßreligionen* wie die „*Pastafaris*“, der „*Jediismus*“ oder die „*Church of Fear*“ öffentlich anerkannt werden, um andere Religionen, insbesondere den christlichen Glauben, lächerlich zu machen und die Religionsfreiheit ad absurdum zu führen.[43] Von Atheisten initiierte Aktionen sollen bewirken, dass Kreuze aus allgemeinen Schulen entfernt, das Läuten von Kirchenglocken verhindert, ein Jugendverbot für die Bibel erreicht oder die Kreuze von den Alpengipfeln entfernt werden.[44]

Der Bibelbund will Antworten geben auf atheistische Bibelkritik und zeigen, dass die Bibel zuverlässig überliefert und glaubwürdig ist, wegweisend für Denken und Leben.

5. Islam

Muslime betreiben Bibelkritik weil sie wichtige Aussagen des Wortes Gottes als Irrlehre bezeichnen.

Nicht nur dass die Zahl der in Deutschland lebenden Muslime wächst, auch die Art und Weise ihres Auftretens hat sich in den vergangenen zehn Jahren beträchtlich verändert. Wer heute im Internet nach Informationen über die Bibel oder über Jesus Christus sucht, stößt unweigerlich auf islamische Präsentationen, die technisch und inhaltlich durchaus ansprechend aufgemacht sind. Darin wird der christliche Glaube aber nicht mehr höflich gewürdigt, sondern massiv angegriffen (z.B. http://diewahrereligion.de). Mit den Argumenten bibelkritischer Theologen wird behauptet, die Bibel sei von Christen verfälscht worden und sie enthalte zahlreiche Widersprüche und Irrtümer. Die Propheten der Bibel hätten das Kommen Mohammeds vorhergesagt. Jesus habe nie behauptet Gott zu sein, erst spätere Kirchenführer hätten diese „*Irrlehre*“ durchgesetzt. Im Gegensatz zum Islam sei der Christliche Glaube unwissenschaftlich und widersprüchlich.[45] Der Koran sei absolut zuverlässig und seit der Zeit Mohammeds unverändert. Die Datierung und Autorenschaft bi-

---

[43] Zumeist handelt es sich bei den genannten Gruppen eher um Antireligionen. „Als Religionsparodien oder Spaßreligionen werden satirische Religionen bezeichnet, die sich durch Inhalt und Struktur ähnlich wie Religionen präsentieren, jedoch meist nicht als Glaube, sondern als Protest gegen den Einfluss von Religionen auf Gesellschaft, Wissenschaft und Politik konzipiert sind.“ (wikipedia); vgl. http://www.venganza.info / http://www.church-of-fear.net / http://www.jedipedia.de/wiki/Jediismus.

[44] Vgl. beispielsweise Forderungen der „Freidenker-Vereinigung der Schweiz“, gegen Glockenläuten: http://www.frei-denken.ch/de/tag/kirchenglocken (10.1.2012), gegen Kreuze in öffentlichen Räumen: http://www.frei-denken.ch/de/2011/06/prozessunterstutzung-fur-valentin-abgottspon (10.1.2012).

[45] Vgl. Maurice Bucaille: „Bibel, Koran und Wissenschaft. Die Heiligen Schriften im Licht moderner Erkenntnisse“, München: Bavaria Verlag, 1994.

blischer Bücher wird infrage gestellt und der christliche Weg zu Gott und die Gottheit Jesu werden lächerlich gemacht. In Kurzfilm-Beiträgen werden Bekehrungen zum Islam gezeigt oder apologetische Gespräche gegen Christen präsentiert (z.B. http://www.pierrevogel.de).

Der Bibelbund will Antworten geben auf islamische Bibelkritik und zeigen, dass die Bibel zuverlässig überliefert und glaubwürdig ist, wegweisend für Denken und Leben.

6. Esoterik

Esoterik betreibt Bibelkritik, weil sie sich biblischer Sprache und Inhalte bedient, diese aber grob verfälscht.

Menschen, die sich auf der Suche nach religiöser Orientierung befinden werden heute mit einer Vielzahl esoterischer Angebote konfrontiert. Viele Therapien, Seminare und Heilsangebote lassen sofort ihren hinduistischen oder schamanistischen Hintergrund erkennen. Esoterik will die Frage nach einem erfüllten und sinnvollen Leben beantworten. Oftmals beziehen esoterische Anbieter biblische Gedanken und Namen oberflächlich mit ein. In diesem Zusammenhang werden Bibelverse zitiert oder scheinbare Offenbarungen von Jesus Christus zur Legitimation eigener Aussagen herangezogen. Esoterik-Bestsellerautoren wie Neale Donald Walsch wollen mit Gott und Jesus Christus gesprochen haben. In diesen „*Offenbarungen*" aber werden biblische Aussagen radikal infrage gestellt, das biblische Menschen- und Gottesbild verändert und Wege zur Selbsterlösung aufgezeigt.[46] Da die vorgeblichen Aussagen Gottes allerdings hervorragend in das Lebensgefühl des modernen Menschen passen, werden sie vielfach geglaubt. Zwischenzeitlich sind in christlichen Kreisen einige Bücher erschienen, die eine Brücke schlagen zwischen esoterischen und biblischen Offenbarungen.[47] Darin werden biblische Aussagen über Gott und den Menschen, die christliche Gemeinde, die Erlösung und andere Religionen relativiert. Christen stehen in der Gefahr biblische Aussagen zu kritisieren oder zu ignorieren, wenn ihnen die esoterischen Erklärungen plausibel vorkommen oder angenehm zu sein scheinen.

In esoterischem Umfeld geförderte alternative Heil- und Meditationsformen (z.B. Yoga, Tai Chi, Ayurveda) verstellen oftmals den biblischen Weg zu Gott und animieren zur Übernahme fremdreligiöser Elemente in Gemeinde und Theologie.

---

[46] Vgl. Neale Donald Walsch: „Gespräche mit Gott 1-3", München: Goldmann Verlag, 1997-1999.

[47] Vgl. William Paul Young: „Die Hütte. Ein Wochenende Mit Gott", Berlin: Allegria / Ullstein, 2009; Originaltitel: „The Shack", Newbury Park: Windblown Media, 2007.

Der Bibelbund will Antworten geben auf esoterische Bibelkritik und zeigen, dass die Bibel zuverlässig überliefert und glaubwürdig ist, wegweisend für Denken und Leben.

7. Postmoderne

Die Postmoderne ist bibelkritisch, weil sie Wahrheit generell relativiert und individualisiert.

Postmoderne Menschen kennen nur noch verschiedene Wahrheitsansprüche, die gleichberechtigt nebeneinander stehen und ihre Bedeutung vor allem durch die Akzeptanz einer Person bekommen. Vor diesem Hintergrund wird der biblische Wahrheits- und Absolutheitsanspruch als störend und sogar gefährlich angesehen. In Dialogveranstaltungen und öffentlichen Diskussionen sollen Christen nur noch von *ihrer* Wahrheit sprechen und andere Positionen als gleich-wahr stehen lassen. Im privaten Gespräch sind Diskussionen über die Wahrheit religiöser Aussagen verpönt. Doch nicht nur die Wahrheit des christlichen Glaubens gegenüber anderen Religionen steht zur Disposition, sondern auch der interne Umgang des Christen mit der *Wahrheit* biblischer Aussagen. Postmodern geprägte Christen wollen selbst entscheiden, welche biblische Aussage für sie welchen Wahrheitsgehalt hat und welche Relevanz dieser Aussage für ihr Denken und Leben zugesprochen wird. Im postmodernen *Multioptionalismus* werden auch in der Gemeinde biblische Aussagen kritisiert und relativiert, weil die Entscheidung über Wahrheit nicht mehr in der Bibel, sondern beim Bibelleser angesiedelt wird.

Der Bibelbund will Antworten geben auf postmoderne Bibelkritik und zeigen, dass die Bibel zuverlässig überliefert und glaubwürdig ist, wegweisend für Denken und Leben.

8. Materialismus

Der gegenwärtig in Europa dominierende Materialismus ist bibelkritisch, weil er im Gegensatz zu den Aussagen Jesu Christi Erfolg, Reichtum und Wellness als die erstrebenswerten Lebensziele bewirbt – Frömmigkeit, Glaube, Geduld usw. hingegen vernachlässigt.

Die Bibelkritik des Materialismus ist keine auf das Denken, sondern eine auf das Leben ausgerichtete Angelegenheit. In einer Zeit, in der alles mit Geld gemessen wird und vor allem Konsum erstrebenswert erscheint (Haus, Urlaub, Auto, Event), werden die praktischen und ethischen Aussagen der Bibel verdrängt, weil sie genau diesen Lebensstil kritisieren. Der Blick auf individuelle Lebensläufe und öffentliche Diskussionen erweckt den Eindruck, dass Geld und Besitz, Kaufen und Verkaufen, Einkommen und Bequemlichkeit die wichtigsten Lebensfragen sind. Das führt häufig nicht zu einer bewussten

Ablehnung der Bibel, sondern eher zu einem sukzessiven Zurücktreten der Bedeutung der Bibel im eigenen Denken und Leben. Die Aussagen der Bibel werden nicht direkt bestritten, sie werden eher vergessen und vernachlässigt. Irgendwann spielen sie im täglichen Leben kaum mehr eine wirkliche Rolle. Eine Art *Bibelvergessenheit* macht sich auch bei Christen breit. Die Bemühungen für das eigene, besonders das materielle Wohlergehen füllen alles Nachdenken, Planen und alle Zeit aus.

Der Bibelbund will Antworten geben auf materialistische Bibelkritik und zeigen, dass die Bibel zuverlässig überliefert und glaubwürdig ist, wegweisend für Denken und Leben.

9. Verschwörungstheorien

Verschwörungstheorien sind bibelkritisch, weil sie biblische Aussagen verfälschen und weil sie synkretistisch biblische Wahrheiten mit zweifelhaften ideologischen Aussagen verbinden.

Unterstützt durch die demokratischen Möglichkeiten des Internets erfreuen sich die verschiedensten Verschwörungstheorien einer bisher nie dagewesenen Verbreitung und Akzeptanz. In einer unübersichtlich gewordenen Welt sind offensichtlich einfache Antworten gesucht. Wenn sie dann noch ein passendes Feindbild liefern werden sie gerne als privates Weltdeutungsmuster übernommen, mit dem sich alles erklären lässt, selbst das, was offensichtlich nichts mit der befürchteten Verschwörung zu tun haben kann. Wer in diesem Rahmen vor einer *sozialistischen Verschwörung* warnt, findet sie schließlich auch in der CDU oder bei den Republikanern. Wer eine *katholische Weltverschwörung* diagnostiziert, findet deren Einfluss selbst in atheistischen Regimen. Verschwörungstheorien werden immer stärker zum Religionsersatz. Manche Christen werben und argumentieren für ihre Verschwörungstheorie mit dem gleichen Einsatz und der gleichen Überzeugung wie für biblische Aussagen. Nicht-christliche Verschwörungstheorien polemisieren gegen biblische Überlieferung und christliche Überzeugungen. Entweder wird behauptet, Jesus sei mit Sicherheit ein Außerirdischer, oder er sei mit Maria Magdalena verheiratet gewesen. Die Bibel sei von der katholischen Kirche verfälscht und authentische Evangelien seien unterdrückt worden. Die biblische Geschichte von Jesus Christus sei nur ein Plagiat ägyptischer Mythen um Horus.[48] „*Christliche Verschwörungstheorien*“ warnen vor angeblich verfälschten Bibelübersetzungen, einer Weltregierung der Muslime, Illuminaten, Bilderberger

---

[48] Vgl. Peter Joseph: „Zeitgeist“, http://video.google.com/videoplay?docid=-5690178627913306249, kritische Auseinandersetzung bei: Christoph Cadenbach: „Diener der Wahrheit“, in: Süddeutsche Zeitung Magazin, Heft 18/2011, http://sz-magazin.sueddeutsche.de/ texte/anzeigen/35683.

oder Katholiken, sie schüren Ängste Weihnachten zu feiern, bestimmte Musik zu hören, am *Sonntag* Gottesdienst zu feiern oder sich Impfen zu lassen.[49] Jede Naturkatastrophe, jedes besondere politische Ereignis und jede Krise wird aus dem Blickwinkel der eignen Verschwörungstheorie gedeutet und als Bestätigung des eigenen Systems betrachtet. Dabei werden nicht nur historische und logische Widersprüche ignoriert, sondern auch biblische Aussagen verdrängt, verfälscht oder uminterpretiert.

Der Bibelbund will Antworten geben auf verschwörungstheoretische Bibelkritik und zeigen, dass die Bibel zuverlässig überliefert und glaubwürdig ist, wegweisend für Denken und Leben.

10. Theologie

In der gegenwärtigen Theologie zeigt sich Bibelkritik durch offene oder verborgene Infragestellung und Relativierung biblischer Aussagen.

Nachdem lange über die historische Zuverlässigkeit biblischer Überlieferung gestritten wurde, besteht gegenwärtig die Gefahr Jesus Christus und die ersten Christen nur noch durch die Brille der Mentalitäts- und Sozialgeschichte des palästinischen Judentums zu betrachten. Jesus wird dabei auf eine historische Rolle als jüdischer Wanderprediger beschränkt. Aussagen des Neuen Testaments werden nur noch in ihrem unmittelbaren Zeitbezug gelesen und drohen ihren universalen Anspruch zu verlieren. Konkrete ethische oder theologische Aussagen des Neuen Testaments werden als historische Antworten von Jesus oder Paulus auf damalige Fragen und Probleme interpretiert, wodurch ihnen in der Praxis die autoritative Relevanz für die Gegenwart genommen wird.

Natürlich existiert auch immer noch die klassische Bibelkritik mit ihrer Infragestellung biblischer Autorität. Zweifel an biblischen Wundern, biblischer Prophetie und der Authentizität biblischer Autoren ist zwischenzeitlich leider zum Normalfall geworden, nicht nur an allgemeinbildenden Schulen und Universitäten, sondern auch in vielen ehemals frommen Kreisen.

Andere Formen der Bibelkritik finden sich in charismatischen Engführungen. Gefühle und Erfahrungen werden zum Ausgangspunkt der Bibelauslegung. Sehnlichst gewünschte Gesundheit und Reichtum werden in die Bibel hineingelesen. Die nach den Gesetzen der „*Kraft des positiven Denkens*" produzierte Einbildung des Gewünschten wird dann als außerordentlich starker Glaube missinterpretiert. Aussagen über Leid, Krankheit, Armut und Verzicht werden mit einer „*hermeneutischen Schere*" aus der Bibel entfernt.

---

[49] Vgl. verschiedene „christliche Verschwörungstheorien" auf der Homepage von Paul Dorofeev, http://www.diewahrheitistnochda.de.

Der Bibelbund will Antworten geben auf theologische Bibelkritik und zeigen, dass die Bibel zuverlässig überliefert und glaubwürdig ist, wegweisend für Denken und Leben.

Die Arbeit des Bibelbundes wird sich in der Zukunft allerdings nicht nur auf die Zurückweisung der verschiedenen Formen von Bibelkritik konzentrieren, sondern er wird auch positiv für einen vertrauensvollen und alltäglichen Umgang mit der Bibel werben.

- Da die Menschen in Europa heute mehr Zeit und Geld zur Verfügung haben als in früheren Zeiten will der Bibelbund mehr Angebote organisieren, um diese Freizeit sinnvoll zu gestalten. Dazu gehören Studienreisen, Freizeiten und Schulungen die sich mit der Bedeutung der Bibel für Denken und Leben beschäftigen. Reisen und Exkursionen können Freude und Verständnis an der Bibel wecken und vorbildliche Aspekte der Kirchengeschichte lebensnah vermitteln. Reisen in die Länder des Alten und Neuen Testaments können helfen die Bibel besser zu verstehen und ihr mehr zu vertrauen. Reisen können darüber hinaus den geistlichen Austausch mit Christen aus anderen Ländern und Kulturen fördern.
- Der Bibelbund will Verbindungen zwischen bibeltreuen Christen stärken und ihnen in geistlichen Auseinandersetzungen und Angriffen auf den Glauben Mut machen.
- Der Bibelbund will Initiativen zur Verbreitung der Bibel unterstützen und Literatur veröffentlichen, die dabei hilft die Bibel besser zu verstehen und ihr zu vertrauen.
- Da die Beschäftigung mit der Bibel nicht nur in der Gemeinde oder mit dem gedruckten Buch in der Hand stattfinden muss, will der Bibelbund sein Anliegen verstärkt in den neuen Medien präsentieren, in denen eine immer größer werdende Zahl von Menschen präsent ist (Internet, Facebook, Twitter usw.) Der Bibelbund will außerdem allen Christen helfen, die auf Internetplattformen über den Glauben diskutieren und sie mit zuverlässigen und hilfreichen Argumenten versorgen.
- Angesichts von Menschenangst und der Tabuisierung religiöser Diskussionen will der Bibelbund mit Argumenten und Erfahrungen helfen, mutiger von Gott weiterzusagen, wie er sich in der Bibel offenbart.
- In Artikeln und Seminaren will der Bibelbund helfen die Bibel besser zu verstehen und auch bei Verständnisschwierigkeiten Lösungen aufzuzeigen.
- Der Bibelbund will auch intern Missbräuche der Bibel benennen (z.B. Gesetzlichkeit, Heuchelei, Spekulation) und Auswege aufzeigen.
- Mit Auslegungen, Andachten, Hilfen zur Bibellese oder persönlichen Zeugnissen will der Bibelbund Freude und Verständnis an der Bibel fördern.

- Der Bibelbund will grundsätzliches Wissen über die Bibel vermitteln. Denn nur mit diesem Wissen kann man Gott näher kennenlernen und Angriffen auf den Glauben sachgemäß begegnen.

Der Bibelbund steht auch weiterhin zur „*Chicago-Erklärung* zur *Irrtumslosigkeit der Bibel*“[50]. Demnach ist die Bibel in allen ihren Aussagen irrtumslos und zeitlos gültig. Diese Überzeugung gründet nicht in der Überprüfung aller biblischen Sachaussagen, sondern im Vertrauen auf die Zusagen Gottes durch die Autoren der biblischen Schriften (2.Tim 3,16; 2.Petr 1,19-21).[51]

Selbstverständlich verstehen auch Bibelbund-Mitglieder nicht alles in der Bibel. Offene Fragen werden bleiben bis Christen von Gott selbst gelehrt werden (1.Kor 13,12).

Aber ein vollkommener, allmächtiger Gott steht hinter der Bibel. Er wollte und will den Menschen durch sein niedergeschriebenes Wort seinen Willen mitteilen und eine Perspektive zur Befreiung von Schuld und Sünde eröffnen. Dadurch will er einen Weg zur Überwindung der grundsätzlichen Trennung zwischen ihm und den Menschen aufzeigen und Anweisungen zu einem gelingenden, sinnvollen Leben geben. Der Bibelbund will dabei helfen, durch die Bibel Gott zu begegnen. Das hat selbstverständlich auch Auswirkungen auf das eigene Denken, Reden und Handeln, auf Ethik, Politik und Gemeinde.

„Dein Wort, Gott, ist nichts als Wahrheit,
alle Ordnungen deiner Gerechtigkeit währen ewiglich.“
Ps 119,160

---

[50] 1978 schlossen sich evangelikale Theologen zum Internationalen Rat für biblische Irrtumslosigkeit (International Council on Biblical Inerrancy, kurz ICBI, 1978-1986) zusammen. Auf drei zentralen Tagungen wurden insgesamt drei Chicago-Erklärungen formuliert. Die erste Erklärung benannte das Wesen der Schrift und ihre Inspiration (1. Chicago-Erklärung zur biblischen Irrtumslosigkeit, 1978). Die beiden anderen Erklärungen behandeln die Frage der Hermeneutik (Chicago-Erklärung zur biblischen Hermeneutik, 1982) und die Anwendung dieses Schriftprinzips im Alltag (Chicago-Erklärung zur biblischen Anwendung, 1986). Die deutsche Übersetzung der Chicago-Erklärung zur Irrtumslosigkeit der Bibel ist gedruckt oder als pdf-Datei beim Bibelbund erhältlich. http://www.bibelbund.de/pdf/chicago.pdf. Vgl. Thomas Schirrmacher: „Bibeltreue in der Offensive?! Die drei Chicagoerklärungen zur biblischen Irrtumslosigkeit, Hermeneutik und Anwendung“, Bonn: VKW, 3. überarbeitete Auflage mit neuer Einleitung 2009.

[51] Vgl. Michael Kotsch: „Die Bibel – Das Wort Gottes“, in: BuG 3/2002; Michael Kotsch: „Inspiration und Irrtumslosigkeit in der Geschichte“, in: BuG 4/2002.

Thomas Jeising

Was bedeutet Inspiration?

Einleitung: Der Mangel an Klarheit liegt nicht in der Bibel

Es ist nicht allzu schwierig, Einigkeit darüber zu erzielen, dass die Bibel inspiriert ist. Wenn es aber um die Frage geht, was Inspiration der Heiligen Schrift positiv bedeuten soll, dann ist es mit der Einigkeit vorbei. Die „Glaubensbasis der Evangelischen Allianz" (1972) bekennt sich „zur göttlichen Inspiration der Heiligen Schrift, ihrer völligen Zuverlässigkeit und höchsten Autorität in allen Fragen des Glaubens und der Lebensführung". Aber wenn wir Übereinstimmung erzielen wollten, was damit gemeint sein soll, dann breitet sich in Regel Schweigen aus, vielleicht noch von dem Satz begleitet, dass man über den Vorgang der Inspiration nichts sagen könne, das sei ein Geheimnis Gottes. Die Überzeugung von der Inspiration der Heiligen Schrift muss aber präzisiert werden, wenn man überhaupt etwas damit aussagen will. Wenn sie Teil eines Bekenntnisses ist, darf sie nicht zur Worthülse verkommen.

Ernst Lerle beschrieb diesen Zustand der Inhaltslosigkeit, wenn über Inspiration gesprochen wird in seinem Buch *Moderne Theologie unter der Lupe* so: „Man kann sogar der wörtlichen Eingebung der Bibel durch den Heiligen Geist (Verbalinspiration) zustimmen und dabei behaupten, hinter den geistgewirkten biblischen Berichten stehe keine andere Wirklichkeit historischer Abläufe als hinter erbaulichen Legenden".[1] Diese Feststellung galt schon vor 35 Jahren fast nur noch auf Seiten der römisch-katholischen Theologie, die das Konzept der „Verbalinspiration" in ihrer Dogmatik hat. Das besondere der Inspiration der Bibel erscheint heute im Allgemeinen eher als Problem der Abgrenzung. Einerseits kommt der Bibel ein kaum erklärbarer Vorrang zu, beim Menschen Glauben an Gott zu schaffen. Andererseits soll ihr keine Inspirationsvorstellung eine solche Autorität zumessen, dass dadurch die Freiheit des Menschen beschränkt und sein theologisches Denken unter eine kritische Norm gestellt wird[2].

---

1 Neuhausen: Hänssler, 1987, S. 22.

2 Exemplarisch können dafür die Ausführungen von Werner Brändle in einem Lexikonartikel von 2001 stehen: „Daß gleichwohl die Schriften der Bibel, weil im Geiste des Glaubens an den dreieinigen Gott geschrieben, in bevorzugter Weise in ihrer Rezeption Glauben erwecken können, diese Aussage ist als Glaubensaussage und damit die I[nspirations]-Lehre in ihrer zirkulären Begründungsstruktur anzuerkennen. […] Statt von I[nspiration] spricht man deshalb von einem Erschließungsgeschehen göttlichen Of-

Dabei sind die Aussagen der Bibel über sich selbst im Vergleich zum Nebel heutiger Inspirationsaussagen überraschend klar. Das macht schon ein Blick auf die klassischen Bibelstellen zur Inspiration deutlich. Und darum sollten wir sie uns auch von Anfang bis Ende vor Augen halten. Es ist uns aber damit allein nicht geholfen.

> 2.Tim 3,16-17: Denn alle Schrift, von Gott eingegeben, ist nütze zur Lehre, zur Zurechtweisung, zur Besserung, zur Erziehung in der Gerechtigkeit, dass der Mensch Gottes vollkommen sei, zu allem guten Werk geschickt.
>
> 2.Petr 1,21: Denn es ist noch nie eine Weissagung aus menschlichem Willen hervorgebracht worden, sondern getrieben von dem heiligen Geist haben Menschen im Namen Gottes geredet.
>
> Mt 5,18: Denn wahrlich, ich sage euch: Bis Himmel und Erde vergehen, wird nicht vergehen der kleinste Buchstabe noch ein Tüpfelchen vom Gesetz, bis es alles geschieht.

Obwohl sogar in der kritischen Theologie die Rede von der Inspiration der Bibel keineswegs völlig überholt ist und unter den Evangelikalen zur Standardaussage über die Bibel gehört, kann man regelmäßig folgende Erfahrung machen, wenn man sagt, dass man glaubt, dass jedes Wort der Bibel von Gott gewollt ist und eingegeben ist. Wer dabei noch wagt das Wort „Verbalinspiration" zu benutzen oder den Anschein macht, dass er so etwas glaube, der wird meist selbst bei wohlmeinenden Mitchristen Entsetzen auslösen. „Ja, glaubst Du denn wirklich, dass die Autoren der Bibel willenlose Schreibgriffel Gottes waren?" „Die Bibel ist doch nicht vom Himmel gefallen!" „Ja, hast du damit nicht eine Haltung zur Bibel wie Muslime zum Koran?" Die konsequente Diffamierung der Verbalinspirationslehre hat dazu geführt, dass man im allgemeinen mit dem Wort „Verbalinspiration" eine mechanistische Diktattheorie von der Entstehung der Heiligen Schrift verbindet, die so in der Christenheit höchstens vereinzelt vertreten wurde. Und die vielgescholtene „Orthodoxie" gehörte gerade nicht dazu, auch wenn das immer wieder mit aus dem Zusammenhang gerissenen Zitaten gebetsmühlenartig behauptet wird.

---

fenbarungshandelns, um die Interdependenz von göttlichem und menschlichem Handeln nicht aus dem Auge zu verlieren. […] Eine I[nspirations]-Lehre muss in dialektisch kunstvoller Weise die Autorität der bibl. Schriften wahren und ebenso die Kontinuität der jeweils gesch[ichtlich] bedingten Geistesgegenwart Gottes […]. Es kommt vielmehr darauf an, die stetige Geistesgegenwart Gottes nicht nur im Hören auf die bibl. Schriften, sondern auch in allen Geschehnissen und Überlieferungen anzunehmen, zu glauben und gemeinsam zu prüfen, ob sie dem Kriterium 'Jesus Christus' gerecht werden". „Inspiration/Theopneustie", 4.Aufl. RGG, Sp. 173-174.

Ich bin der festen Überzeugung, dass wir auch in dieser Situation nicht den Kopf in den Sand stecken sollten, sondern uns im Gegenteil darum mühen, das Verständnis der Inspiration für uns heute neu auszusagen. Wir brauchen den Mut, auch im modernen Denkhorizont eine schriftgemäße Inspirationslehre zu formulieren. Dabei können wir uns auf frühere Generationen von Christen stützen. Allerdings ist es nicht damit getan, einfach zu wiederholen, was sie sagten, denn sie sprachen in einen anderen Denkhorizont hinein. Wir leben heute nach der der Kantischen Wende im Denken[3] und müssen darauf Rücksicht nehmen, ohne dass wir dieser Philosophie verpflichtet sind[4]. Wir haben immer „die Aufgabe, die in der Kirche Jesu Christi geglaubte und verkündigte Wahrheit zu überdenken, mit dem vorfindlichen Denken des Menschen und seiner Zeit zu konfrontieren und im aktuellen Kontext neu zu formulieren“[5].

Das alles kann nicht in diesem Beitrag geleistet werden. Darum werde ich mich auf die Darstellung der Säulen der Inspirationslehre beschränken, um wenigstens einen Anfang zu machen. Diese Säulen beschäftigen sich – anders als manche annehmen – nicht mit der Entstehung der Heiligen Schrift und

---

[3] Seit Immanuel Kant hat die Philosophie keine Hoffnung mehr, einen Zugang zur Wirklichkeit zu finden. Das eigene Vorverständnis, die eigene „Brille“ beeinflusse die Erkenntnis so, dass das „Ding an sich“ oder die wahre Wahrheit dem Erkennen verschlossen bleibe. Manfred Oeming bringt die Konsequenz so auf den Punkt: „War es in der Frühzeit der Hermeneutik das Ziel, wahre Aussagen über eine Sache zu formulieren (Aristoteles), so wird im Zuge der neuzeitlichen Reflexion gerade dieser Sachbezug problematisiert; die Objektivität der Auslegung und die Eindeutigkeit der Aussagen werden immer fraglicher. Der Subjektivität des Auslegers wird immer mehr zugetraut, die *eine* ‚Wahrheit‘ wird auch als regulative Idee der Geisteswissenschaft problematisch“. „Biblische Hermeneutik: e. Einführung“, Darmstadt: Wissenschaftliche Buchgesellschaft, 1998, S. 30.

[4] Eine Hilfe und Einführung in die Problematik ist der Artikel von Norman L. Geisler, „Die philosophischen Voraussetzungen der Behauptung einer fehlerhaften Bibel“, in: Die Unfehlbarkeit und Irrtumslosigkeit der Bibel, Nürnberg: VTR, 2001, S. 171-213. Allgemeiner aber immer noch hilfreich ist Adolf Schlatter: „Die philosophische Arbeit seit Descartes: ihr ethischer und religiöser Ertrag“, Stuttgart: Calwer-Verlag, 4. Aufl. 1959. Siehe auch die Arbeit von Karl-Heinz Michel: „Immanuel Kant und die Frage nach der Erkennbarkeit Gottes“, Wuppertal: R.Brockhaus, 1987.

[5] Eckhard Schnabel: „Inspiration und Offenbarung: die Lehre vom Ursprung und Wesen der Bibel“, Wuppertal: R.Brockhaus, 2. Aufl. 1997, S. 8. Schnabel vermutet zwei Gründe, „weshalb man sich hierzulande an dieses Thema anscheinend nicht herantraut“. Die kritische Universitätstheologie habe das Thema für „antiquiert, überholt und überflüssig“ erklärt und die Konservativen seien „verunsichert“ und „verlegen“, weil sie „Martin Luthers sola scriptura nicht mehr fundiert und mit Überzeugung verteidigen und darstellen [...] können“. Ich würde noch hinzufügen, dass die allgemeine Lehrverdrossenheit und der Wunsch nach handhabbaren Konzepten für das christliche Leben und die Gemeinde die gründliche Arbeit an den Grundlagen unseres Glaubens in den Hintergrund gerückt haben.

dem genauen Vorgang, wie dabei der Heilige Geist wirkte. Das ist nur am Rande Thema, aber nicht zentral. Zentral ging und geht es bei der Inspirationslehre immer um die Frage, wie es möglich sein kann, dass ein Buch ein Mittel wird, uns so mit Gott zu verbinden, dass wir für Zeit und Ewigkeit gerettet sind. Zudem ist die Bibel auch noch ein seltsames und in seiner Art einzigartiges Buch, das eine Einheit darstellt, die über 1500 Jahre gewachsen ist und dabei literarisch die unterschiedlichsten Gattungen miteinander verbindet, Gesetzestexte und Liebeslieder, biographische Erzählungen und theologische Abhandlungen, nüchterne Aufzählungen und bildreiche Visionen.

Dieses Buch bringt uns die Rettung! muss man nicht besser sagen „Jesus bringt uns die Rettung“? Ja, durch das Leben, Sterben und Auferstehen von Jesus Christus allein werden wir gerettet, aber nur aus der Bibel kennen wir diesen Jesus und das Handeln Gottes an ihm und in ihm zuverlässig. Wir machen heute unsere Erfahrungen mit ihm, aber auch die müssen sich an dem Buch messen lassen. Wir verlassen uns ganz darauf, was dort geschrieben steht und lieben einen, den wir nie gesehen haben, allein aufgrund dessen, was wir aus dem Buch wissen. Die Inspirationslehre beschäftigt sich in ihrer Mitte mit der Frage, wie das möglich sein kann.

Vier Säulen der Inspirationslehre

1. Säule: Gott ist durch das Wirken seines Geistes der eigentliche Autor der Heiligen Schrift

Baustein 1: Gott wollte wörtliche und schriftliche Mitteilung

Diese erste Säule der Inspirationslehre bedeutet zuerst einmal, dass Gott sich dem Menschen mit einer schriftlichen Mitteilung bekannt machen wollte. Zuerst machen wir uns klar, dass Gott andere Möglichkeiten gehabt hätte und er diese Wege auch vereinzelt beschritten hat. Allen diesen Wegen ist aber gemein, dass nicht der Mensch zu Gott vorstößt und sich Erkenntnis über Gott verschafft, indem er in den Himmel einbricht, sich einschleicht oder Zugang erhält. Es ist vielmehr so, dass Gott selbst sich auf die Ebene der Menschen begibt, die er geschaffen hat und sich ihnen auf eine dem menschlichen Aufnahmevermögen angepasst Weise bemerkbar macht. Das gilt genauso, wenn eine Stimme vom Himmel hören ließ oder zu Menschen in Träumen redete. Gott hätte das zum Normalfall seiner Kommunikation machen können, so dass jeder einzelne auch heute mit hörbarer Stimme oder in Visionen angesprochen würde. Gott könnte ganz auf wörtliche Mitteilungen verzichten und uns nur Bilder sehen lassen. Oder sogar darauf verzichten und uns per inneren Impulsen steuern oder sich einfach gar nicht bemerkbar machen und unsichtbar bleiben, in dem Licht, da niemand zukommen kann. Der Mensch könnte ahnungslos sein Leben leben und erst hinterher, im Himmel würde Gott ihm alles erklären und ihm zeigen, dass er schon immer der Herr war.

Und es gibt ja auch Religionen ohne ein der Bibel vergleichbares heiliges Buch. Ein Zweig des Islam, das Alevitentum, hat keine heilige Schrift und erkennt den Koran nicht an. Ihr Glaube wird durch mündliche Weitergabe innerhalb der Familien tradiert. Dazu verehren sie Mystiker und Volksheilige, von denen sie glauben, dass der göttliche Geist durch Wunder und Weisung besonders in ihnen wirkt. Der wahre Gott könnte uns auch so retten.

Aber Gott, der Vater unseres Herrn Jesus Christus, hat dies nicht getan, sondern er wollte wörtliche und insbesondere auch schriftliche Mitteilung, damit sein Wille und Werk den Menschen bekannt wird. Spätestens mit seiner Offenbarung im Bund am Sinai ist Gott diesen Weg gegangen. Er hat das eingeleitet, indem er die 10 Gebote als Bundesurkunde mit seinem eigenen Finger schrieb. Darüber hinaus hat er angewiesen, dass an der heiligsten Stelle des Bundeszeltes und später des Tempels ein Kasten stehen sollte, in dem die beiden Original-Tafeln mit seiner schriftlichen Mitteilung aufbewahrt werden sollten. Jeder sollte begreifen, wie Gott seinen Willen lebendig halten wollte: indem sein Wort schriftlich fixiert und dann über Generationen weitergegeben wird. Der Bundesschluss Gottes mit den Menschen beruht ab Mose auf der schriftlichen Fixierung der Worte Gottes:

> 2.Mo 34,27 „Und der HERR sprach zu Mose: Schreib dir diese Worte auf; denn auf Grund dieser Worte habe ich mit dir und mit Israel einen Bund geschlossen.“

Und diese Entscheidung hat Gott nicht zurückgenommen, sondern sie bei den Propheten bestätigt (Jer 30,2), so dass als Heilige Schrift das Alte Testament entstehen konnte. Die frühen Christen hatten vorerst auch nur das Alte Testament als Bibel. Schrittweise wurde die Bibel, bestehend aus dem Alten Testament, dann durch die Schriften des Neuen Testaments ergänzt. Die Wörter, die von Menschen nach Gottes Willen aufgeschrieben wurden und die wiedergeben, wie Gott in der Geschichte gehandelt hat, wie er die Ereignisse gedeutet hat und was er aufgrund dieser Ereignisse zusagt, das alles bildet die Grundlage für Gottes Kommunikation mit den Menschen, durch die er einen Bund mit ihnen schließt. Schriftliche Dokumente erhalten nach Gottes Willen die zentrale Stelle bei der Übermittlung der für unsere Rettung wesentlichen Informationen. Dies ist eine erste wichtige Erkenntnis, die zu einer Trennung von einer Spielart der sogenannten Realinspirationslehre führt. Einige ihrer Vertreter bestreiten, dass die Bibel selbst inspiriert ist. Sie gehen davon aus, dass nur das eigentliche Offenbarungsgeschehen von Gott gewirkt wurde und deswegen von ihm inspiriert ist. Die Bibel ist nur das Dokument, in dem Berichte von Menschen gesammelt sind, die ein Erlebnis mit dem transzendenten Gott hatten. Das Erlebnis ist Offenbarung Gottes, das aufgeschriebene Erlebnis aber nur menschliche Verarbeitung des Erlebten.

Mit den Worten des Marburger Systematikers Jörg Lauster klingt das dann so: „Die Bibel ist ein religiöses Ausdrucksuniversum, das Ereignisse, Begebenheiten und im Neuen Testament dann schließlich die Person Jesus Christus in literarischer Überlieferung und als Einbruch und Wirksamkeit göttlicher Transzendenz interpretiert.“[6]. Lauster hält darum den „Überlieferungsprozess“ im Christentum von Anfang an für „multimedial“. Also religiöse Erfahrungen, Gottesdienstfeiern mit bestimmten Riten, spezielle Lehren und Traditionen machen das Christentum aus und sind mittelbar von Gott bewirkt. Die Bibel hat dadurch keinen Vorrang, sondern ist nachgeordnet. Wenn man die Bibel liest, dann kann und muss man erst durch sie hindurch dringen zu dem eigentlichen Erlebnis oder Ritus oder der Lehre, die frühere Glaubende hatten. Das eigentlich Erlebte zählt, die Wörter aber, die man heute in der Bibel liest, können nach dieser Auffassung sogar etwas ganz anderes meinen, als es auf den ersten Blick scheint. Wenn es etwa um die Auferstehungserzählungen geht, dann soll man erkennen, dass hier eigentlich gläubige Menschen mitteilen wollten, dass ihnen Jesus Christus über sein irdisches Leben hinaus von großer Bedeutung war, wenn sie mit dem Transzendenten in Kontakt treten. Aus diesem Grund seien die Auferstehungserzählungen konstruiert worden. Sie gäben aber keine realen Ereignisse wieder oder seien auch nicht Gottes Mitteilung über ein rettendes Ereignis, sondern eher verschlüsselte Mitteilungen von Menschen über ihre innerseelischen Eindrücke.

Damit wird etwas für den christlichen Glauben Grundlegendes in Zweifel gezogen. Wenn christlicher Glaube in seinem Wesen sowohl Vertrauen auf die besondere Bedeutung vergangener geschichtlicher Ereignisse als auch das Vertrauen auf damit zusammenhängende wörtliche Versprechen ist, die die Zukunft betreffen, dann müssen wir irgendwie sowohl mit den Ereignissen als auch mit den Versprechen in Verbindung kommen. Um das Vertrauen aufzubauen, ist Gott gewissermaßen unter die Schriftsteller gegangen. Für sein Ziel durch solches Vertrauen zu retten, konnte er sich nicht auf religiöse Gefühle und Meinungen stützen, die durch schöne Legenden hervorgerufen werden. Er brauchte eine zuverlässige Überlieferung der geschichtlichen Tatsachen und der Erklärung ihrer Bedeutung, damit der Glaube zuversichtlich darauf beruhen kann.

Darum reicht auch das Vertrauen auf die menschlichen Schriftsteller der Bibel nicht aus. Wir können unseren Glauben nicht auf ihre menschliche Interpreta-

---

[6] Jörg Lauster: „Zwischen Entzauberung und Remythisierung: zum Verhältnis von Bibel und Dogma“, Leipzig: EVA, 2008, S. 58.

tion von Erlebnissen und Gefühlen bauen. Wir brauchen Gottes Auswahl der entscheidenden Details der Ereignisse, wir müssen seine Interpretation der Ereignisse kennen lernen. Wir wollen uns nicht auf Versprechen verlassen, die der Phantasie von religiösen Menschen entsprungen ist, sondern auf Worte aus dem Mund Gottes. Genau darum wird uns in der Bibel auch die Gewissheit gegeben, dass wir Heilige Schrift und Gottes Wort vor uns haben, weil die menschlichen Autoren mit ihrer sündigen Natur so von Gott in Dienst genommen waren und unter der Führung seines Geistes standen, dass sie zuverlässig aufschreiben konnte.

Baustein 2: Für die schriftliche Mitteilung hat Gott menschliche Autoren in Dienst genommen

Gott wollte schriftliche Mitteilung. Er hat deshalb Menschen schreiben lassen. Er ließ trotz der ersten Steintafeln mit den 10 Geboten, die er selber beschrieb, nicht ein vollständiges heiliges Buch aus dem Himmel herabkommen. Gott nahm über einen Zeitraum von wahrscheinlich mehr als 1500 Jahren Menschen in den Dienst, seine Mitteilungen aufzuschreiben, bis schließlich ein ganzes Buch daraus geworden ist. Der Grund für dieses Handeln ist tatsächlich, dass Gott mit diesem Buch um unser Vertrauen wirbt und zwar so, indem er das Wunder möglich macht, dass ein Buch, das von zahlreichen Autoren verfasst wurde, doch die Einheit der Gedanken und Mitteilungen Gottes als Heilige Schrift bilden kann. Jeder Leser bemerkt bei aller Unterschiedlichkeit der Verfasser und der Einzelschriften diese Einheit, die nur auf den einen Autor Gott zurückgehen kann und unmöglich durch Menschen hergestellt werden konnte. Man stelle sich einmal vor, man wolle ein Buch aus unterschiedlichen Schriften der Zeit vor Karl dem Großen bis heute zusammensetzen. Zugegebenermaßen ist die Einheit auch ein Geheimnis, das bestritten werden kann und gelegentlich auch wird. Gerade weil man die Einheit irgendwie wahrnimmt, gibt es zahlreiche Mutmaßungen, dass irgendeine kirchliche Kommission, Synode, ein Papst oder ein sonstiger Redaktorenkreis die Einheit der Bibel aus den 66 Büchern zurechtgeschnitten hat. Allerdings deutet alles, was wir von der Kanongeschichte des Alten und Neuen Testament wissen, darauf hin, dass sie falsch sind[7]. Wenn wir nun sagen, dass das Buch

[7] „Jedenfalls läßt sich in der Großkirche gegen Ende des 2. Jahrhunderts ein weitgehender Konsens über die anzuerkennenden Schriften feststellen. Da ihn die Quellen nicht etwa auf eine Entscheidung einer Synode oder eine gemeinsame Erklärung angesehener Bischöfe zurückführen, erweist er sich als Anerkennung eines formlos eingetretenen Sachverhalts“. So beschreibt Heinrich Karpp die Kanonbildung für das NT in *Schrift, Geist und Wort Gottes: Geltung und Wirkung der Bibel in der Geschichte der Kirche*, Darmstadt: Wissenschaftliche Buchgesellschaft, 1998, S. 16. Für das AT siehe z.B. K.A. Kitchen, *Das Alte Testament und der vordere Orient*, Gießen: Brunnen, 2008.

Gott selbst zum Autor hat, dann erhebt sich die Frage, was der Beitrag der menschlichen Autoren zur Bibel gewesen ist. Waren sie „nur“ Schreibmaschinen, auf denen Gott die Tasten drückte oder willenlose Schreibgriffel Gottes? Oder waren sie eher Sekretäre, denen Wort für Wort diktiert wurde?

Bevor wir uns der Antwort zuwenden, die die Bibel selber gibt, lohnt es sich ruhig einmal die eigenartige Angst zu hinterfragen, die so viele auch bibeltreue Theologen befällt, die Schreiber der biblischen Bücher hätten nicht genügend eigenen Stil oder eigene Gedanken einbringen können und sie seien nur Sekretäre Gottes gewesen. Wenn es denn so gewesen wäre, wäre das für den Inhalt irgendwie bedenklich? Wäre es irgendwie fragwürdig, wenn Gott einen Brief diktierte? Paulus hat doch seine Briefe auch diktiert. Und auch Johann Wolfgang von Goethe hatte regelmäßig Schreiber, denen er seine Verse diktierte und die sie sorgfältig aufschrieben. Es wirkt sehr eigenartig, wenn man mit einem Unterton der Missbilligung sagt, der Schreiber Goethes habe „sich sklavisch an die Worte des großen Meisters gehalten“ oder er sei ein „willenloses Schreibmedium gewesen“ und „seine Persönlichkeit habe darin nicht ihre ausreichende Berücksichtigung gefunden“. Goethe hätte einen solchen Schreiber, der seinen eigenen Stil, eine ihm besser erscheinende Formulierung oder einen erklärenden Gedanken in das diktierte hätte einfließen lassen, sicher sofort entlassen. Und für uns heutige Leser kommt gar nicht der Gedanke auf, zu fragen, welcher der Schreiber denn dieses Gedicht aufgezeichnet hat, denn natürlich sind alle Verse von Goethe. Und was bei Goethe eine Auszeichnung für den Schreiber gewesen wäre, dass er nämlich genau schrieb, was ihm diktiert wurde, soll bei Gott ein Makel sein? Man kann sich vorstellen, dass es die meisten Schreiber mit Stolz erfüllt hat, wenn sie sagen konnten: „Ich bin bei Herrn Goethe angestellt und darf seine Briefe und Dichtungen niederschreiben.“

Warum also sollte Gott kein Schriftsteller sein? Weder wird ein weltlicher Autor dadurch fragwürdig, dass er seinen Text einem Schreiber diktiert noch ist ein Schreiber suspekt, weil er den Text eines anderen niederschreibt. Der Beruf der Sekretärin ist auch heute nicht ehrenrührig. Ehrenrührig wäre es, den Text eines anderen für seinen eigenen auszugeben. Das wäre ein Plagiat. Nicht ganz so verpönt ist es, einen Ghostwriter zu bitten, seine Gedanken aufzuschreiben und in eigene Worte zu verpacken, weil man selber keine schriftstellerische Fähigkeit hat. Aber ich vermute, dass niemand annimmt, dass der, der uns alle unsere Fähigkeiten verliehen hat (= der Schöpfer), nicht selber in der Lage wäre, ein gutes Buch zu verfassen.

In der Bibel selbst sehen wir die Schreiber durchaus bescheiden und zurückhaltend auftreten. Mose oder die Propheten stellen sich als Person nicht heraus. Sie wollen aufschreiben, was Gott will. Auch der große Paulus schreibt den Korinthern, dass ihm daran gelegen ist, nur Gottes Wort zu offenbaren und nichts zu fälschen oder zu verschlimmbessern, also auch nicht in bester Absicht Gottes Wahrheit zu verdrehen. Er will nur Gottes Wort und seine Wahrheit offenbaren. Er sieht darin Gottes Barmherzigkeit, dass er das Amt des Apostels hat, also des Gesandten und nicht des genialen Erfinders einer Botschaft. „Denn wir predigen nicht uns selbst, sondern Jesus Christus, dass er der Herr ist, wir aber eure Knechte um Jesu willen“ (2.Kor 4,5). Dabei wird aber auch deutlich, dass er bei der Verkündigung des Evangeliums nicht nur Diener Gottes, sondern auch ein Diener der Menschen sein will. Das aber mit Gottes Wort, das im Mittelpunkt steht. Es lohnt sich, sich diesen Zusammenhang vor Augen zu halten:

> 2.Kor 4,1-7 [1] Darum, weil wir dieses Amt haben nach der Barmherzigkeit, die uns widerfahren ist, werden wir nicht müde, [2] sondern wir meiden schändliche Heimlichkeit und gehen nicht mit List um, fälschen auch nicht Gottes Wort, sondern durch Offenbarung der Wahrheit empfehlen wir uns dem Gewissen aller Menschen vor Gott. [3] Ist nun aber unser Evangelium verdeckt, so ist's denen verdeckt, die verloren werden, [4] den Ungläubigen, denen der Gott dieser Welt den Sinn verblendet hat, dass sie nicht sehen das helle Licht des Evangeliums von der Herrlichkeit Christi, welcher ist das Ebenbild Gottes. [5] Denn wir predigen nicht uns selbst, sondern Jesus Christus, dass er der Herr ist, wir aber eure Knechte um Jesu willen. [6] Denn Gott, der sprach: Licht soll aus der Finsternis hervorleuchten, der hat einen hellen Schein in unsre Herzen gegeben, dass durch uns entstünde die Erleuchtung zur Erkenntnis der Herrlichkeit Gottes in dem Angesicht Jesu Christi. [7] Wir haben aber diesen Schatz in irdenen Gefäßen, damit die überschwengliche Kraft von Gott sei und nicht von uns.

Dabei ist am Beispiel des Paulus ja ganz klar, dass er nicht zum willen- und bewusstlosen Werkzeug in der Hand Gottes wird, sondern zum willigen und berufenen Werkzeug. Auch wenn er von „meinem Evangelium“ spricht, dann meint er ja immer Gottes Evangelium (vgl. Gal 1,6-11).

Es hat im Laufe der Kirchengeschichte unterschiedliche Vorstellungen darüber gegeben, wie Gott beim Schreiben der biblischen Texte mit den menschlichen Autoren umgegangen ist.

In der Alten Kirche stellten sich manche das eher *ekstatisch* vor: Der Autor geriet durch die Macht des Heiligen Geistes in eine Ekstase, die ihn auf besondere Weise mit dem Göttlichen verband und brachte dann die heiligen Wörter hervor. Das stellt man sich teilweise wie ein automatisches Schreibenmüssen vor, wie man es aus dem Spiritismus kennt. Durch die innige mystische Verbindung mit Gott, der sie zu willenlosen Werkzeugen machte, hielt man sie meist für irgendwie geistlichere Menschen als die normalen Christen.

Neben diese ekstatische Vorstellung trat auch eine eher *mechanische*: Man stellte sich vor, dass die biblischen Autoren einfach gehorsam und in vollem Bewusstsein aufschrieben, was ihnen Gott diktierte. Über unterschiedliche Arten des Diktats spricht die Bibel durchaus auch, etwa bei Mose, Jeremia und in gewisser Weise in der Offenbarung des Johannes (2.Mo 17,14; 34,27; Jer 30,2; 36,2; Offb 1,11). Aber offensichtlich geht die Bibel nicht davon aus, dass es in allen Fällen der Verschriftlichung der Mitteilungen Gottes so gegangen ist, dass Gott die biblischen Texte diktiert hat. Man muss allerdings vorsichtig sein, denjenigen, die im Lauf der Kirchengeschichte die Schreiber der Bibel ‚Sekretäre', ‚Schreibgriffel Gottes' oder ähnlich nannten, eine Vorstellung nachzusagen im Sinne eines mechanischen Diktatvorgangs. Die Verwendung solcher Attribute für die Schreiber der Bibel war ja keineswegs erst in der so genannten Orthodoxie gebräuchlich, sondern auch Augustin, Luther oder Calvin konnten so reden. Meist wählten sie aber solche Begriffe, weil sie keine besseren hatten, um das zu beschreiben, was sie in der Bibel beobachteten.

Dann kann man – beispielsweise bei Gelehrten im 18. Jahrhundert – noch eine andere Idee von der Rolle der menschlichen Autoren erkennen. Man könnte das eine *genialische* Vorstellung nennen: danach waren die Autoren der Bibel besonders begabte Menschen, die Gott mit so hohen Fähigkeiten ausgestattet hatte, dass sie in der Lage waren, außergewöhnlich kluge und gute Gedanken über Gott zu haben und diese aufzuschreiben. Ihr Genie, das gepaart war mit einer außergewöhnlichen Religiosität befähigte sie, die göttlichen Gedanken aus sich selber hervorzubringen. Dahinter steht eine Vorstellung von einem heiligen Geist, der die Menschen in ihrem Denken lenkt und sie zu außergewöhnlichen Leistungen bringt.

Keine dieser Vorstellungen trifft wirklich das, was wir in der Bibel selbst wahrnehmen. Einfache Bauern und Fischer und gebildete Gelehrte mit höchster Weisheit, ein Theologe und ein Arzt, ganz verschiedene Menschen aus verschiedenen Jahrhunderten hat Gott erwählt, seine menschlichen Autoren zu sein. Er hat ihr Wesen und Verstand nicht uniformiert oder ausgeschaltet. Er hat wenigen Personen etwas diktiert, andere wiederum hat er Texte und Überlieferungen aus ihrer Umwelt verarbeiten lassen. Er hat sie eigene und fremde Erlebnisse aufschreiben lassen. Einmal hat Gott sie ihre eigenen Überlegungen in Texte verfassen lassen, dann ein anderes Mal ihre Gebete und Lieder oder auswendig Gelerntes aus der Erinnerung oder eine frische Ansprache Gottes in Texte verfassen lassen. Oft war diesen menschlichen Schreibern bewusst, dass sie hier Gottes Wort aufschrieben, aber vielleicht auch nicht immer. Die Chicago Erklärung zur Irrtumslosigkeit der Heiligen Schrift beschäftigt sich mit diesen Zusammenhängen besonders in zwei Artikeln und ich meine, die Formulierungen sind sehr hilfreich, weil sie uns auf die richtige Spur bringen.

Artikel VII

Wir bekennen, dass die Inspiration jenes Werk war, in dem Gott uns durch seinen Geist durch menschliche Schreiber sein Wort gab.

Der Ursprung der Schrift ist Gott selbst. Die Art und Weise der göttlichen Inspiration bleibt für uns zu einem großen Teil ein Geheimnis.

Wir verwerfen die Auffassung, dass Inspiration auf menschliche Einsicht oder einen höheren Bewusstseinszustand irgendeiner Art reduziert werden könne.

Artikel VIII

Wir bekennen, dass Gott in seinem Werk der Inspiration die charakteristische Persönlichkeit und den literarischen Stil des jeweiligen Schreibers, den er ausgewählt und zugerüstet hatte, benutzte.

Wir verwerfen die Auffassung, dass Gott die Persönlichkeit dieser Schreiber ausgeschaltet habe, als er sie dazu veranlasste, genau die Worte zu gebrauchen, die er ausgewählt hatte.[8]

Mir scheint es am naheliegendesten zu sein, wenn wir den Umgang des eigentlichen Autors Gott mit seinen menschlichen Autoren *historisch* auffassen und ihre Leitung durch den Heiligen Geist *lebensgeschichtlich* nennen. Gott hat ja jedem einzelnen Menschen sein Leben, seine Bildung und seine Geschichte durch sein Wirken geschenkt. Er war immer der Herr der Geschichte und so hat er bestimmte Menschen dazu geführt, seine menschlichen Autoren zu werden, die aufschreiben, was er will. Dafür war keine ekstatische Ausschaltung notwendig, aber Gott musste auch nicht immer mechanisch diktieren. Ebenso war es nicht einfach eine geniale Begabung, die der eigentliche Antrieb werden konnte, denn nicht alles, was durch eine solche hervorgebracht wurde, war würdig Gottes Wort zu sein. David hatte von Gott eine dichterische Ader geschenkt bekommen, die ihn so viele wunderbare Lieder verfassen ließ, von denen einige als Wort Gottes auserwählt in den Psalmen zu finden sind. Aber er hatte auch anderes im Sinn, das ihn zu Ehebruch und Mord brachte. Salomo hat 3000 Sprüche und 1005 Lieder verfasst, aber nur relativ wenige sind Gottes Wort geworden (1.Chr 5,12) und sein Genius hat ihn auch zu Überheblichkeit und zeitweise zur Abgötterei verführt. Auch sind offenbar nicht alle Briefe von Paulus würdig gewesen, der Bibel als Wort Gottes zugeschrieben werden zu können. Gott hat gelenkt, gebraucht, geführt, Menschen und Umstände in seinen Dienst genommen. James Packer hat vorgeschlagen das Ganze *konkursives* Wirken des Heili-

---

8 Thomas Schirrmacher: „Bibeltreue in der Offensive?! Die drei Chicagoerklärungen zur biblischen Irrtumslosigkeit, Hermeneutik und Anwendung“, Bonn: VKW, 3. überarbeitete Auflage mit neuer Einleitung 2009.

gen Geistes zu nennen. Er denkt daran, dass menschlich betrachtet alles Ursache und Wirkung hat und man vieles ganz „menschlich“ erklären könnte. Jedoch glauben wir, dass Gottes Wirken und Handeln in der Geschichte immer am Werk ist. Er kommt nicht nur zum Ziel, indem er irdische Abläufe wunderbar verändert, sondern auch indem er sie einfach lenkt und gebraucht. Beides ist in der Bibel bei der Offenbarung seines Wortes zu sehen.

Damit grenzen wir uns auch gegen eine Spielart der so genannten *Personalinspirationslehre* ab. Hier wird behauptet, dass nicht die Bibel inspiriert sei, sondern es nur ihre Autoren waren. Sie hatten eine besondere religiöse Ader, sie waren sozusagen vom Göttlichen besonders ergriffen und das brachte sie dazu, so ergreifend über Religion zu schreiben, dass ihre Schriften in der Bibel gesammelt wurden. Am eindrücklichsten hat das Friedrich Daniel Schleiermacher 1799 so ausgedrückt: „Nicht der hat Religion, der an eine heilige Schrift glaubt, sondern der, welcher keiner bedarf und wohl selbst eine machen könnte“[9]. Das hat übrigens auch zur Folge, dass man meint, die Bibel gebe uns nicht vor, was wir glauben sollen, sondern spiegele nur wider, was geglaubt wurde. Indem uns dieser Glaube vor Augen gestellt würde, wirke er selber so inspirierend, dass auch wir glauben könnten. Mit solchen Vorstellungen ist aber die Autorität der Heiligen Schrift aufgegeben. Die Religiosität kann sich frei schwebend entwickeln oder sich von der Bibel mehr oder weniger beeinflussen lassen. Wir merken an dieser Spielart, wie sehr die Inspirationsvorstellung letztlich den ganzen Glauben prägen kann Man könnte den Zusammenhang so beschreiben: aus der eigenen Inspirationsvorstellung geht die eigene Hermeneutik hervor, also die Art, wie man einen Bibeltext liest und seine Aussagen auffasst und dies wiederum bestimmt in welcher Weise die Bibel den eigenen Glauben prägt[10].

Baustein 3: Gott bewirkt seine Autorenschaft durch seinen Heiligen Geist

Ein dritter Baustein der ersten Säule, an der wir uns vor Augen führen, dass Gott selber der Autor der Bibel ist, muss noch betrachtet werden. Zentrale biblische Aussagen zur Inspiration legen Wert darauf, dass Gott seine eigentliche Autorenschaft durch das Wirken seines Heiligen Geistes sichergestellt hat. Der Heilige Geist erinnert die Jünger an alles, was Jesus gesagt hat (Joh 14,26). Er bewegt die Propheten (2.Petr 1,21) und redet selbst (Hebr 3,7,10,15) oder etwa David redet durch den Geist (Apg 4,25).

---

[9] Friedrich Daniel Ernst Schleiermacher: „Über die Religion: Reden an die Gebildeten unter ihren Verächtern“, S. 122.

[10] Diesen Zusammenhang findet man sehr anschaulich bei Manfred Oeming: „Biblische Hermeneutik“, Darmstadt: Wissenschaftliche Buchgesellschaft, 3.Aufl. 2010.

Darum spricht 2.Tim 3,16 davon, dass die Heiligen Schriften, also die Bücher des Alten Testaments, *theopneustos* sind. Das meint zuerst, dass sie Gottes Sprechen sind und darum Gott-gehaucht. Eigentlich geht es aber Paulus an dieser Stelle mehr um das Ergebnis des Wirkens Gottes, weniger um den Vorgang der Inspiration. Im Ergebnis ist die Heilige Schrift so Trägerin des weiteren Wirkens des Heiligen Geistes, da sie die Veränderung bewirkt, die Gott will. Während also 2.Petr 1,21 eher das Wirken des Geistes bei der Entstehung beschreibt, redet 2.Tim mehr von dem Wirken der Schrift aufgrund der Theopneustie. Das führt uns zur zweiten Säule.

2. Säule: Gottes Geist drückt sich in der Heiligen Schrift in verständlicher menschlicher Sprache mit Wörtern und Sätzen aus, um Menschen das Evangelium zu sagen, das sie rettet.

Auch wenn wir uns mit der ersten Säule der Inspirationslehre ausführlicher beschäftigt haben als wir es jetzt mit den anderen tun können, sind diese nicht weniger wichtig. Es ist nur leider so, dass sich um die Autorenschaft Gottes so viele Diskussionen ranken, dass oft die anderen wichtigen Teile in den Hintergrund gedrängt werden. Wenn es aber in der Inspirationslehre wesentlich darum geht, aufzuzeigen, wie Gott die Bibel gebraucht, um Menschen Zeugnis von seiner eigenen Person, seines Heilsplans, seiner Gedanken und Absichten zu geben, dann ist die zweite Säule, die deutlich macht, dass er dazu mit menschlicher Sprache auf menschliche Weise Information weitergibt, eine Tatsache, die nicht außer Acht bleiben darf.

Schon in der zusammenfassenden Erklärung macht die CE das ganz am Anfang deutlich und weist in Artikel IV noch einmal ausdrücklich aus, was man sonst auch überlesen könnte:

> 1. Gott, der selbst die Wahrheit ist und nur die Wahrheit spricht, hat die Heilige Schrift inspiriert, um sich damit selbst der verlorenen Menschheit durch Jesus Christus als Schöpfer und Herr, Erlöser und Richter zu offenbaren. Die Heilige Schrift ist Gottes Zeugnis von seiner eigenen Person.
>
> **Artikel IV**
>
> **Wir bekennen**, dass Gott, der den Menschen in seinem Bild geschaffen hat, die Sprache als Mittel seiner Offenbarung benutzt hat.
>
> **Wir verwerfen** die Auffassung, dass die menschliche Sprache durch unsere Kreatürlichkeit so begrenzt wäre, dass sie als Träger göttlicher Offenbarung ungenügend sei. Wir verwerfen ferner die Auffassung, dass die Verdorbenheit der menschlichen Kultur und Sprache durch Sünde Gottes Werk der Inspiration vereitelt habe.

Inspiration der Heiligen Schrift heißt, dass Gott uns seine Offenbarung als Wörter durch seinen Geist gegeben hat. Es geht bei der Sprache der Bibel nicht um ein schön zu lesendes Wortgeklingel, um eine berührende Poesie etwa. Die Bibel stellt vielmehr mit bestimmten Wörtern menschlicher Sprache, die in Satzzusammenhängen stehen und im Ganzen der Bibel eingebettet sind, eine Verbindung zur geistlichen Wirklichkeit Gottes her. Die Wörter verweisen also auf die geistliche Wirklichkeit und wollen in uns Glauben schaffen, der uns mit der Wirklichkeit dessen, wovon da die Rede ist, verbindet. Die Lehre von der Inspiration der Heiligen Schrift zielt ganz wesentlich darauf ab: es geht ihr darum, dass die Heilige Schrift Gottes Mittel ist, uns Gott vorzustellen und uns zu retten und das auf dem Weg der Mitteilung in menschlicher Sprache.

Betrachten wir die Sache an ihrer zentralen Stelle: Jesus Christus starb an einem bestimmten Tag um das Jahr 30 n.Chr. und an einem Ort am Rande Jerusalems an einem Kreuz, nachdem ihn der römische Statthalter Pontius Pilatus zum Tod verurteilt hatte. Wir haben erst einmal keine Verbindung zu diesem Ereignis, weil wir nicht dort waren und auch sonst am Geschehen nicht beteiligt waren. Das Ereignis ist für uns erst einmal nicht anders als beispielsweise die Nachricht von der Varusschlacht, in der 9 n.Chr. der Cherusker Arminius drei römische Legionen besiegte.

Gott will uns aber in eine bestimmte Verbindung mit dem gekreuzigten Jesus bringen und er hat dafür auch einen Weg erdacht: der Weg geht über die Sprache und konkret über Gottes Wort in der Bibel.

Könnte Gott auch andere Wege gehen? Er hätte uns auch einen Film, wie etwa den von Mel Gibson *Die Passion Christi*, in dem Aramäisch gesprochen wird, hinterlassen können. Wir betrachteten dann das Geschehen, ohne ein Wort des Gesprochenen zu verstehen, und der Film erzeugte in uns irgendwelche Empfindungen, vielleicht Mitleid mit dem Gequälten, vielleicht Abscheu vor der Grausamkeit, vielleicht das Gefühl, selbst ein Gequälter zu sein, vielleicht ein Impuls, uns für Gequälte einzusetzen und Unrecht zu verhindern. So wäre eine Verbindung zum Geschehen hergestellt. Gott könnte uns aber auch, wenn wir an den Ort Golgatha reisen, in einen Trance-Zustand versetzen und uns danach als irgendwie veränderte Menschen durch die Welt laufen lassen. Oder wie wäre es, wenn wir durch eine bestimmte Droge in Ekstase geraten, Gott uns dadurch ein Bild von einem Kreuz vorführte und wir dadurch gerettet würden.

Vieles andere wäre noch denkbar, doch Gott hat sich eben für einen anderen Weg entschieden. Er teilt uns in der Bibel durch von seinem Heiligen Geist autorisierte Wörter das Ereignis und seine Bedeutung mit. Er beschreibt so viel, wie wir über das eigentliche Geschehen wissen müssen. Im Vergleich zu Gibsons Film ist das erstaunlich wenig im Blick auf die Details der Folter und der Kreuzigung. Er gibt uns zugleich eine Deutung des Ereignisses. Jesus, der Sohn Gottes, muss das nach Gottes Willen als Sühne für die Schuld der Menschen erleiden. Uns wird mitgeteilt, dass Gott das Opfer angenommen hat, nicht nur einfach so, sondern in dem er es durch das geschichtliche Ereignis der Auferstehung bestätigt hat. Und schließlich werden wir aufgefordert, zu glauben, dass dieser Tod des Herrn Jesus und seine Auferstehung uns mit Gott versöhnt haben. Wenn wir den Wörtern vertrauen, die uns das alles mitteilen, sind wir mit Christus gekreuzigt, das heißt sein Sterben ist die Sühne für unsere Schuld. Dass dies nicht einfach ein intellektueller Akt ist und mit einem äußeren Bekenntnis besiegelt werden kann, macht die Heilige Schrift immer wieder deutlich. Glaube, der rettet, verlässt sich von ganzem Herzen, mit der ganzen Person, in einer liebenden Beziehung auf die rettende Tat von Jesus. Dann aber gilt: Wir sind gerettet und für Zeit und Ewigkeit Kinder Gottes. Paulus spricht davon in Röm 10,6-17.

> Röm 10,6-17 [6] Aber die Gerechtigkeit aus dem Glauben spricht so: „Sprich nicht in deinem Herzen: Wer will hinauf gen Himmel fahren?“ – nämlich um Christus herabzuholen – [7] oder: „Wer will hinab in die Tiefe fahren?“ – nämlich um Christus von den Toten heraufzuholen –, [8] sondern was sagt sie? „Das Wort ist dir nahe, in deinem Munde und in deinem Herzen.“ Dies ist das Wort vom Glauben, das wir predigen. [9] Denn wenn du mit deinem Munde bekennst, dass Jesus der Herr ist, und in deinem Herzen glaubst, dass ihn Gott von den Toten auferweckt hat, so wirst du gerettet. [10] Denn wenn man von Herzen glaubt, so wird man gerecht; und wenn man mit dem Munde bekennt, so wird man gerettet. [11] Denn die Schrift spricht: „Wer an ihn glaubt, wird nicht zuschanden werden.“ [12] Es ist hier kein Unterschied zwischen Juden und Griechen; es ist über alle derselbe Herr, reich für alle, die ihn anrufen. [13] Denn „wer den Namen des Herrn anrufen wird, soll gerettet werden“. [14] Wie sollen sie aber den anrufen, an den sie nicht glauben? Wie sollen sie aber an den glauben, von dem sie nichts gehört haben? Wie sollen sie aber hören ohne Prediger? [15] Wie sollen sie aber predigen, wenn sie nicht gesandt werden? Wie denn geschrieben steht: „Wie lieblich sind die Füße der Freudenboten, die das Gute verkündigen!“ [16] Aber nicht alle sind dem Evangelium gehorsam. Denn Jesaja spricht: „Herr, wer glaubt unserm Predigen?“ [17] So kommt der Glaube aus der Predigt, das Predigen aber durch das Wort Christi.

Gott gebraucht also durch die Autoren der biblischen Schriften bestimmte Wörter und Sätze, deren Bedeutung durch den Gesamtzusammenhang der Bibel bestimmt wird, um uns mit der Erlösung durch Jesus zu verbinden. Um diese Verbindung zu schaffen, reicht es nicht aus, dass etwa ein bestimmter Bibelvers exakt daher gesagt wird, sondern es kommt auf den wörtlichen Inhalt an und dass dieser geglaubt wird, in einer Bedeutung, die dem Ganzen des in der Bibel verkündeten Evangeliums entspricht. Es ist also nicht der gerettet, der den Satz richtig zitiert: „Jesus ist der Herr“, sondern nur der, der ihn in der Bedeutung glaubt, die die biblischen Wörter und Sätze bestimmen.

Die Wörter, mit denen das Evangelium gesagt wird, können offenbar sehr unterschiedlich sein, aber sie sind nicht einfach gleichgültig. Es sind keine Formeln notwendig, aber die gemeinte rettende Wirklichkeit lässt sich auch nicht mit beliebigen Wörtern ausdrücken, sondern alle gebrauchten Wörter müssen eindeutig meinen, was Gott meint und ihre innere Definition durch die Bibel selbst haben. Selbst ihren Klang oder ihre Farbe erhalten sie aus der Bibel und nicht aus einem anderen Umfeld.

Darum ist es so wichtig, dass wir an der Bibel selbst dran bleiben. Die Inspiration führt nicht dazu, dass wir die Bibel als heiliges Buch mit uns tragen und sie dann schon ihre Wirkung entfaltet. Es kommt auf ihren Inhalt an und darum ist auch Bibel-Kenntnis entscheidend. Aber diese Bibelkenntnis steht nicht für sich oder nur dazu, um in einem Bibelquiz Fragen beantworten zu können, sondern das Ziel ist der Glaube an Jesus Christus. Am Ende des Johannesevangeliums lesen wir entsprechendes:

> Joh 20,30-31 Noch viele andere Zeichen tat Jesus vor seinen Jüngern, die nicht geschrieben sind in diesem Buch. Diese aber sind geschrieben, damit ihr glaubt, dass Jesus der Christus ist, der Sohn Gottes, und damit ihr durch den Glauben das Leben habt in seinem Namen.

Mit Glauben ist aber in der Bibel nicht nur der das Vertrauen auf die Richtigkeit der Aussagen gemeint, sondern das Vertrauen zur Person Jesus Christus. Ja, noch viel mehr die Liebe zur Person Jesus Christus, „den ihr liebt, obgleich ihr ihn nicht gesehen habt; an den ihr glaubt, obwohl ihr ihn jetzt nicht seht, über den ihr mit unaussprechlicher und verherrlichter Freude jubelt“, wie es Petrus ausdrückt (1.Petr 1,8).

Wie ist das durch sprachliche Mitteilung möglich, mag der moderne Mensch fragen, der sich Liebe und unaussprechliche Freude über eine Person, von der man „nur“ aus sprachlichen Mitteilungen weiß, nicht vorstellen kann. Dass wir aber auch keinen Menschen lieben können, ohne dass er uns aus seinem Inneren mit Wörtern sein Wesen mitteilt, das vergessen wir oft. Man kann sich in ein Foto verlieben, aber das Foto sagt so wenig über die tatsächliche Person aus, dass diese Liebe eine Illusion ist. Wie wichtig wörtliche Mitteilung ist, wurde mir wieder bewusst als ein Freund nach langer und schmerzhafter Suche seine Frau gefunden hat. Er wollte gern als Verheirateter nach Afrika in einen Missionsdienst ausreisen, aber er fand keine Frau, die mit ihm in den entbehrungsreichen Dienst gehen wollte. So reiste er alleine und schrieb immer wieder Rundbriefe an Freunde und befreundete Gemeinden. Einen solchen Rundbrief, der in einer christlichen Gemeinde auslag, las auch eine Frau, die nie vorher von ihm gehört oder ihn gesehen hatte. Sie schrieb einfach an den Unbekannten und aus diesem Anfang entwickelte sich eine Brieffreundschaft, die soweit führte, dass die beiden den Eindruck gewannen, der andere könnte der richtige Ehepartner sein. Sie hatten sich bis dahin nie gesehen. Dann kam der Tag des Heimaturlaubs und es stellte sich die Frage, ob denn nun der Mensch, den man durch die Briefe kennengelernt hatte, auch der Mensch ist, der einem tatsächlich begegnen wird. Jeder hätte dem anderen, wie es bei Internetbekanntschaften an der Tagesordnung ist, eine Person vorspielen können, die man gern sein möchte oder die einfach nur der Phantasie entsprungen ist. Die Begegnung hätte es dann ans Licht gebracht. Aber beide fanden den Menschen, den sie durch die wörtliche Mitteilung, den sprachlichen Informationsaustausch kennen gelernt hatten. Sie heirateten und reisten dann gemeinsam wieder nach Afrika.

Die Situation des Glaubenden mit Jesus Christus als seinem Bräutigam ist durchaus vergleichbar. Zwar kennen wir Jesus Christus bisher nur durch die sprachliche Mitteilung, aber wir können ihn aufgrund dessen kennenlernen und ihn auch lieben. Wir sind allerdings in der Spannung, ob der Jesus, den wir jetzt lieben, auch der ist, dem wir in Ewigkeit begegnen. Der einzige Garant dafür, dass das in Erfüllung geht, ist die Qualität der sprachlichen Mitteilung in der Bibel. Und zu dieser Qualität zählt die Autorenschaft Gottes ebenso wie die sprachliche Beschaffenheit und die Auswahl der geeigneten Inhalte, die uns den Bräutigam Jesus in der richtigen Weise bekannt machen.

Das moderne Denken seit Immanuel Kant hält das für unmöglich. Der Mensch kann angeblich nicht mehr zum wahren Sein vordringen, sondern muss sich immer damit begnügen, die Dinge nur durch seine eigene Brille wahrzunehmen. Er hätte dann Jesus nur durch die Brille der menschlichen Autoren, diese aber läse er auch wieder durch seine eigene gefärbte Brille und der wahre Jesus wäre nach der zweiten, dritten oder vierten Brechung und Färbung nicht mehr erkennbar. Schon das, was die Schreiber der Bibel eigentlich sagen wollten, erscheint damit völlig unzugänglich, geschweige denn die Ereignisse oder die Personen, von denen sie reden. Wir haben nach dieser Sicht nur Wörter, die bestimmte Eindrücke bei uns erwecken. Irgend etwas in uns auslösen. Wir könnten dann ihre Texte nehmen, um daraus für uns eine neue religiöse Erfahrung herstellen, die unserem Glauben irgendwie nützt, der aber etwas ganz Eigenes ist und bleibt. Die Verzweiflung, in die dieses Denken führt, wäre eine ganz eigene Betrachtung wert. Aber wenn wir trotzig behaupten, dass wir doch den wahren Jesus kennengelernt haben und er selbst dafür sorgt, dass wir unseren eigenen Täuschungen, die es zweifellos gibt, nicht erliegen, dann haben wir die Bibel auf unserer Seite. Wie gut!

3. Säule: Die Inspiration der Heiligen Schrift ist immer auf die Schrift als Ganzes in allen ihren Teilen bezogen.

Auch diese Säule einer gesunden Inspirationslehre macht deutlich, dass es bei ihr nicht um einen neugierigen Einblick in den genauen Vorgang der Inspiration bei den menschlichen Schreibern geht. Es geht vielmehr darum, dass uns Gott den Schatz einer gesunden, rettenden Lehre erhalten will, und das geht nur mit einer Bibel, die von ihm stammt. Darum ist es wichtig, dass wir begreifen, dass sich die Inspiration der Heiligen Schrift einerseits auf jedes Wort und jeden Satz der Schrift bezieht, aber eben auf jedes Wort im Ganzen, in der Einheit der Heiligen Schrift. Andererseits ist die Schrift als Ganze inspiriert, weil sie es in allen ihren Teilen ist.

Das Problem wird schnell deutlich, wenn man sich fragt, ob denn auch der Satz: „Es gibt keinen Gott!“ aus Ps 14,1 (gleichlautend in Ps 53,2) von Gott geistgewirkt inspiriert ist. Er ist es, aber nur im Zusammenhang des Ganzen. Aus dem Zusammenhang gerissen lassen sich mit den inspirierten Sätzen der Bibel die tollsten Verdrehungen gegen den Willen Gottes herstellen. Wer das Gebot zur Beschneidung nicht im Zusammenhang der ganzen Schrift liest und deswegen die Beschneidung einführen will, der baut eine Irrlehre auf. Das Gebot zur Beschneidung war von Anfang an Gebot Gottes und von ihm inspiriert. Als solches ist es auch Teil der inspirierten Heiligen Schrift. Aber in dieser Schrift wird auch deutlich, dass es im Laufe der Heilsgeschichte seine Bedeutung durch das Wirken des Heiligen Geistes verändert hat (z.B. durch fortschreitende Offenbarung Gottes in der Bibel). Nicht die Menschen haben die Beschneidung als Bundeszeichen und Voraussetzung zur Teilhabe an der Rettung abgeschafft, sondern Gott hat das getan, weil er das Gebot zur Beschneidung im Laufe der Offenbarung seines ganzen Heilswillen in einen neuen Zusammenhang gestellt hat.

Sind nun die teilweise sehr persönlichen Klagen der Psalmisten oder des Propheten Jeremias von Gottes Geist inspiriert? Würden wir sie aus dem Zusammenhang des Ganzen der Heiligen Schrift nehmen, dann wäre das vielleicht fraglich. Wir schauten nur in die ganz menschlichen Seelenzustände des Zweifels, der Angst oder auch der Freude und Zuversicht. Sie sind aber Gottes Wort, weil sie im Ganzen der Schrift genau den Platz haben, den Gott wollte. So ist dann auch die ganze von Gott gehauchte, von Gottes Geist durchtränkte Schrift, brauchbar „zur Lehre, zur Überführung, zur Zurechtweisung, zur Unterweisung in der Gerechtigkeit“ (2.Tim 3,16). Der Zweifel des Jeremia und Gottes Antwort in der Heiligen Schrift auf solche Zweifel überführen uns und geben uns die Weisung, wie wir mit diesen Zweifeln umgehen sollen, wenn sie uns treffen. Sie machen aber auch deutlich in welche Arten von Anfechtungen ein Diener Gottes geführt werden kann. Auch zeigen sie uns unter welchen Umständen dann dieser Teil der Heiligen Schrift aufgezeichnet wurde und auch daraus können wir lernen. Im Ganzen der Schrift kann Paulus auch sehen, dass der Vers über den Ochsen, dem man das Maul nicht verbinden soll (5.Mo 25,4) nicht allein um der Ochsen willen geschrieben ist, sondern auch um der ganz besonderen „Ochsen“, die ihren Dienst in einer christlichen Gemeinde tun (1.Kor 9,9f.).

Artikel VI

Wir bekennen, dass die Schrift als Ganzes und alle ihre Teile bis zu den einzelnen Wörtern des Urtextes von Gott durch göttliche Inspiration gegeben wurden.

Wir verwerfen die Auffassung, dass man die Inspiration der Schrift in ihrer Ganzheit ohne ihre Teile oder in einigen Teilen ohne ihre Ganzheit recht bekennen könne.

Diese Sicht wendet sich gegen eine weitere Spielart der Realinspirationslehre, die behauptet, dass nur Teile der Bibel inspiriert seien. Man stößt sich dabei an bestimmten, menschlichen, angeblich irrtümlichen oder überholten Ansichten in der Bibel. Dann sagt man vielleicht, dass sie nicht Teil des rettenden Evangeliums seien und dann könne man sie ausscheiden oder doch zumindest beiseite lassen. Auf diese Art schafft man sich eine Heilige Schrift in der Bibel, die man für wirklich inspiriert hält. Man hat das auch einen Kanon im Kanon genannt, um damit zum Ausdruck zu bringen, dass in dem historisch entstandenen Kanon der 66 Bücher der Bibel, ein wirklich verbindlicher und für die Rettung entscheidender Kern vorhanden ist. Diese Grundidee hat sich weit verbreitet, wobei die Grenzen dieses Kanon im Kanon – je nach dem – weiter oder enger gesteckt sind. Unter Konservativen ist am weitesten die Variante verbreitet, in der die Heilsaussagen, die zum Beispiel die Rechtfertigungslehre bilden, als verbindliches Glaubensgut gelten, während alle anderen Aussagen zeitbedingten Ansichten oder Irrtümern der menschlichen Autoren unterliegen können. Ein eher weiter gestecktes Kriterium ist das der Glaubenserweckung. Weil die eigentliche Absicht der Bibel die Weckung von Glauben sei, zählten Aussagen, die das bewirkten, zum gottgewollten Bestand.

Was kann man dazu sagen? Zuerst ist einmal zu beobachten, dass bisher niemand, der solche Ideen vertritt, den Mut besessen hat, uns eine solche Bibel herzustellen, die nur noch Heilige Schrift enthält. Er müsste dann alles herauslassen, was angeblich nicht inspiriert ist. Es wird ihm auch schwer fallen, weil er nur bestimmte Aspekte weglassen möchte. Etwa gefällt ihm nicht, dass die Schöpfung ein historisches Datum mit historischen Personen Adam und Eva hat, aber er kann doch nicht den Schöpfungsbericht aus der Bibel herausnehmen, weil er im Ganzen eine solche Rolle einnimmt und sich in der ganzen Bibel wiederfindet. Oder er empfindet Probleme bei dem „legendenhaftem“ Stoff von Jona im Bauch des Fisches. Aber er kann das Buch Jona doch nicht so reinigen, dass nur noch das inspirierte übrig bliebe und ganz weglassen geht auch nicht, weil Jesus sich zentral auf Jona bezieht. Aber selbst wenn man nicht gleich mit der Schere zu Werk gehen wollte, erweisen sich doch alle hermeneutischen Schlüssel als Tor zu einer willkürlichen Gewichtung von Texten teilweise entgegen ihrer Aussageabsicht. Wenn etwa die „Liebe Gottes“ oder das „Evangelium“ die oberste Qualität als Maßstab erhalten, dann wird dieser Maßstab nicht nur schnell willkürliche Grenzen bekommen, sondern auch „wertend“ (meistens „abwertend“) steuern, was noch wie für die Kirche angesichts dieses Maßstabes (Liebe, Erbarmen, Evangelium usw.) verbindlich oder gültig sein kann und was nicht. Deshalb kann auch die Homosexualität als Gott gemäßer Lebensstil verstanden werden, nicht weil man die anderslautenden Texte aus der Bibel ausschließt, sondern weil die Liebe Gottes und das Evangelium höher stehen als Aussagen in Röm 1 und anderswo, die nur Reflex einer zeitbedingten Ansicht des Apostels gewesen seien. Der „am Evangelium“ gemessene höher-wertige Sinn schließt einen niederwertigeren Text oder Inhalt aus.

Und diese Beobachtung machen wir überall: wer Teile ausscheiden will oder aber ihre Aussagekraft willkürlich einschränkt, der zerstört die Ganzheit so, dass er nicht mehr in der Lage ist, ein neues Ganzes herzustellen. Darum ist es wohl auch in der ganzen Kirchengeschichte bisher nicht gelungen, eine Kirche mit einer anderen Bibel zu gründen und zu erhalten. Obwohl wir zahlreiche Bekenntnisse und Kirchen in aller Welt haben, berufen sich alle auf dieselbe Bibel, auch wenn der einen oder anderen Kirche oder Sekte Teile der Bibel nicht passen oder einzelne Verse überdeutlich gegen ihre Praxis sprechen. Niemand scheint bisher in der Lage zu sein, eine neue Ganzheit zu schaffen, indem er bestimmte Teile weglässt. Eine gewisse Ausnahme scheinen die so genannten Apokryphen zu sein, die die römisch-katholische Kirche zu ihrer Bibel zählt. Wer aber genau hinschaut, der sieht, dass man nur einzelne Verse haben möchte, um die Berechtigung für bestimmte Sonderlehren daraus abzuleiten. Gott erhält uns also die Ganzheit und hat seiner Kirche eine Bibel geschenkt, der es über die Jahrhunderte gelungen ist, trotz haarsträubender menschlicher Irrungen und Wirrungen, das Evangelium zu erhalten und immer wieder zum rettenden Glauben zu rufen.

In diesem Zusammenhang gibt es noch eine Beobachtung, die Paulus die Offenbarung des Geheimnisses Gottes nennt. Daran wird noch einmal deutlich, wie wichtig diese Säule der Inspirationslehre ist, bei der es um die Ganzheit der Inspiration geht. Paulus schreibt

> Röm 16,25-27 [25] Dem aber, der euch stärken kann gemäß meinem Evangelium und der Predigt von Jesus Christus, durch die das Geheimnis offenbart ist, das seit ewigen Zeiten verschwiegen war, [26] nun aber offenbart und kundgemacht ist durch die Schriften der Propheten nach dem Be-

> fehl des ewigen Gottes, den Gehorsam des Glaubens aufzurichten unter allen Heiden: [27] dem Gott, der allein weise ist, sei Ehre durch Jesus Christus in Ewigkeit! Amen.

Unter diesem Geheimnis versteht die Bibel nicht ein Rätsel, was irgendwann gelöst wurde, sondern Gottes ewigen Plan durch seinen Sohn Jesus Christus zu retten. Er hatte diesen Plan schon vor der Schöpfung der Welt und hat die Welt so gemacht, dass er Mensch werden konnte. Dann hat er immer wieder darauf hingewiesen, dass er retten wird und sogar wie er retten wird. Aber trotzdem es so deutliche Weissagungen wie Jes 53 gab und andere in den Psalmen und schon bei Mose und wieder bei Daniel, war es keinem Menschen möglich, zu erkennen, was Gott genau vorhatte. Niemand ist das rettende Evangelium selbst in den Sinn gekommen.

> 1.Kor 2,7-10 [7] Sondern wir reden von der Weisheit Gottes, die im Geheimnis verborgen ist, die Gott vorherbestimmt hat vor aller Zeit zu unserer Herrlichkeit, [8] die keiner von den Herrschern dieser Welt erkannt hat; denn wenn sie die erkannt hätten, so hätten sie den Herrn der Herrlichkeit nicht gekreuzigt. [9] Sondern es ist gekommen, wie geschrieben steht: „Was kein Auge gesehen hat und kein Ohr gehört hat und in keines Menschen Herz gekommen ist, was Gott bereitet hat denen, die ihn lieben.“ [10] Uns aber hat es Gott offenbart durch seinen Geist; denn der Geist erforscht alle Dinge, auch die Tiefen der Gottheit.

Keiner konnte es erfinden: ein Prophet, der ein Mensch im Volk Israel, also ein Jude war und der Sohn Gottes genannt wurde, und doch elendig leidet und verlassen wird, aber der Herr ist und bleibt, den Weg zurück zu Gott öffnet, dass er das durch sein Sterben am Kreuz tut und damit für die Schuld aller Menschen Sühne leistet, die Gott anerkennt. Es war ein Geheimnis und trotz aller Prophetien konnten es nicht einmal die Propheten selbst begreifen.

> 1.Petr 1,10-12: [10] Nach dieser Seligkeit haben gesucht und geforscht die Propheten, die von der Gnade geweissagt haben, die für euch bestimmt ist, [11] und haben geforscht, auf welche und was für eine Zeit der Geist Christi deutete, der in ihnen war und zuvor bezeugt hat die Leiden, die über Christus kommen sollten, und die Herrlichkeit danach. [12] Ihnen ist offenbart worden, dass sie nicht sich selbst, sondern euch dienen sollten mit dem, was euch nun verkündigt ist durch die, die euch das Evangelium verkündigt haben durch den heiligen Geist, der vom Himmel gesandt ist, – was auch die Engel begehren zu schauen.

Erst die Offenbarung durch das Leben, Sterben und Auferstehen von Jesus Christus und dann das Aufschließen des Heiligen Geistes all dieser Zusammenhänge führte zur Offenbarung des Geheimnisses. Nur ist dieser ganze Zusammenhang nicht ohne das Ganze der Schrift und der wunderbaren Zuordnung aller ihrer Teile erkennbar. Was da vor uns liegt, das kann nur das Werk Gottes selbst sein, selbst wenn einzelne Teile noch so menschlich aussehen.

Dieser Gedanke führt uns direkt zur 4. Säule der Inspirationslehre, die für uns wichtig ist.

4. Säule: Der Heilige Geist, der durch das Wort im Glaubenden wohnt, öffnet ihm das Verständnis für die Heilige Schrift

Es geht bei der Inspirationslehre nicht nur darum zu zeigen, dass die Bibel irgendwie ein Heiliges Buch ist. Das wäre deutlich zu wenig. Sie könnte ja ein heiliges Buch sein, dass wir alle nicht verstehen, geschrieben in der Sprache des Himmels, die niemand aussprechen kann, das über Dinge redet, die doch keiner verstehen kann.

In gewisser Weise sind Muslime in dieser Lage, weil die meisten kein Arabisch können und es ihnen gesagt wird, dass es keine richtige Übersetzung des Korans geben kann. Als ich einmal mit einem Muslim im Koran lesen wollte, um ihm bestimmte Probleme zu zeigen, da schlug ich vor, dass wir eine deutsche Übersetzung lesen, weil wir beide kein Arabisch können. Er fürchtete, dass wir den Koran dann nur falsch verstehen werden. Weil ich aber deutlich machte, dass man nicht sagen kann, man wolle sich nach dem Koran richten, wenn man letztlich nur auf Deutungen von Gelehrten angewiesen ist und selber gar nicht weiß, was drin steht, schlug er vor, dass wir dann eine Ausgabe nehmen, die zweisprachig gedruckt ist und auf einer Seite, das wahre himmlische Arabisch stehen hat. Auch wenn wir es nicht lesen können.

Die inspirierte Bibel ist da anders. Sie ist Wort von Gott durch seinen Heiligen Geist, aber sie will nicht verehrt werden, ohne verstanden zu werden. Und sie kann verstanden werden. Sie allerdings in ihrem eigentlichen Anliegen zu verstehen, ist ohne den Heiligen Geist auch auf der Seite des Lesers oder Hörers nicht möglich. Paulus nimmt darauf Bezug:

> 1.Kor 2,11-16 [11] Denn welcher Mensch weiß, was im Menschen ist, als allein der Geist des Menschen, der in ihm ist? So weiß auch niemand, was in Gott ist, als allein der Geist Gottes. [12] Wir aber haben nicht empfangen den Geist der Welt, sondern den Geist aus Gott, dass wir wissen können, was uns von Gott geschenkt ist. [13] Und davon reden wir auch nicht mit Worten, wie sie menschliche Weisheit lehren kann, sondern mit Worten, die der Geist lehrt, und deuten geistliche Dinge für geistliche Menschen. [14] Der natürliche Mensch aber vernimmt nichts vom Geist Gottes; es ist ihm eine Torheit, und er kann es nicht erkennen; denn es muss geistlich beurteilt werden. [15] Der geistliche Mensch aber beurteilt alles und wird

> doch selber von niemandem beurteilt. [16] Denn „wer hat des Herrn Sinn erkannt, oder wer will ihn unterweisen"? Wir aber haben Christi Sinn.

Was der Mensch ohne den Heiligen Geist von Gottes Reden versteht, ist zu wenig. Denn wenn er die Wörter, Sätze und Geschichten versteht, ist Gott nicht am Ziel. Jesus hat den Schriftgelehrten seiner Zeit nicht unterstellt, dass sie den äußeren Sinn der Heiligen Schrift nicht verstünden. Er hat ihnen aber vorgehalten, dass sie den inneren Sinn nicht erfasst hätten. Hätten sie das, dann müssten sie an ihn den Sohn Gottes glauben. Den wirklichen und damit rettenden Sinn kann er nur erfassen, wenn Gottes Geist ihm zeigt, wozu das alles geschrieben steht. Er wird vielleicht in den Evangelien schöne Jesusgeschichten lesen, die seiner Seele besser tun als mancher Roman oder Horrorfilm. Aber das sie zum rettenden Glauben führen, indem er liest, dass das so zu ihm selbst gesprochen ist, dass er heute Jesus als seinen persönlichen Retter erkennen und annehmen soll, dass geschieht unter Gottes Zutun. Wir müssen aber festhalten, dass nur der Geistbegabte die Heilige Schrift richtig auslegen und verstehen kann, so wie Gott es will. Daraus entsteht die Frage, wie der Heilige Geist denn nun den Menschen erreicht. Es hat in der Kirchengeschichte im Wesentlichen zwei Lager gegeben. Die einen erwarteten das Wirken des Heiligen Geistes zusätzlich zum Reden Gottes mit der Heiligen Schrift. Die anderen sahen es als eine Eigenschaft der Heiligen Schrift durch ihre Inspiration an, dass der Heilige Geist mit dem Wort Gottes, der Bibel, zum Menschen kommt. Die Bibel, die ohne den Heiligen Geist nur äußerlich, aber nicht glaubend verstanden werden kann, ist auch das Buch, das den Geist zum Verstehen mit sich bringt. Weil die Bibel selbst zu dieser letzten Ansicht zwingt, haben das auch die Reformatoren immer wieder betont.

Übrigens haben sich die Theologen der den Reformatoren folgenden Orthodoxie mit diesem Zusammenhang sehr schwer getan und ihn als das eigentliche Problem ihrer Inspirationslehre gesehen. Dass Gott der eigentliche Autor der Heiligen Schrift ist, schien ihnen viel leichter zu fassen zu sein, als dass die Schrift ohne den Heiligen Geist nicht richtig verstanden werden kann, aber der Heilige Geist auch durch die Schrift selbst zum Menschen kommt und mit dem Wort der Heiligen Schrift im Menschen wohnt. Sie sahen sich nämlich durch das *sola sciptura*, das „allein die Schrift", daran gebunden, dass nicht auf einem anderen Weg die Erkenntnis Gottes zum Menschen kommen kann als eben durch das Wort der Bibel. Der Heilige Geist kommt nicht von irgendwoher irgendwie angeflogen, sondern durch die Predigt des Wortes Gottes, das ohne ihn nicht verstanden werden kann.

> Gal 3,1-5 [1] O unverständige Galater! Wer hat euch bezaubert, denen Jesus Christus als gekreuzigt vor Augen gemalt wurde ? [2] Nur dies will ich von euch wissen: Habt ihr den Geist aus Gesetzeswerken empfangen oder aus der Kunde des Glaubens ? [3] Seid ihr so unverständig? Nachdem ihr im

> Geist angefangen habt, wollt ihr jetzt im Fleisch vollenden ? [4] So Großes habt ihr vergeblich erfahren? Wenn es wirklich vergeblich ist! [5] Der euch nun den Geist darreicht und Wunderwerke unter euch wirkt, tut er es aus Gesetzeswerken oder aus der Kunde des Glaubens ?

Dieser Zusammenhang wird ganz deutlich, wenn Paulus hier auf seinen Dienst in den galatischen Gemeinden Bezug nimmt. Durch das gepredigte Wort wurde ihnen Jesus Christus vor die Augen gemalt. Als die Galater aufgrund dieser Predigt an Christus glaubten, hatten sie damit auch den Heiligen Geist erhalten. Sie bekamen den Heiligen Geist dadurch, dass sie hörten und glaubten und eben nicht dadurch, dass sie irgendein Werk von sich aus getan hätten, sei es Beschneidung oder etwas anderes. Mit dem Hören und Glauben kommt der Geist. Das Gleiche hat Paulus auch der Gemeinde in Ephesus geschrieben (Eph 1,13): „In ihm seid auch ihr, die ihr das Wort der Wahrheit gehört habt, nämlich das Evangelium von eurer Seligkeit - in ihm seid auch ihr, als ihr gläubig wurdet, versiegelt worden mit dem heiligen Geist, der verheißen ist".

Wenn die Bibel ohne den Heiligen Geist nicht in ihrer rettenden, zum Glauben an Christus führenden Dimension verstanden werden kann, dann heißt das aber nicht, dass die Bibel so dunkel und unverständlich ist, dass nicht jeder verstehen könnte, was in ihr ausgesagt ist. Martin Luther hat das die äußere Klarheit der Schrift genannt. D.h. mit seinen Worten: „Ein Kind von 7 Jahren kann alles verstehen, wenn es nur die Sprache beherrscht". Die Bibel redet also nicht so unverständlich wie viele andere so genannte Heilige Bücher. Viele Aussagen des Koran oder der Bhagavad Gita bleiben völlig unverständlich. In der Bibel gibt es nur wenige schwer verständliche Stellen, die aber alle vom Licht der anderen Stellen her beleuchtet werden. Trotzdem wird die Bibel erst dann ihrem Ziel gemäß verstanden, wenn der Mensch auch glaubt. Es ist etwas ganz anderes die Rechtfertigungslehre, wie sie Paulus im Römerbrief entfaltet, als theologisches System zu verstehen oder zu glauben, dass ich durch den Tod Jesu Christi geretteten und darum mit Christus gestorben und durch ihn leben werde (Röm 6,8). Es ist auch etwas ganz anderes, wenn ein Arzt meinen Körper von außen untersucht und eine Krankheit feststellt, die mir Beschwerden bereitet oder wenn ich selber in diesem Körper mit seinen Beschwerden lebe. Luther nannte es die innere Klarheit der Schrift, wenn der Mensch sie durch den Heiligen Geist so lesen kann, dass er rettenden Glauben hat.

> „Es gibt eine doppelte Klarheit der Schrift, so wie es auch eine doppelte Dunkelheit, eine äußerliche im Dienst des Wortes gesetzte und eine andere, in der Erkenntnis des Herzens gelegene. Wenn Du von der inneren Klarheit sprichst, nimmt kein Mensch auch nur ein Jota in der Schrift wahr, wenn er nicht den Geist Gottes hat.… Wenn Du aber von der äußeren Klarheit sprichst, so bleibt ganz und gar nichts dunkles und zweideu-

tiges übrig, sondern alles, was auch immer in der Schrift steht, ist durch das Wort in das gewisses Licht gestellt und aller Welt öffentlich verkündigt." (WA 18, 609, 4-14.)

Zur inneren Klarheit der Schrift kommt es beim Menschen durch das Wirken des Heiligen Geistes. Allerdings ist dieses Wirken des Geistes nicht als ein Akt zu verstehen, der unabhängig von der Heiligen Schrift sich vollziehen würde. Der Heilige Geist kommt vielmehr mit Luther gesprochen reitend auf dem Wort der Schrift zum Menschen. Und durch den Glauben an das Wort wohnt er auch im Herzen des Menschen. Der Geist der Schrift und der Heilige Geist im Herzen des Menschen sind also völlig derselbe. Die CE redet in Artikel 17 auch über einen Teil dieses Zusammenhangs.

Artikel XVII

Wir bekennen, dass der Heilige Geist Zeugnis für die Heilige Schrift ablegt und den Gläubigen Gewissheit über die Zuverlässigkeit des geschriebenen Wortes Gottes gibt.

Wir verwerfen die Auffassung, dass dieses Zeugnis des Heiligen Geistes losgelöst von der Schrift oder gegen die Schrift wirke.

Der Zusammenhang, dass der Heilige Geist der Bibel und der Heilige Geist im Glaubenden derselbe sind, hat dann auch zur Folge, dass der geistliche Mensch in seiner Auslegung der Heiligen Schrift nicht über ihr steht und die Schrift „meistert", sondern auch in der menschlichen Auslegung, wenn sie durch den Heiligen Geist geschieht, letztlich die Schrift sich selber auslegt. Wir dürfen und sollen die Heilige Schrift auslegen und können dabei auch zu Ergebnissen kommen, die mit dem Geist der Heiligen Schrift übereinstimmen. Wäre das nicht möglich, dann könnte es keine Predigt des Wortes Gottes geben. Wir dürften dann die Bibel nur vorlesen. Aber wir können sie auf unsere Zeit, unser Leben und unsere Situation hin auslegen und Weisung erfahren. Wollen wir die Heilige Schrift jedoch ohne den Heiligen Geist auslegen, der doch ihr Herr ist, dann kann dabei vieles herauskommen, was doch nur Irrlehre genannt werden kann. Durch den Heiligen Geist aber können wir gewiss sein, dass wir auch tatsächlich den wahren Gott erkannt haben und Christus als seinen gesandten Retter. Wir müssen nicht unseren eigenen Ideen anhängen und in ihnen gefangen bleiben, sondern können den rettenden Glauben ergreifen.

Fazit

Es ist ein Schaden, dass die Inspirationslehre unter den Glaubenden so sehr vernachlässigt wurde. Es geht in ihr eben nicht darum, im Einzelnen in den Vorgang einzudringen, wie Gott sein Wort in die menschlichen Autoren eingab. Es geht vielmehr darum, dass wir in aller Deutlichkeit bezeugen, dass wir die Stimme Gottes hören, wenn wir die Bibel aufschlagen und dort lesen. Er redet in jedem Fall mit diesen Wörtern, deren eigentlicher Autor er ist. Dabei benutzt er menschliche Sprache und will verstanden werden. Es sind klare und nachvollziehbare Sätze, die uns Gottes Willen und vor allem seine Rettung durch Jesus nahebringen, so dass wir glauben und lieben können. Wir müssen uns wieder mutiger mit ihr beschäftigen und dürfen sie auch klar und mutig bezeugen.

Alexander Seibel

Prophetische Inspiration heute?

Beispiele

Vor wenigen Wochen rief mich der Pastor einer Gemeinde in Norddeutschland an. Er wollte den heute üblichen Mainstream der Evangelikalen einschlagen und duldete deswegen in seiner Gemeinde gemäßigte charismatische – wie er jedenfalls meinte – Kundgebungen. Das Praktizieren – besonders der prophetischen Gabe – wollte man nicht abweisen. Es heißt doch, „Weissagung verachtet nicht“ usw.

Was zu Beginn wie eine Bereicherung erschien, wurde ziemlich bald zu einem Alptraum. Nun waren auf einmal solche Eingebungen, innere Bilder und Eindrücke überzeugender und offenbar auch wichtiger als Gottes Wort. So hatte einer dieser „Gabenträger“ den Eindruck, es liege wegen der Botschaft des Pastors ein Bann über der Gemeinde. Weil dies ein angeblich göttlicher Eindruck war, kam man mit Vernunftgründen wenig weiter und der „Prophet“ beharrte auf seiner Überzeugung.

Johannes Trauernicht erzählte mir von einem Fall von „Gemeindewachstum“ durch die Gabe der „Prophetie“, der sich in Windhoek vor ca. 10 Jahren abgespielt hatte. Wolfgang Müller, damals rechte Hand von Volkhard Spitzer, kam nach Windhoek in die Freie Christengemeinde und berichtete von einer Vision. In einer Art Himmelsleiter sah er 200 neue Ehepaare im Laufe einiger Jahre zur Gemeinde hinzukommen. Als nach vier Jahren immer noch nichts in dieser Richtung geschehen war, holte man Petrao Bauer, einen Pfingstprediger aus Pretoria. Man wollte herausfinden, warum Müllers Vision sich nicht erfüllt hatte. Vor versammelter Gemeinde erklärte er, angeblich durch prophetische Eingebung, im Beisein des Beschuldigten, der verantwortliche Pastor lebe im Ehebruch. Dies traf überhaupt nicht zu, doch ein Teil der Anwesenden glaubte dieser „Prophetie“ und darüber spaltete sich bzw. zerbrach die Gemeinde. Erschüttert zog der Pastor in die Kapregion.

In einem Bibelkreis wurde darüber debattiert, wie man die Stimme Gottes hört. Natürlich durch die Bibel, doch dann meinte man, Gott könne auch direkt reden. Als Beleg berief man sich auf Elke Werner, Vorsitzende des Lausanner Komitees Deutschland. „Sie habe es über die Jahre nun gelernt, Gottes Stimme zu erkennen und sie könnte sie aus dem allgemeinen Stimmengewirr so deutlich erkennen wie die Stimme ihres Mannes.“

Als biblischer Beleg wurde die Berufung Samuels erwähnt: „Rede, dein Knecht hört“.

Astrid Eichler, Pfarrerin mit charismatischen Überzeugungen und immer mehr bevorzugte Rednerin in Allianzkreisen, erklärt, dass wir heutzutage nicht mehr nur die Bibel brauchen.

> „Vielleicht denken Sie: Aber Gott hat ja schon geredet – alles, was er uns zu sagen hatte, steht doch in der Bibel! Wozu soll er denn dann jetzt noch reden? Sein Wort enthält doch genug Anweisungen. … Aber selbst, wer in diesem kostbaren Wort Gottes tatsächlich liest, leidet manchmal an einer Krankheit. Wissen Sie, was wir manchmal mit Gott machen? Wir sperren ihn ein! Ich habe Gott schon oft bei Menschen gefunden – aber er ist eingesperrt zwischen den zwei Buchdeckeln ihrer Bibel. Denn da ist er ja drin! Und wir wissen ja, was er gesagt hat! Wir wissen, was er zu den anderen sagt, und wir wissen, was er über die anderen sagt. Wir müssen neu wahrnehmen, wie das mit dem Wort Gottes und seinem Reden ist… In Jesus Christus hat Gott zu uns geredet – und in Jesus Christus redet er auch heute zu uns. Dass wir das Buch des Herrn nur nicht mit dem Herrn des Buches verwechseln! Dass wir Gott nur nicht einsperren und meinen, für alle Zeiten zu wissen, was er geredet hat!“[1]

Ein besonders eindrückliches Beispiel dafür, wie der Schwärmer auch auf das Wort Gottes verzichten kann, findet sich in dem selben Sonderdruck der Zeitschrift „Aufatmen“ zum Jahr der Stille 2010.

Der evangelische Pfarrer Stefan Wohlfahrt berichtet von Exerzitien-Tagen bei der Christusbruderschaft in Selbitz:

> „Ich solle keine Bücher und Zeitschriften, nicht einmal eine Bibel (!) mitbringen, war mir mitgeteilt worden – nichts, was der Zerstreuung dienen sollte. … Im zweiten Schritt ging es darum, durch ein inneres Abtasten des Leibes die Wahrnehmung für das eigene Da-Sein und Vor-Gott-Sein zu schärfen. Schließlich richtete sich die Wahrnehmung darauf, den Atem in die gefalteten Hände fließen zu lassen und auf den ausfließenden Atem den Namen ‚Jesus' zu legen. … Auf meinem geistlichen Weg bin ich in den letzen Jahren an einige erfrischende Quellen geführt worden, aber noch nirgendwo ist mir Gott bisher in so geradezu sinnlich spürbarer Weise nahe gekommen, wie in diesen Tagen. … Auch meine Stillezeiten sind seitdem stärker von einem Gespür für die Gegenwart Gottes durchdrungen.“[2]

Solche Beispiele ließen sich heute beliebig fortsetzen.

---

1 Astrid Eichler: „Hörsturz ‚Wenn die Ohren des Herzens taub geworden sind'“, Aufatmen, Sonderheft Stille 2010, Witten: Bundes-Verlag, 2009, S. 23.

2 Stefan Wohlfarth: „Wach werden in der Stille ‚Den Blickkontakt mit Gott suchen: Ein Bericht über zehn Tage Einkehrzeit'“, Aufatmen. Sonderheft Stille 2010, a.a.O., S. 96 und 99.

Neue Entwicklungen

Dann hat uns eine neue Welle, ähnlich von dem Bild der Wehen in der Endzeitrede Jesu, überrollt. Seit einiger Zeit ist „Hörendes Gebet" in. Es ist vor allem durch Campus für Christus sehr bekannt geworden. Was ist damit gemeint? Was versteht man nun unter „Hörendem oder Prophetischem Gebet"? Wie idea es definiert,

> „sitzen vier oder fünf Beter mit einem Gast zusammen, dessen Situation ihnen unbekannt ist. Nach einer Zeit der Stille teilen die Beter dem Gast mit, was für Eindrücke sie für ihn erhalten haben."[3]

Man meint, Gott gibt besonders „begnadeten" Werkzeugen Bilder und Gedanken, die dem Ratsuchenden seelsorgerlich weiterhelfen. Nicht durch Gottes Wort primär, soll also weitergeführt und geholfen werden, sondern durch ein „direktes" Reden Gottes.

In einer Veröffentlichung der Gesellschaft für christliche Psychologie, IGNIS, kann man folgendes lesen, um für das Hören Gottes empfänglich zu werden:

> „Suche eine bequeme Sitzposition – Atme ein paar Mal tief ein/aus, mache eine angedeutete Minipause zwischen Einatmen und Ausatmen, finde einen ruhigen Rhythmus – Stelle dir vor, dass dich ein Engel besucht / die Stimme Gottes zu dir spricht: „Iss, denn der Weg ist weit, der vor dir liegt" / „Steh auf und iss, denn vor dir liegt eine lange Reise" – Lass dieses Wort zunächst in dich ein- und ausströmen – Was brauche ich für meine Reise an Nahrung? – Höre die folgende Ermutigungen: „Ich bin bei dir, spricht der Herr, dass ich dir helfe" / „Ich werde dich nie verlassen und dich nicht aufgeben" / „Sei stark und mutig! Hab keine Angst und verzweifele nicht" – Atme die Verheißungen Gottes ein/aus – Welche Antwort formt sich in dir? – Kannst du weitere zusprechende Worte Gottes in der Stille wahrnehmen? – Lasse sie wiederum tief in dich einströmen – „Iss, denn der Weg ist weit" / Bereite dich auf den gleich folgenden Aufbruch vor…"[4]

Dies sind Anleitungen für ein esoterisches, mystisches Christentum, das sich in unseren Tagen rasant ausbreitet und u.a. sehr effektiv gefördert durch die Zeitschrift „Aufatmen".

Einer der Ersten, der davon sprach, wie Gott angeblich solch eine Art „Erleuchtung" schenkt, war Wilhard Becker, einer der Pioniere der charismatischen Bewegung im freikirchlichen Bereich.

---

3 ideaSpektrum, Nr. 6, 2007, S. 2.

4 De'Ignis, APS-Kongress 2006: Workshop E 14, „Sind christliche Berater auch ‚Propheten'?", S. 1.

> „Gott sendet pausenlos sein Wort auf diese Erde … Wir können den Unterschied von den göttlich inspirierten und den eigenen Gedanken daran feststellen, dass die von Gott geschenkten Gedanken Einfälle sind, die sich durch eine besondere Helligkeit auszeichnen. Diese hellen oder erleuchteten ‚Gedanken des Herzens' sind die von Gott gesendeten Gedanken.“[5]

Anfang der 70er Jahre des letzten Jahrhunderts, haben die meisten Christen so etwas noch als heidnisch bzw. unbiblisch zurückgewiesen. Wilhard Becker empfahl auch Akupressur und Zen Meditation in seinem gemischten Angebot von Gruppendynamik, Tiefenpsychologie, Traumdeutung im Rahmen seiner Seelsorgeseminare.[6]

Interessanterweise war wiederum Wilhard Becker einer der „Pioniere“, der solch ein Ein- und Ausatmen in Verbindung mit Gebet empfohlen hat.

> „Damit die Gegenwart Gottes auch in sein Unterbewußtsein dringt, spricht er zunächst leise, im langsamen Rhythmus Jesus Christus vor sich hin, wobei er sich nach und nach bemüht, beim Ausatmen den Namen Jesus zu sagen und beim Einatmen Christus. Durch ein entspanntes Atmen und Sprechen des Namens Jesu gewinnt der Beter nach einiger Zeit die Fähigkeit, den Namen nur in Gedanken zu formulieren, statt ihn auszusprechen. Dadurch wird das Innere nach und nach mit dem Namen des Sohnes Gottes erfüllt. Wenn diese Übung am Tag öfter wiederholt wird, führt sie zu einer Lebenshaltung. Der bewußte Vorgang der Seele wird unbewußt und damit zu einer tragenden Kraft der Seele. Diese Gebetsart ist vor allem bei Gemütsverstimmungen bis hin zu Gemütskrankheiten hilfreich. Durch das rhythmische und ständige Wiederholen des Namens Jesu übernimmt das Unterbewußte den Rhythmus, und der Name Jesus Christus wird zu einem hellen Ton in der Seele.“[7]

Hier wird der Name Jesu wie ein Mantra gebraucht. Das Empfangen innerer Bilder ist eine beliebte und uralte Methode, die besonders im Rahmen von New Age und Esoterik im einstmals christlichen Abendland sich immer größerer Beliebtheit erfreut, inzwischen vermehrt auch in christlichen Kreisen. Ehemalige Esoteriker haben mir immer wieder diese Parallelen bestätigt.

Der Beter muss sich zum Empfang innerer Bilder und Stimmen innerlich öffnen, in sich hineinhören und verlässt dadurch bewusst bzw. unbewusst die

---

[5] Wilhard Becker: „Im Kraftfeld Gottes“, Rolf-Kühne-Verlag, 1970, S. 83.

[6] BTS, Mich selbst erfahren – den eigenen Körper erfahren, Sept. 1983.

[7] Wilhard Becker: „Nicht plappern wie die Heiden“, Rolf-Kühne-Verlag, 1971, S. 146.

Position der Wachsamkeit. Gerade deswegen ermahnen die Apostel besonders auch in Verbindung mit dem Gebet, wachsam zu sein. Ein Beispiel von vielen:

> „Betet allezeit mit Bitten und Flehen im Geist und ***wacht*** dazu mit aller Beharrlichkeit im Gebet für alle Heiligen“ (Eph 6,17).

So schaue darauf, dass nicht das Licht in dir Finsternis sei (Lk 11,35), so möchte man am liebsten über diesen Artikel „Soll man prophetisch beten?“ schreiben.

Wirklich hellhörig sollte man jedoch werden, wenn man liest, wodurch dieses „prophetische Beten“ angestoßen wurde. Nämlich durch die Stiftung Schleife in Winterthur. Hier handelt es sich um das Missionswerk der Extremcharismatiker Geri und Lilo Keller. Sie gehören zu den entschiedensten Verfechtern des Toronto-Segens. Leute fielen reihenweise bei ihren Versammlungen zu Boden, lachten, zuckten usw. Geistliche Kriegsführung, Versöhnungsmärsche usw. sind dort ebenso zu finden wie das Auftreten von Pseudo-Propheten wie beispielsweise Rick Joyner. Wie dieser Mann einzustufen ist, zeigt ein Zitat aus seinem Munde:

> „In der nahen Zukunft werden wir nicht neidisch auf die frühe Gemeinde wegen der großen Ernte jener Tage blicken, sondern alle werden sagen, daß Er mit Sicherheit den besten Wein für zuletzt aufgehoben hat. Die herrlichsten Zeiten der Geschichte stehen noch bevor. Ihr, die ihr davon geträumt habt, mit Petrus, Johannes und Paulus zu reden, werdet zu eurem Erstaunen herausfinden, daß sie darauf gewartet haben, mit euch zu reden.“[8]

Eine weitere neuere Dimension:

Seit einiger Zeit setzt Gott eine neue (und doch so alte!) prophetische Dimension frei. Es geht hierbei nicht nur um irgendeine neue prophetische Erfahrung, sondern, wie uns scheint, tatsächlich um eine neue Dimension, in die der Heilige Geist die jünger Jesu hineinbringen möchte, weil wir in der Zeit der letzten Tage leben. Gott rüstet daher seinen Leib wieder entsprechend aus, denn SEIN Reich besteht nicht in Worten, sondern in Kraft (1.Kor 12,4 u.v.a.m.). So wagt Paulus es nur, in der Kraft von Zeichen und Wundern und in der Kraft des Geistes Gottes zu reden und zu handeln (Röm 15,19). Und nach dieser Kraft des Geistes sehnen wir uns – für uns persönlich und für den Leib Jesu insgesamt. Bei uns angefangen hat diese neue Dimension vor etwa eineinhalb Jahren, als wir über die Worte aus Offb 4,1 eine völlig neue Innenoffenbarung erhielten: Danach sah ich, und siehe, eine Tür war aufgetan im Himmel … Steig herauf (Aufforderung an Johannes, Anm. des Verfassers),

[8] Rick Joyner: in: Harvest Morning Star 9, 1990.

ICH will dir zeigen … Alsbald wurde ich im Geist ergriffen. Und siehe …' Danach sah Johannes, was im Himmel war, weil – nach unserer Überzeugung – Gott den Geist des Johannes in den Himmel versetzt hatte. Das war keine Vision, das war ein reales Erleben! Das war, was Paulus beschrieb (2.Kor 12,2): „Ich kenne einen Menschen …, ist er im Leib gewesen … oder ist er außer dem Leib gewesen …, derselbe wurde entrückt bis in den dritten Himmel." Und so geschah es dann unter uns, dass Mitarbeiter von Gott im Geist ergriffen und in ihrem Geist an einen anderen realen irdischen oder auch himmlischen Ort entrückt wurden.

Solche Phänomene sind altbekannt als Exkursion der Seele.

Weiter:

> „Anscheinend will Gott uns in eine neue Dimension geistlicher Autorität hineinführen, die unsere bisherigen Gebets- und auch Visionsdimensionen übersteigt. Er nimmt uns in seine Gegenwart, erteilt uns dort Aufträge, die wir im Geist auf der Erde durchführen – und die Ergebnisse konkretisieren sich sichtbar …"[9]

Hier handelt es sich leider um Lehren der Dämonen (1.Tim 4,1). In ihrem Klassiker *Kampf nicht wider Fleisch und Blut* warnten am Beginn des vorigen Jahrhunderts Jessie Penn-Lewis und Evan Roberts davor, dass vor der Wiederkunft Jesu der Feind Gottes Legionen verführerischer Geister losschicken würde, um all die zu verführen, die für übernatürliche Eingebungen empfänglich sind.

> „Wie viele lassen sich z.B. beim Beten in passives, apathisches ‚Warten auf Gott' hineinsinken oder bringen ihren Geist absichtlich zum Schweigen, um ‚Eindrücke von oben' zu empfangen, die sie für göttliche Offenbarungen halten."[10]

Es ist dies eine ähnliche Situation, wie sie Luther in der Auseinandersetzung mit den Zwickauer Propheten erlebte. Sie rühmten sich der Gabe der Herzensschau und kommunizierten mit dem „lebendigen" Jesus über Träume und erklärten, man müsse sich in eine stille Ecke verkriechen und mit Gott selber reden. Sie meinten damit allerdings eine Direktkommunikation mit Gott über Visionen und innere Eingebungen und Prophetien.

Luther in seiner drastischen Sprache warnte vor diesen mystischen Geistern:

> „Deshalb mahne ich euch vor solchen verderblichen Geistern, die sagen, ein Mensch empfängt den Heiligen Geist durch stilles Sitzen in der Ecke,

---

9 Charisma Nr. 128, April-Mai 2004.

10 Jessie Penn-Lewis: „Der bedrohte Christ", 3., dt. vollst. Ausg. nach dem Orig. Lüdenscheid: Exodus, 2002 S. 141-142.

> auf der Hut zu sein. Hunderttausend Teufel wird er empfangen und nicht zu Gott kommen.“[11]

Nun, dies ist eine etwas deutliche Aussage. Doch tatsächlich haben wir gegenwärtig eine schier uferlose New-Age- und Okkultinvasion. Eine Entwicklung, die nicht spurlos an der Christenheit vorübergeht.

Immer beliebter werden auch Vorschläge, man solle sich Jesus bildlich in seiner Phantasie vorstellen. Also nicht der Jesus des Wortes sondern der eigenen Vorstellungskraft.

Das innerlich visualisierte bzw. lebhaft vorgestellte Bild wird im Glauben für die Wirklichkeit genommen. So muss ein kranker Mensch sich einfach vorstellen, wie er gesund ist und dies nur fest genug glauben, um zu genesen. Vertreter: Agnes Sanford, Morton Kelsey, Dennis und Rita Bennett, John und Paula Sandford, Yonggi Cho, Wolfhard Margies.

Innere Verletzungen oder Traumata sollen dadurch, dass man in seiner Vorstellung Jesus bittet, in das vergangene traumatische Ereignis zu kommen, geheilt werden.

Durch Agnes Sanford und Camp Farthest Out kamen diese Vorstellungen bereits Ende der 40er Jahre des 20. Jahrhunderts auf, erzielten aber erst durch Pastor Yonggi Cho großen Einfluss und globale Verbreitung. Diese Methoden der Visualisierung sind sehr stark im Heidentum verbreitet, besonders bei den Schamanen und im Hexentum. Sie erinnern an Techniken der Autosuggestion und Selbsthypnose, wo man versucht, sich das gewünschte Resultat einzureden. Selbstsuggestion wird mit Glaube verwechselt. Die Methode der Visualisierung ist eine magische Technik, in der der Mensch sein eigenes Universum erdenkt bzw. erschafft oder „erglaubt“ und somit selber zu „Gott“ wird.[12]

Joyce Meyer fordert die Zuhörer auf:

> „Habe Glauben, Dinge zu tun, die bisher noch niemand anderes getan hat – und stell dir das bildlich vor!“[13]

Dave Hunt erklärt in seinen Büchern:

> „Die bloße Vorstellung, die Wirklichkeit durch gedankliche Kraft manipulieren zu können, ist das Wesen der Magie.“

Dies ruft doch eine deutliche Warnung Luthers in Erinnerung:

---

[11] What Luther says, E. Plass (Hg.), Bd. 3, S. 1462.

[12] Handbuch Orientierung: Religionen, Kirchen, Sekten, Weltanschauungen, Esoterik, http://www.bible-only.org/german/handbuch/index.html.

[13] Joyce Meyer in der Grugahalle in Essen, 5.-6. Okt. 2007, zitiert in Charisma, 1. Quartal 2008, Charisma 143, S. 17.

„Denn wo man das Wort fallen läßt und außer dem Wort nach Christus tappet, so ergreift man den Teufel.“[14]

In der letzten Charisma war folgendes zu lesen:

„Hören vom Himmel – praktisches Prophezeien auf der Straße anhand von Bildern“

Zur Erläuterung: Wir hängen Bilder an eine Wäscheleine, das macht Menschen aufmerksam. Dann bitten wir Gott, dass er uns für diejenigen Leute, die sich ansprechen lassen, genau die ‚richtigen' Bilder zeigt. Diese Bilder nehmen wir dann von der Leine und legen sie für die entsprechende Person prophetisch aus. Selten, dass jemand nicht ermutigt wird. Erst wenn die Passanten fragen, wie wir das machen, dass wir Dinge in ihrem Leben ansprechen, die wir nicht wissen können, sagen wir ihnen, dass wir Christen sind und auf die Stimme Gottes hören. Funktioniert richtig gut auf der Straße.[15] Ähnliches praktizierte schon vor Jahren Phil Elsten, einer der „Kansas-City-Propheten“. Er forderte beim Seminar zum Thema „Der prophetische Dienst“ beim Gemeindekongress 1993 in Nürnberg das anwesende Publikum auf, man möge ihm die Handflächen zeigen. Gott würde dadurch besondere Einsichten und innere Bilder geben. Und er könne dann besser weissagen. Für Friedrich Aschoff, ehemaliger 1. Vorsitzender der Geistlichen Gemeinde-Erneuerung in der EKD, war dies eine Manifestation der Gabe der Prophetie.[16] Wie wird dies biblisch begründet?

In all diesen Kreisen beruft man sich auf die Prophetie von Joel. In den letzten Tagen wird der Geist ausgegossen und weil wir ganz offensichtlich in den letzten Tagen leben, deswegen erfüllt sich eben dieses Wort angeblich und die prophetischen Stimmen schwellen deswegen zu einem immer größeren Chor an, der bald die gesamte evangelikale Christenheit zu erfassen scheint.

So war bis vor kurzem Heinrich Christian Rust Leiter der charismatischen Erneuerung im Bund Evangelisch freikirchlicher Gemeinden (Baptisten) Deutschlands. Mit Berufung auf die Joelstelle sieht Rust am Ende der Tage eine erhöhte prophetische Wirksamkeit. Allerdings ist man inzwischen auch etwas vorsichtiger geworden, weil allzu oft der Anspruch „So spricht der Herr“ sehr oft als überhöhtes Wunschdenken inzwischen wahrgenommen wurde.

Eine andere Begründung lautet folgendermaßen: Unter der Überschrift *Gibt es heute noch prophetisches Reden?* schreibt Heinrich Christian Rust:

---

[14] Luther zur Marienverehrung, aus Signal, Nr. 139, S. 10.

[15] Charisma Come Holy Spirit , 2. Quartal 2011, Charisma 156, S. 43.

[16] Wolfgang Bühne, fest und treu, Nr. 65/94, S. 15.

> „Apostel, Propheten, Lehrer, Hirten und Evangelisten – alle diese Grundfunktionen sollten in einer gesunden christlichen Gemeinde vorkommen, wenn sie beansprucht, Gemeinde nach dem Neuen Testament zu sein.“[17]

Genau das gleiche forderte schon der schottische Erweckungsprediger Edward Irving: „Das Ende ist nahe. Vor der Wiederkunft Jesu wird Gott noch einmal eine große Erweckung schenken und die apostolischen Gaben wieder entfachen.“ Wegen der Verweltlichung der Gemeinden und Kirchen hätten diese Gaben sich seit Jahrhunderten nicht mehr in der Christenheit gezeigt, so Irving. Dennoch schien das Gebet um die Neuentfachung der apostolischen Geistesgaben und Ämter erhört worden zu sein: Zungenreden und Krankenheilungen traten auf. Dann betete man voller Inbrunst nächtelang, der Herr möge doch wieder die Apostel schicken.

Auch diese Gebete wurden scheinbar erhört. Man setzte deshalb Apostel ein, die bis zur Wiederkunft Jesu bleiben sollten. All dies geschah in den Jahren 1829-1832. Dieser „charismatische“ Aufbruch ist in die Kirchengeschichte als die Neuapostolische Kirche eingegangen. Inzwischen sind die ursprünglichen Apostel alle tot, – der letzte, John Woodhouse starb 1902 – und man hat nun einen Stammapostel, der autoritär regiert. Der Schlüsselvers für diese Bewegung war – wie für Rust und viele andere – Eph 4,11.

Man spricht auch von den Kingdom-Ministries im Zusammenhang mit den fünffachen Gaben mit Berufung auf Eph 4,11.

Übersehen wird, dass diese Gaben bzw. Ämter gemäß Eph 2,20 und 3,5 zum Fundament und der Basis der weltweiten Gemeinde gehört und die grundlegenden Offenbarungsgaben darstellen, ein Fundament also, das längst gelegt ist.

Allerdings siegt leider die Macht der Gewohnheit. Auch wird es anscheinend als eine Tugend angesehen, sich mit den Falschpropheten in ein Boot zu setzen und dabei von Versöhnung und Einheit oder versöhnter Verschiedenheit usw. zu sprechen.

Wir sind Augenzeugen, wie in unseren Tagen durch uralte schamanische Techniken auch die evangelikale Christenheit immer mehr medial umfunktioniert wird. Gerade auch Leute, die sich aus okkulten Verstrickungen heraus bekehrt haben, sind für solche Techniken besonders offen bzw. anfällig. Und selbst wenn man in seiner Vergangenheit nichts mit Reiki, Yoga, Drogen, Esoterik usw. zu tun hatte, genügt manchmal schon die Handauflegung durch einen besonders „begnadeten“ Propheten oder Heiler, um ähnliche Phänomene hervorzurufen. Solches Empfangen von Bildern und inneres Hören ist nur allzu bekannt in spiritistischen und esoterischen Kreisen.

---

[17] ideaSpektrum 34/99.

Bei diesen Empfehlungen wird man eingedenk, warum unser Herr, ganz im Gegenteil zu diesen Anleitungen, bezüglich der Endzeit gerade zu besonderer Wachsamkeit aufruft (Mk 13,33-37). Ein passiver Zustand ist der ideale Nährboden für den Empfang von Eingebungen aus der Geisterwelt.

Die Folgen

Fazit: Der lange Marsch durch die Institutionen hat sich nicht nur in der Politik ereignet, sondern ist offenbar auch in unseren eigenen Reihen immer erfolgreicher.

In 1.Petr 4,17 heißt es: *Denn die Zeit ist da, dass das Gericht anfängt an dem Hause Gottes.* Es ist zu befürchten, dass das Gericht nicht nur schon begonnen hat, sondern ziemlich weit fortgeschritten sein dürfte.

Es widerfährt uns Ähnliches wie dem König Saul. „Weil du das Wort des Herrn verworfen hast, hat der Herr dich verworfen" (1.Sam 15,23). Es blieb dann nicht auf neutralem Boden, sondern ein böser Geist von Gott kam über ihn. Schließlich ging er zu einem spiritistischen Medium, der Hexe von Endor. Weil Gott nicht mehr zu ihm redete, suchte er zuletzt diese Quelle auf.

Da man immer weniger das Reden Gottes durch sein Wort erwartet, deswegen stellt sich inzwischen eine andere Macht ein.

Über einen internationalen Kongress in Hamburg, um Engeln näher zu kommen, berichtete eine Tageszeitung u.a. folgendes:

> „Mehr als 1000 Menschen riefen den Engel des aktuellen Tages, Haniel, an und versuchten „reines weißes Licht" in ihr Herz zu lassen und „ihre Sorgen auszuatmen". „Wenn ihr etwas Warmes oder ein Kribbeln spürt, ist das ein Zeichen des Engels", ruft Trainerin Angela McGerr den Teilnehmern zu."[18]

In idea war kürzlich ein Bericht über einen esoterischen Kongress zum Thema Engel. Wie bekommt man Anteil an der göttlichen Energie oder kommt in Kontakt mit den Engelwesen? So lauteten die Fragen beim 6. Internationalen Engelkongress in Hamburg.

> „Um Anteil an der göttlichen Energie zu gewinnen, braucht es Atemübungen." Oder: „Die Augen schließen, tief atmen, den Herzschlag spüren." Zuvor heißt es: „alte Energie wegatmen oder wenn man jeden Tag … tanzt, kann die Energie besser fließen."[19]

[18] Wetzlarer Neue Zeitung, 2. Juni 2007.

[19] „Von Engeln umzingelt", in: ideaSpektrum 19/2011, S. 20.

Man sieht erschreckende Parallelen zu dem, was auch heute im evangelikal-charismatischen Lager als neue „Gebetsmethoden“ läuft.

So wurde im Rahmen des Jahres der Stille 2010 von der DEA u.a. folgende Gebetstechnik empfohlen:

> „Nehmen Sie Ihren Atem wahr, wie er kommt und geht, ohne ihn zu verändern … – Richten Sie Ihre Aufmerksamkeit auf das Ausatmen, legen Sie in das Ausatmen alle innere Unruhe und lassen Sie sie mit dem Atem abfließen.“[20]

Vielleicht wird uns am deutlichsten die Quelle neuer prophetischer Inspirationen in 1.Kön 22 geschildert. König Ahab lässt die Propheten befragen, ob er in den Krieg gegen Ramoth in Gilead ziehen soll. Wir kennen diese Geschichte. Der Prophet Micha muss dem König erklären:

> Micha sprach: Darum höre nun das Wort des HERRN! Ich sah den HERRN sitzen auf seinem Thron und das ganze himmlische Heer neben ihm stehen zu seiner Rechten und Linken. Und der HERR sprach: Wer will Ahab betören, dass er hinaufzieht und vor Ramot in Gilead fällt? Und einer sagte dies, der andere das. Da trat ein Geist vor und stellte sich vor den HERRN und sprach: Ich will ihn betören. Der HERR sprach zu ihm: Womit? Er sprach: Ich will ausgehen und will ein Lügengeist sein im Munde aller seiner Propheten. Er sprach: Du sollst ihn betören und sollst es ausrichten; geh aus und tu das! Nun siehe, der HERR hat einen Lügengeist gegeben in den Mund aller deiner Propheten; und der HERR hat Unheil gegen dich geredet (Verse 19-23).

Das ist der Geist der charismatischen Bewegung, der „prophetischen Inspiration“. Ich sage dies nicht leichtfertig, sondern als jemand, der vor ca. 40 Jahren selber einmal in diesen Sog hineingeraten ist.

Wir müssen erkennen, diese „Propheten“ haben sich dies nicht eingebildet, es stand tatsächlich eine reale Macht hinter ihren Eingebungen. Deswegen besteht in diesen Kreisen oft so eine große Gewissheit und dominiert öfters ein betontes Überzeugtsein von dieser neuen Kraft und dieser besonderen Inspiration.

Vielleicht ist auch erwähnenswert, wie diese Prophetie und Gaben ihren Anfang, jedenfalls im Zusammenhang mit der charismatischen Bewegung genommen haben. So schreibt Arnold Bittlinger, in gewisser Hinsicht der Vater dieser Strömung auf deutschem Boden, folgendes:

---

[20] Dr. Manfred Gerland: „Anleitung zum STILL-Werden“, in: Ideenheft zum „Jahr der Stille 2010“, S. 15.

„Im Zuge meiner Nachforschungen begann ich mich für die afrikanischen unabhängigen Kirchen zu interessieren, wo ich eine harmonische Vermischung von traditionellen afrikanischen und christlichen Elementen vorfand. Als ich entdeckte, dass viele charismatische Elemente dieser Kirchen ihre Wurzel in vorchristlichen Traditionen hatten, begann ich auch nach charismatischen Elementen in anderen Religionen Ausschau zu halten. Ich entdeckte, daß vor allem die Charismata der „Heilung" und der „Prophezeiung" in solchen Religionen manchmal überzeugender waren als in der charismatischen Erneuerungsbewegung – wenigstens soweit sie von der nordamerikanischen Art des Christentums beeinflußt ist. Im Schamanismus fand ich faszinierende Parallelen zu dem Dienst Jesu, den ich immer mehr als einen Archetypus des Schamanen erkannte. Bezüglich „Heilung" war ich besonders beeindruckt durch den ganzheitlichen Zugang zur Heilung, den ich unter den Indianern fand. Das hat mich motiviert, solch einen Zugang auch für unsere christlichen Heilungsdienste zu ermöglichen. Bezüglich „Prophetie" bin ich beeindruckt von Erfahrungen im Hinduismus. Einige unserer europäischen „Propheten" entdeckten und entfalteten ihre prophetische Gabe unter dem Einfluß von indischen Gurus. Auch andere charismatische Erfahrungen haben ihre manchmal eindrücklichen Entsprechungen in anderen religiösen Traditionen (z.B. ‚Beten im Geist' im Japa Yoga). Ich bin davon überzeugt, daß die charismatische Erneuerungsbewegung noch bedeutender wird – besonders für die Mission der Kirche – wenn sie auch die charismatischen Gaben von anderen Religionen ernst nimmt."[21]

Es zeigt, wie sich Heidentum und gewisse Charismen, besonders auch die „prophetische Inspiration" problemlos miteinander vermischen können. Wir haben heute ein um sich greifendes Neuheidentum, eine, wie eine Tageszeitung schrieb, Esoterisierung der Gesellschaft, gleichzeitig eine wachsende prophetische Bewegung und das Praktizieren der Gabe der Weissagung oder der Erkenntnis innerhalb unserer Kirchen und Freikirchen. Es passt nahtlos in die biblische Diagnose von Mt 24,11-12 und Mt 7,22-23. Dort wird gesagt, dass viele falsche Propheten auftreten werden und dies wird zu einer Zeit sein, wo die Gesetzlosigkeit, also die Zerstörung der Ordnungen und Gebote Gottes überhand nehmen wird.

Auch wenn wir über die Motive dieser „Begeisterten" nicht richten sollen, und oft genug haben sie nur die besten Absichten, ist es uns dennoch geboten, die Geister zu prüfen und solche Zusammenhänge bzw. Zeugnisse machen die Ermahnung zur Wachsamkeit dringlicher denn je.

---

[21] Arnold Bittlinger: „Integrating Other Religious Traditions into Western Christianity", Genf: World Council of Churches Publications, 1989, S. 96-97.

Diagnose

Pfr. Cochlovius zeigt noch einen weiteren, erwähnenswerten Aspekt auf:

> „Aus der Hochschätzung von sogenannten Prophetien (oft in der Ich-Form) ergeben sich in der charismatischen Bewegung Konsequenzen für das Bibelverständnis. Das Wort der Bibel wird zum vergangenen Wort, dem das ‚gegenwärtige Wort', nämlich Prophetien, Visionen usw., gleichwertig an die Seite gestellt wird. Damit wird der reformatorische Grundsatz ‚allein die Schrift' (d.h. das Wort der Bibel) verlassen. Bemerkenswert ist auch die Offenheit für die historisch-kritische Bibelauslegung".[22]

Kritische Töne sind aber auch in der pfingstkirchlichen Bewegung selber laut geworden, weil vorhergesagte geistliche Aufbrüche in Deutschland nicht eingetreten sind.

> „Die Sehnsucht nach Erweckung steht zunehmend unter einem Erwartungsdruck, der große Hoffnungen weckt, aber auch Frustrationen auslöst, weil Erwartungen enttäuscht wurden", schreibt der frühere Direktor des Theologischen Seminars Beröa, Richard Krüger (Erzhausen bei Darmstadt), in der Zeitschrift „Wort und Geist" (Emmetten/Schweiz).

In den neunziger Jahren seien Erweckungsprophetien angesichts der Jahrtausendwende immer stärker geworden. Dabei hätten auch bekannte und international tätige Verkündiger Details und Zeiten angegeben. In einem Fall sei Berlin „zur Hauptstadt der endzeitlichen Pläne Christi" erklärt worden, um von dort aus die Gräben zwischen den Völkern zuzuschütten. Krüger:

> „Eine nüchterne Betrachtung wird angesichts der Situation unseres Landes der Erweckungssehnsucht zustimmen, aber die Augen vor der Nichterfüllung vieler Prophetien nicht verschließen können." Es gebe in Deutschland „bereits ein Heer von enttäuschten und verwirrten Leuten". Ihre Erwartungen hätten sich trotz immer neuer Ankündigungen nicht erfüllt. Manche Menschen hätten „sogar am Glauben Schiffbruch erlitten".
>
> Das ehemalige Präsidiumsmitglied des Bundes Freikirchlicher Pfingstgemeinden (BFP) fragt: „Ist das ein Preis für Prophetie und Warten auf Erweckung?" Wenn ja, ist er zu hoch. Krüger zufolge gibt es „zu wenig prophetische Basiserfahrungen in den Gemeinden". Durch den „stark zugenommenen Propheten-Tourismus" türmten sich die Probleme auf. Die Propheten gestünden selten oder kaum Irrtümer, Übertreibungen oder überhöhte Wunschvorstellungen ein.[23]

---

22 „Die charismatische Bewegung", in: Erweckliche Stimme, Sept. 1981, S. 4.

23 ideaSpektrum vom 23. Jan. 2002, Nr. 4/02.

Noch deutlicher wurde Dutch Sheet, ein führender Charismatiker in der sogenannten Koalition der Apostel:

> „Wir, die Leiter der charismatischen Bewegung, haben ein Tiefstmaß an Unterscheidungsvermögen erreicht. Offen gesagt, wir versuchen oft nicht einmal, Dinge zu prüfen. Wir gehen davon aus, dass eine Person alleine aufgrund ihrer Gaben, Charismen, der Größe ihrer Dienste oder Gemeinden oder ihrer Wunder, die sie wirken, glaubwürdig sind, statt deren Charakter, Lebenswandel und geistliche Reife zu beurteilen. Wir sind als Leiter nicht anders als die Welt um uns herum, was unsere Maßstäbe für Erfolg angeht. Auf diese Weise wurden Millionen von Dollar für Personen gespendet, die es nicht verdient haben; Personen, die in Sünde lebten, konnten große Leiter werden. Aufgrund unseres Mangels an Unterscheidungsvermögen haben wir ihnen die Bühne für ihre Auftritte geschaffen. Wir waren unbeschreiblich leichtgläubige Leiter, die leichtgläubige Schafe hervorgebracht haben.“[24]

Nach dem Scherbenhaufen der so genannten „Lakeland-Erweckung“, der durch das Doppelleben von Todd Bentley entstanden war, schrieb Lee Grady in „Charisma“ fast noch deutlicher:

> „Ein bekannter pfingstlicher Evangelist… sagte zu mir: ‚Jetzt bin ich davon überzeugt, dass ein großer Teil der charismatischen Bewegung dem Antichristen folgen wird, wenn er auftreten sollte, denn sie haben kein geistliches Unterscheidungsvermögen.‘“[25]

Diese Diagnose ist ziemlich parallel zu dem oben Gesagten über König Ahab und seine Propheten.

Fazit: Die Magd mit dem Wahrsagegeist (Apg 16,16) wäre heute in praktisch allen Kirchen und Freikirchen ein „begnadetes“ Werkzeug der Erweckung.

Rolf Hille kommt fast zu einem ähnlichen Ergebnis im Zusammenhang mit der Betonung der Heilungen in diesen Kreisen: Zwar sei für Christen die Schuldfrage dadurch geklärt, dass Jesus Christus Sünden vergebe, jedoch bleibe die Frage nach Glück und Wohlergehen im irdischen Leben offen. Die charismatische Bewegung sei für ihn in dieser Hinsicht „die tragischste Bewegung in der Geschichte der Kirche“, so Hille. Sie scheitere an einer fehlerhaften Bibelauslegung, da sie Heilung als Normalfall und Krankheit als Ausnahmefall ansehe. Der Wunsch nach Wiederherstellung des Paradieses erfülle sich jedoch nicht in diesem Leben.[26]

---

24 http://www.etpv.org/2008/asaarl.html.

25 Lee Grady: „Life After Lakeland: Sorting out the Confusion“, http://fireinmybones.com, (13.08.2008).

26 ideaSpektrum 36/2009, S. 14.

Unsere Antwort bzw. was ist die biblische Therapie?

Lasst uns offen sein für sein neues (altes) Handeln und Wirken, empfiehlt der oben zitierte Klaus Köhler, Charisma Nr. 128. Im 1. Johannesbrief werden wir gewarnt vor den Verführern. Es wird ausdrücklich erwähnt, dass

> „Was ihr gehört habt von Anfang an, das bleibe in euch. Wenn in euch bleibt, was ihr von Anfang an gehört habt, so werdet ihr auch im Sohn und im Vater bleiben." (1.Joh 2,24)

Ähnlich ist 2. Johannesbrief:

> „Jeder, der weitergeht und nicht in der Lehre des Christus bleibt, hat Gott nicht; wer in der Lehre bleibt, der hat sowohl den Vater als auch den Sohn." (2. Joh 9)

Spurgeon pflegte zu sagen: „Es gibt nichts Neues in der Theologie, außer dem, was falsch ist. Wenn du etwas Neues predigst, ist es nicht wahr. Wenn du etwas Wahres predigst, ist es nicht neu."

Sicherlich steht auch nicht zufällig am Ende des letzten Buches der Bibel und damit eigentlich der Bibel generell die Warnung:

> „Ich bezeuge allen, die da hören die Worte der Weissagung in diesem Buch: Wenn jemand etwas hinzufügt, so wird Gott ihm die Plagen zufügen, die in diesem Buch geschrieben stehen" (Offb 22,18).

Wir nehmen die Warnung Jesu (hoffentlich) ernst, wachsam zu sein. Petrus schreibt nicht an Ungläubige sondern an die Gläubigen:

> „Seid nüchtern und wacht; denn euer Widersacher, der Teufel, geht umher wie ein brüllender Löwe und sucht, wen er verschlinge" (1.Petr 5,8).

Unsere Antwort: *Es steht geschrieben*, nicht, wir haben neue Inspirationen. Wir glauben Jesu Aussage: *Meine Worte sind der Geist und sind das Leben* (Joh 6,63).

Wir denken an die Ermahnung von Petrus:

> „Um so fester haben wir das prophetische Wort, und ihr tut gut daran, dass ihr darauf achtet als auf ein Licht, das da scheint an einem dunklen Ort, bis der Tag anbreche und der Morgenstern aufgehe in euren Herzen" (2.Petr 1,19).

Auf das Angebot, nach neuen Quellen sich auszustrecken sollte unsere Antwort sein und bleiben: *Herr, wohin sollen wir gehen? Du hast Worte des ewigen Lebens; und wir haben geglaubt und erkannt: Du bist der Heilige Gottes* (Joh 6,68-69). *Und wir wollen für den Glauben kämpfen, der ein für allemal den Heiligen überliefert ist* (Jud 3).

Álmos Ete Sípos

Bibel und Offenbarung

Als die Reformation bzw. die Reformatoren im 16. Jahrhundert das Prinzip sola scriptura formulierten, taten sie eigentlich nichts anderes, als die Bibel von den geistig-geistlichen Fesseln der mittelalterlichen Kirche zu befreien, die den menschlichen Verstand und die Autorität der mittelalterlichen Kirche auf das gleiche Niveau wie die Autorität der Bibel erhoben hatte. Die sola scriptura bedeutete jedoch auch, dass die Reformation zu den bibelfremden Dogmen, die die Kirche zu Christologie, Soteriologie und Pneumatologie aufgestellt hatte, nein sagte. Diese bibelfremden Dogmen legten für das Erlangen des Heils den Wert der menschlichen Handlung auf das gleiche Niveau wie das Erlösungswerk durch Christus erhoben hatten.

Das Gedankengut der im 18. Jahrhundert auftretenden Aufklärung und des Neohumanismus, drangen jedoch sehr schnell auch in die von der Reformation gereinigten Kirchen ein. Als Folge davon bahnte sich aus dem Inneren dieser Kirchen ein neuartiger Angriff gegenüber der Autorität der Bibel seinen Weg.

Ein Vorläufer dieses Angriffs war der Hallenser Theologiedozent Johann Salomo Semler (1725-1791), Begründer der kritischen Bibelanalyse. Die sich später entfaltende sog. historisch-kritische Methode machte – die Mittel der Geschichtswissenschaft anwendend – die Geschichtlichkeit der Bibel zum Gegenstand der Kritik und trieb damit einen Keil zwischen die Offenbarung (als Wort Gottes), das Wort und die Bibel, als niedergeschriebene Offenbarung. Von hier war es nur ein kleiner Schritt, dass der sich als autonom proklamierende Mensch, der sich als über der Bibel stehende geistliche Autorität berechtigt fühlte, die historische Authentizität der Bibel in Frage zu stellen, und damit deren theologische Botschaft anzugreifen begann.

Die im 18. Jahrhundert begonnene rationalistische Bibelkritik leitete mit ihren als „wissenschaftlich" bezeichneten Thesen und ihren kritischen Behauptungen heftige Diskussionen unter den innerhalb der einzelnen Konfessionen wirkenden theologischen Schulen und Frömmigkeitsrichtungen ein, die auch bis zur Gegenwart andauern.

1. Wir können sagen, dass in unseren Tagen die Verschiedenheit der Einstellung gegenüber der Bibel, die vielleicht massivste Trennwand zwischen den Christen bildet.

1.1. Im Mittelpunkt der Diskussionen stehen auch heute wieder die nachstehenden, von früher her bekannten, Fragen: Ist die Bibel die Offenbarung Gottes oder ist in dieser nur die Offenbarung enthalten? Ist deren Text identisch mit Gottes Wort oder *kann* sie Gottes Wort nur hin und wieder, als Mittel der *von der Bibel unabhängigen* Offenbarung, *enthalten*? (Barth) Letztendlich, als was sollen wir die Bibel betrachten: als menschliches Wort oder als Gottes Wort? Oder als beides? Ist die ganze Bibel Gottes Wort oder ist es unsere Aufgabe, den „Kanon im Kanon“ zu suchen? Besteht eine Verbindung zwischen der Bibel und dem Wort beziehungsweise dem Heiligen Geist oder ist die Bibel lediglich eine Anhäufung von Buchstaben ohne Geist und Offenbarung?

1.2. Bei den Diskussionen stellte sich schnell heraus, dass vom Themenkreis „Offenbarung und Bibel“ auch die Frage der Urheberschaft nicht getrennt werden kann. Wer ist der Urheber der Bibel? Israel, die urchristliche Gemeinde oder der Heilige Geist? Mit den Diskussionen um die Urheberschaft war auch die Frage der historischen Glaubwürdigkeit verbunden. Ist die Geschichtlichkeit der Bibel authentisch, d.h. sind deren historische Berichterstatter authentisch? Oder: Stimmt es – wie viele behaupten – dass die historische Glaubwürdigkeit nicht wesentlich ist, dass die historische Glaubwürdigkeit von der Offenbarung getrennt werden muss und dass es bedeutungslos ist, ob die in den Kreis der historischen, geografischen oder Naturwissenschaften einzustufenden Angaben der Bibel wahr sind oder nicht?

1.3. Die aufgeführten Fragen hatten die christlichen Kirchen bzw. Theologien verhängnisvoll geteilt, weil sich schnell herausgestellt hatte, dass die von der historisch-kritischen Methode aufgeworfenen Fragen und Behauptungen in allen Fällen zu Angriffen auf das Herzstück der Bibel, auf die Christologie, Soteriologie und Pneumatologie führten. Diese Bibelkritik hat nämlich – vergeblich streitet sie es ab – letztendlich dennoch selbst den sich mit dem aufgezeichneten Wort zu Erkennen gebenden und davon untrennbaren geschichtlichen Jesus Christus und dessen geschichtliches Erlösungswerk zum Gegenstand der Prüfung durch die menschliche Kritik gemacht. Barth behauptet vergeblich, dass er nur den Text, nicht die Offenbarung kritisiert. Der Text der Bibel und die Offenbarung sind nämlich nicht zwei von einander unabhängige Komponenten. Deshalb ist es unserer Meinung nach nicht möglich, den Text der Bibel zu kritisieren, ohne auch die Offenbarung anzugreifen.

Sicher kann bereits behauptet werden, dass die in der Gegenwart vertretene Auffassung von der Bibel die konfessionellen Grenzen neu gezeichnet hat und eine neue Einheit zwischen den zu verschiedenen Konfessionen gehörenden, in der Frage der Bibel dennoch die gleiche Auffassung vertretenden Theologen und Christen zustande gebracht hat!

Nach Vorausschicken dieser Gedanken möchte ich jetzt zusammenfassen, wie der ungarische Bibelbund, der die ungarischen bibeltreuen Kirchenmitglieder und Pfarrer vereint, die Frage der Offenbarung (revelatio specialis) und der mit der Urheberschaft zusammenhängenden Inspiration (inspiratio) sieht.

2. Unter dem Begriff „*Offenbarung*“ verstehen wir, was der Gott der Dreifaltigkeit im Verlauf der in Raum und Zeit ablaufenden Geschichte *getan* und *gesagt* hat. Diese beiden sind ein und dasselbe (dabar – Wort und Tat). Deshalb ruht die Offenbarung unserer Meinung nach auf zwei Säulen, *auf Gottes geschichtlichen Taten und auf Gottes Worten.* Wir glauben, dass wir über beides nur aus der Heiligen Schrift – als der aufgeschriebenen Offenbarung – authentisch Kenntnis haben. Darüber berichtet uns Hebr 1,1-2. Auch die hier stehenden griechischen Wörter „polymeros“ und „polytropos“ (vielfältig und auf vielerlei Weise) weisen darauf hin, dass es verschiedene Weisen der Rede Gottes gab, auch schon zur Zeit des Alten Testaments.

2.1. Die in der Bibel zu lesenden geschichtlichen Ereignisse waren zwar keine verbalen Worte Gottes, dennoch *öffnet die revelatio specialis uns die Augen,* für das, was Gott den Menschen mit den in der Bibel zu lesenden geschichtlichen Ereignissen, wie z.B. Schöpfung, Sintflut, Wüstenwanderung, Abraham-Geschichten, Landnahme usw. sagen wollte. (Um Missverständnisse zu vermeiden, möchte ich anmerken, dass wir die Geschichte nicht mit der Offenbarung gleichsetzen, wir weisen die Geschichtstheologie zurück, wir wollen lediglich den geschichtlichen Charakter der Offenbarung betonen!) Außer der Geschichte waren auch die Einrichtungen zur Zeit des Alten Testaments, wie das Priestertum, der Kult, die Richter oder das Königtum usw. ebenfalls sichtbare, in der Geschichte auftretende Formen der Offenbarung. Ich wiederhole, die spezielle Offenbarung hilft uns, in den alttestamentarischen Geschichten und Einrichtungen Gott zu sehen und Gottes Wort zu verstehen.

Zu den „verschiedenen Arten“ (Formen) der Offenbarung, gehörte beispielsweise auch die von Gott gewollte Institution des Prophetentums. Gott selbst sprach mit den Propheten, was diese weitersagten oder aufschrieben. Wir müssen jedoch fragen: Waren die Erscheinungen (Theophanien, Angelophanien) und Worte des Engels Gottes nicht auch Offenbarungen Gottes? Ein Höhepunkt der alttestamentarischen Offenbarung war das geschichtliche Ereignis der Gesetzgebung, als Gott Mose die Steintafeln übergab.

2.2. Die bereits zitierten zwei Verse aus dem Hebräerbrief gehen nach der Erwähnung des Modus der alttestamentarischen Offenbarung auf den Modus der neutestamentarischen Offenbarung ein und im fleischgewordenen Wort auch auf die in Jesus Christus erhaltene Offenbarung. Im geschichtlichen Ereignis der Inkarnation offenbarte sich Gott in dieser Welt auch auf eine im Fleisch sichtbare Weise. Im Falle Jesus waren die Offenbarungen jedoch nicht nur seine Menschwerdung, seine Taten, seine Leiden, Tod und Auferstehung, sondern auch das, was er sagte.

Auch im Neuen Testament finden wir einen ähnlichen Offenbarungsmodus wie im Alten Testament: die Apostel und Propheten bzw. Ereignisse, Zeichen und Wunder. Hebr 2,3-4 bekräftigen, dass der Bestimmungszweck der Zeichen und Wunder, obwohl diese außerordentliche und die Aufmerksamkeit erregende Ereignisse waren, in erster Linie war, die Aufmerksamkeit auf die göttliche Nachricht zu lenken.

2.3. Außer dem nonverbalen, geschichtlichen Charakter des Modus der neutestamentarischen Offenbarung müssen wir den *verbalen Wortcharakter der Offenbarung* hervorheben. Denn die Offenbarung wurde durch ihren Sprach- und Wortcharakter klar und verständlich. In der Bibel kommt der Satz „So spricht der Herr" oder „Der Herr sagte", usw. 3808 Mal vor. Wenn also die reformatorische christliche Theologie von der Offenbarung spricht, will sie betonen, dass diese Informationen, Nachrichten, Lehren und geschichtlichen Berichte, die in der Bibel zu lesen sind, nicht menschlichen Ursprungs sind, nicht von Menschen erfunden, gerade beschönigt oder eingebildet wurden, sondern von Gott selbst stammten. Deshalb sagt Jesus: „Die Schrift kann doch nicht gebrochen werden" (Joh 10,35), „Es ist leichter, dass Himmel und Erde vergehen, als dass ein Tüpfelchen vom Gesetz fällt" (Lk 16,17), Röm 3,2. usw.

Folglich wissen wir z.B. wer Gott ist, was der Mensch ist oder wie die Welt entstand, was nach dem Tod ist usw. nur von dem, was Gott uns darüber offenbart hat. Zu diesen Kenntnissen kann auch heute kein einziger Forscher auf dem Wege der Erfahrungen gelangen.

2.4. Über die Offenbarung sprechend heben wir schließlich hervor, dass der Höhepunkt der Offenbarung und ihr Ziel – natürlich – der Christus war, in dem die Vollkommenheit Gottes körperlich innewohnte, den der Vater uns offenbart hat (Joh 1,14; Kol 2,3; Hebr 1,1-2;). In Ihm wurde alles wahr worüber auch die alttestamentarische Offenbarung sprach, d.h. unsere Erlösung durch das stellvertretende Sühneopfer und dessen Auferstehung. (Lk 24,27; 44.) *Denn der Mensch erhielt auch von der Erlösung nur durch die Offenbarung, und zwar die aufgezeichnete Offenbarung (revelatio specialis), Kenntnis.*

Mit den bisherigen Worten wollten wir also unterstreichen, dass auch wir der Ansicht sind, dass die revelatio specialis einen starken historischen Charakter aufweist und deshalb greift derjenige, der die Geschichtlichkeit der Bibel angreift gleichzeitig auch, gewollt oder ungewollt, die Offenbarung an!

3. Der zweite Themenkreis, mit dem ich mich befassen möchte ist, was wir im ungarischen Bibelbund über die *aufgezeichnete Offenbarung* bekennen.

3.1. Calvin sagte, dass die Patriarchen die – ursprünglich in Gedanken und Worten bzw. Geschichten usw. – gegebene Offenbarung ihren Nachkommen am Anfang, von Hand zu Hand weitergegeben hatten und sie erst später niedergeschrieben wurde. So entstand die *niedergeschriebene Offenbarung,* mit anderen Worten, das *niedergeschriebene Wort.* Die in der Geschichte in Gedanken und Worten gegebene Offenbarung wurde deshalb niedergeschrieben, weil Gott dazu ausdrücklich den Befehl gab. Darüber informieren uns 2.Mo 17,14; 5.Mo 31,24; Jer 36,1-2 bzw. 1.Kor 10,11; Offb 1,1;19 usw.

Wir möchten jedoch betonen, dass die Offenbarung selbst mehr war, jedoch nichts anderes, als die niedergeschriebene Offenbarung. Die niedergeschriebene Offenbarung war eine göttliche *Selection,* denn weder die Reden der Propheten, noch die von Jesus, wurden in ihrem vollen Inhalt niedergeschrieben, dennoch war die Selektion *niemals eine Korrektion!* Nur in Klammern wiederhole ich, dass die dritte Form der Offenbarung Jesus Christus war, das fleischgewordene Wort. Für wesentlich halten wir zu betonen, dass Jesus Christus, obwohl er das fleischgewordene Wort ist, eine Person ist, die Heilige Schrift als niedergeschriebenes Wort jedoch ein Buch. Beide sind voneinander *untrennbar.* Siehe Lk 24,27;44; Hebr 10,5-7.

3.2. Demzufolge gibt es *nur eine Offenbarung*, weil Gottes Wort und Tat eins sind! Die erwähnten Formen der Offenbarung können zwar voneinander unterschieden werden, sind jedoch untrennbar. Aus dieser These folgt auch, dass die Formen der Offenbarung nicht einander gegenüber gestellt oder gegen einander ausgespielt werden können. Irgendeine Form der Offenbarung anzugreifen oder zu kritisieren, ohne dass die andere davon betroffen wird, ist nicht möglich!

Die ungarischen Vertreter der bekennenden reformierten Theologie standen deshalb von Anfang an, bis zum heutigen Tag, im Streit mit Karl Barth, weil nach der Auffassung von Barth die Offenbarung, das niedergeschriebene Wort und Jesus Christus, drei verschiedene Offenbarungen sind. Seiner Meinung nach ist die niedergeschriebene Offenbarung in der Heiligen Schrift *nur enthalten*, dieser jedoch nicht identisch. Deshalb muss man in der Bibel Gottes Wort suchen, Jesus suchen. Nach Barth ist die Bibel nur eine *Wortanhäufung,* die nur dann zu einem offenbarten Wort wird, wenn der Leser existentiell darauf reagiert. Demzufolge halten viele Barth (u.a. auch ich) für den Vater der historisch-kritischen und existenziellen Schriftauslegung des 20. Jahrhunderts.

Das alles halten wir deshalb für wichtig, zu betonen, weil alle Bestrebungen, beginnend von der frühen Kirchengeschichte bis zu unseren Tagen, die Jesus von der Bibel getrennt hatten, in eine *falsche Mystik* und *Gnostizismus* mündeten. (Siehe die römisch-katholische Mystik und die protestantischen enthusiastischen bzw. charismatischen Bewegungen!)

3.3. Der andere Teil, der mit der niedergeschriebenen Offenbarung zusammenhängenden Diskussionen, kulminiert um die Begriffe *Eingebung* und *Inspiration.*

Wie wir ausdrückten, erfolgte die Niederschrift der Offenbarung auf Befehl Gottes, was ein über Jahrhunderte andauernder Prozess war. Für die Niederschrift gab jedoch Gott *nicht nur den Befehl, sondern auch den Heiligen Geist*, in dem Sinne, dass nicht nur die Offenbarung, sondern *auch die Niederschrift* ein Werk des Heiligen Geistes war. 1.Kor 2,10; 12-13; „*Uns aber hat es Gott offenbart durch seinen Geist ...; Wir aber haben nicht empfangen den Geist der Welt, sondern den Geist aus Gott, dass wir wissen können, was uns von Gott geschenkt ist. Und davon reden wir auch nicht mit Worten, wie sie menschliche Weisheit lehren kann, sondern mit Worten, die der Geist lehrt....*“

Diese komplexe Wirkung, die der Heilige Geist bei Verstehen und Niederschreiben auf die Chronisten der Bibel ausgeübt hatte, bezeichnen wir als *Eingebung*, als Inspiration. Darum betont die Inspirationslehre der Reformatoren, dass Urheber der Bibel der Heilige Geist-(Gott) ist, dessen willige Werkzeuge die Verfasser der Bibel waren. Welcher Natur diese Wirkung, d.h. Inspiration war, veranschaulichen ausgezeichnet die sich darauf beziehenden Bibelworte. In 4.Mo 12,8 lesen wir: „*peh al peh adabber bó umare*“ – „mit ihm rede ich von Mund zu Mund.“ /piel!). Demzufolge hat Mose das, was er niedergeschrieben hat, nicht selbst erfunden! Bedenken wir ob Mose es gewagt hätte Gottes Wort zu entstellen?

In 2.Tim 3,16-17 ist folgender Ausdruck zu lesen „*Alles, was in den heiligen Schriften steht, ist von Gottes Geist eingegeben ...*“ „*pásza grafé theopneustos...*“ die genaue Übersetzung „von Gott ausgeatmet“ verweist auf die Luftbewegung, die beim Sprechen auftritt. Nebenbei, spricht hier der Apostel nicht von der Inspiration der Verfasser, sondern der „*grafé – der Schrift, des Textes*“, während Petrus in 2.Petr 1,20-21 die Inspiration der Person, der Verfasser der Bibel, der Propheten hervorhebt: „*Indem ihr dies zuerst wisset, dass keine Weissagung der Schrift von eigener Auslegung ist. Denn die Weissagung wurde niemals durch den Willen des Menschen hervorgebracht, sondern heilige Männer Gottes redeten, getrieben vom Heiligen Geiste.*“ In 1.Kor 2,10-16 spricht Paulus darüber, dass das, was die Apostel reden, keine menschliche Weisheit ist, sondern vom Heiligen Geist eingegeben wurde.

3.4. Jesu Leben war die *wortwörtliche* Erfüllung der alttestamentarischen Prophetien. Seine Reden bestätigen die Geschichtlichkeit aller Ereignisse, deren historische Wahrheit die heutige liberale historisch-kritische Theologie infrage stellt. Für ihn waren Adam und Eva lebende Personen, keine symbolischen Namen einer Menschengruppe. Die Geschichte von Noah und der Sintflut war keine Legende, Jonas war nicht der Held einer Lehrfabel, Mose war kein „Knochenschmied“, der überhaupt nicht in Ägypten lebte usw., wie das einige Theologen auch in der Gegenwart behaupten. Wenn Jesus in Mt 5,18 sagt: „*Bis der Himmel und die Erde vergehen, soll auch nicht* ***ein*** *Jota oder* ***ein*** *Strichlein von dem Gesetz (Tora) vergehen*“, später in Joh 10,35 sagt er, „*die Schrift kann doch nicht gebrochen werden*“, er tut nichts anderes, als die Urheberschaft des Heiligen Geistes zu besiegeln. Die Urheberschaft des Neuen Testaments bekräftigen auch solche eindeutigen und machtvollen Worte, wie die bereits zitierten 1.Kor 2,10-16 oder Gal 1,11-12: „*Ich tue euch aber kund, liebe Brüder, dass das Evangelium, das von mir gepredigt ist, nicht menschlich ist. Denn ich habe es von keinen Menschen empfangen noch gelernt, sondern durch die Offenbarung Jesu Christi*“ oder Offb 1,1;19: „*Dies ist die Offenbarung Jesu Christi, die ihm Gott gegeben hat, seinen Knechten zu zeigen, was in der Kürze geschehen soll… Schreibe was du gesehen hast…*“

4. Auf der Grundlage der bisherigen Ausführungen ist verständlich, warum die Kirchenväter Clemens Romanus (+102), Iraeneus (135-202), Origenes (185-254), Tertullianus (150-222), Hieronymus (345-420), Augustinus (354-430)] und nach den Reformatoren, auch alle reformierten Glaubensbekenntnisse (II. Helvetisches Bekenntnis 1566, Französisches Bekenntnis von La Rochelle 1559, Dordrechter Bekenntnis 1619, Westminster Bekenntnis 1677) die Inspiration der Heiligen Schrift in dem Sinne bekannten, dass der Heilige Geist die Verfasser der Bibel beim *Niederschreiben des ursprünglichen Bibeltextes* so inspiriert hatte, dass er ihnen die zutreffendsten Worte eingab, und nicht zuließ, dass ein Irrtum dazu gelangte. (Und wenn wir schon bei den Glaubensbekenntnissen sind, möchte ich einige Zeilen aus dem 1662 entstandenen Debrecen-Egervölgyer Bekenntnis zitieren, dem ersten von ungarischen Verfassern stammenden Bekenntnis der Ungarischen Reformierten Kirche (das die Forscher zu den besten der nach der Reformation entstandenen Bekenntnisse zählen). „… *der Heilige Geist lehrte, Christus inspirierte durch Seinen Geist die heiligen Propheten, sprach und teilte ihnen die himmlische Wissenschaft mit. Da allein Gott dessen Urheber ist, ist sie nicht aus menschlichen Dichtungen zusammengestückelt, sie ragt mit ihrer Wahrheit hervor, mit ihrer Klarheit überragt sie menschlichen Verstand, Klugheit und Geist, lässt die Dichtungen der Menschen nicht gelten.*“ In Kenntnis dieser, ist Calvins Meinung noch besser verständlich: „*Der Heiligen Schrift sind wir die gleiche Hochachtung schuldig, wie Gott, weil sie allein nur von Ihm stammt und nicht mit Menschlichem vermischt wurde.*“(Corpus Reformatorum. Calvini opera LII. 383)

4.1. Heute weiß jeder Informatiker, dass für die unmissverständliche Mitteilung der Gedanken, nicht irgendwelche Worte genutzt werden können, da die Worte Informationsträger sind. Wenn man die Information tragenden Worte zerschlägt oder vertauscht, wird auch die Information selbst zerschlagen! Natürlich behaupteten weder Calvin, noch die erwähnten Personen, dass die Bibel keinen menschlichen Faktor besitzt. Sie wollten nur betonen, dass der menschliche Faktor den göttlichen nicht verdorben und auch nicht entstellt hat! Das Wunder der Inspiration ist eben darin zu sehen, dass Persönlichkeit, Bildung und Kultur der Verfasser der Bibel auch beim Schreiben nicht verschwanden, im Gegenteil, der Heilige Geist machte sie, obwohl sie Sünder waren, für das Niederschreiben der Offenbarung geeignet.

4.2. Aus all dem folgt logisch, dass es ohne den Heiligen Geist keine niedergeschriebene Offenbarung gibt. Da der Urheber der Bibel der Heilige Geist ist, tritt er mit dem Anspruch der für alle Zeiten geltenden normativen Offenbarung Gottes auf, die mit ihrer Geschichtlichkeit und ihrer Niederschrift im Raum und in der Zeit steht. Wir sollten uns an alle mit dem Anspruch der Ausschließlichkeit und der göttlichen Autorität von Jesus gesagten Taten und Worten erinnern. Die Reformatoren erklärten, ausgehend von der Evidenz der Urheberschaft des Heiligen Geistes als Grundprinzip der Erklärung der Heiligen Schrift: die „Analogie des Glaubens“ (analogia fidei): Scriptura sacra sui ipsius interpres (Die heilige Schrift legt sich selbst aus).

5. Da wir (am Anfang unseres Vortrages) behauptet hatten, dass die Bibelkritik ein Angriff gegen die Offenbarung und damit gleichzeitig auch gegen die Christologie, Soteriologie und Pneumatologie ist, möchte ich noch in einigen Gedanken meine Behauptungen bekräftigen und formulieren, was wir im ungarischen Bibelbund über das *Verhältnis von Bibel (bzw. Wort) und dem Heiligen Geist* bekennen.

5.1. Unsere Ansicht möchten wir aus folgenden Gründen auch auf dieser Konferenz klar formulieren:

a) Seitens der die liberale Geschichtskritik vertretenden Theologen ist auch in Ungarn häufig die zynische Anklage zu hören, dass die bibeltreuen Christen in der Bibel einen Papierpapst anbeten. Sie argumentieren mit dem Bibelvers nach dem geschrieben steht, *„der Buchstabe tötet, der Geist aber macht lebendig*“ (2.Kor 3,6). Damit wollen viele unseren auf dem niedergeschriebenen Wort Gottes basierenden Glauben erschüttern. (Ich möchte jetzt auch nicht darauf eingehen, dass derjenige, der dieses Bibelwort im erwähnten Zusammenhang zitiert, noch einmal die Prüfung aus Exegese und Hermeneutik ablegen müsste.)

b) Auch in Ungarn ist die von Barth vertretene existenzielle Theorie, die die Heilige Schrift, das Wort, Christus und den Heiligen Geist voneinander trennt, weit verbreitet und diese Theorie raubt der Bibel praktisch deren Divinität.

c) In Ungarn ist auch in den protestantischen Kirchen die charismatische Bewegung vorhanden und wirksam. Gemäß der neuesten, von vielen anerkannten Lehre der neoevangelikalen Bewegung, kann der Heilige Geist den Gläubigen auch unabhängig von der Bibel (vom Wort) (sogar eine weitere) Offenbarung mitteilen. Sie betonen häufig, dass der Mensch nach der Bekehrung noch an einer Taufe des Heiligen Geistes teilhaben muss. Viele fragen: Wie können wir in uns ein Tor für die Wirkung des Heiligen Geistes öffnen, damit wir zu solchen Erfahrungen und Erlebnissen gelangen, die den Menschen zu einem Christentum höherer Stufe verhelfen. Auch in pietistischen oder neoevangelikalen Kreisen fragen viele erneut, wie sie den Heiligen Geist erhalten können, wie sie direkt mit Gott, mit Christus zusammentreffen können, worauf die

Antwort meistens lautet: Suche die Ruhe, entleere dich, warte auf eine besondere Erfahrung, meditiere, bete usw.

5.2. Unter Berücksichtigung dieser Gründe und Fragen sind wir der Ansicht, dass die auf die Frage des *Verhältnisses von Bibel, Christus (Wort) und den Heiligen Geist* gegebene klare, biblische Antwort nicht umgangen werden kann.

a) Zahlreiche, nur auf der trinitarischen Grundlage zu erklärende Bibelworte des Alten und des Neuen Testaments beweisen, dass *Gott sich zu erkennen gab,* sowohl mit dem durch die Propheten verkündeten, später niedergeschriebenen Wort, als auch mit der Person und den Worten von Jesus Christus. (5.Mo 17,9-11; Ps 33,6. Sach 7,12; Apg 7,51-52; Mt 8,16; Mt 12,28; 2.Petr 1,21; 1.Joh 5,7.

b) Die Wiedergeburt erfolgt immer durch den Heiligen Geist und das Wort, welche voneinander untrennbar sind. Sie erfolgt niemals unter Wirkung des unabhängig vom Wort eingreifenden Heiligen Geistes! (Joh 3,3-5. 1.Petr 1,23; Tit 3,5;) Da der Heilige Geist Christi Geist ist, haben wir, wenn wir Gottes Wort lesen, hören und daran glauben, Teil an Christus, der das Leben ist (Joh 14,23; 15,7b).

c) Das Innewohnen von Jesus (bzw. des Heiligen Geistes) in uns erfolgt also durch die Annahme des Wortes, nicht auf einem vom Wort unabhängigen mystischen Weg (Joh 6,63; Joh 8,31; 8,51; 15,4;7).

Auf dieser Grundlage bekennen wir, dass der Heilige Geist und die Bibel (das Wort) voneinander untrennbar sind. „Der Heilige Geist ist als göttliche Person natürlich mehr als das biblische Wort, aber bei der Frage nach dem „wie“ (der Art und Weise) seines Wirkens heißt die biblische Antwort: *mit bzw. als Wort Gottes* (damit ist sowohl das biblische Wort Gottes in „soteriologischer Dimension [sola et tota scriptura]“ als auch das uns verborgene „nicht-biblische Wort Gottes“ in „geschöpflich-pantokratischer Dimension“ gemeint).“ Deshalb glauben wir an die Divinität der Bibel.

D.h., dass der Heilige Geist seine soteriologische Wirkung durch das geschriebene Wort (bzw. durch dessen Verkündung) entfaltet, durch das Wort zu uns kommt, durch das Wort den Glauben erweckt, zur Bekehrung führt, uns Gottes Willen mitteilt, durch das Wort heiligt und zum ewigen Leben führt.

Damit wollen wir nicht behaupten, dass der Heilige Geist nicht auch auf direkte Weise, d.h. auch unabhängig von der Bibel, auf dem Wege der allgemeinen Gnade in dieser Welt wirken könnte. Wenn wir jedoch fragen, ob die Heilige Schrift der einzige Weg für den Heiligen Geist ist, um zu uns zu gelangen, Christus zu verkünden und die Erlösung in uns zu erwirken, antworten wir mit Ja.

Schlussfolgerung: Gott offenbart einen Wortcharakter und handelt als bzw. mit seinem machtvollen, kräftigen und geisterfülltem Allmachtswort. Dadurch bekommt das uns Menschen zugängliche Wort – die Bibel – eine noch wichtigere Bedeutung, da Gott mittels des Wortes zu uns kommt, bei uns gegenwärtig ist (Apg 20,32) und so (und *nur* so!) an und in uns wirkt (1.Thess 2,14), weil das vollkommen klar (5.Mo 29,28ff.) und ausreichend für unser (geistliches) Leben ist (2.Tim 3,15-17).

Wer also das geschriebene Wort, die Bibel, angreift oder auch kritisiert, der greift Christus an, der durch das Wort zu uns kommt und betrübt den Geist von Christus, der die Verfasser des Alten und des Neuen Testaments sowie deren Schriften inspiriert hatte (1.Petr 1,11)! Deshalb behaupten wir, wer die Bibel angreift, greift deren Herz an: die Christologie, die Soteriologie und die Pneumatologie.

Wir glauben fest, dass nur das lebendige Wort und nicht die sich als wissenschaftlich proklamierende Bibelkritik, die christlichen Gemeinden bewahrt. Wer das nicht glaubt oder nicht ernst nimmt, auf dessen Wort werden die Jesus Schafe nicht hören. James I. Packer schreibt über die liberale Bibelkritik: „*... erstens hat sie die Predigt untergraben... zweitens die Lehre unterhöhlt... drittens den Glauben geschwächt... viertens die Laien entmutigt, die Bibel zu lesen... fünftens, Christus aus dem Mittelpunkt gerückt und dem Blick entzogen.*"

Wir sind der Meinung, dass alle Prediger und ihre Lehrer über diese Ausführungen, auch hinsichtlich der gegenwärtigen traurigen spirituellen Situation der europäischen christlichen Kirchen und Gemeinden nachdenken sollten.

Literatur

Kálvin, J. *A Keresztyén Vallás Rendszere 1559* (Ref. Főiskolai Nyomda, Pápa, 1900)

Kaiser, Bernhard, *Christus allein – Ein Plädoyer für den evangelischen Glauben* (Verlag der Ev.-Luth. Gebetsgemeinschaften: Bielefeld) (Ausführlicher Beitrag zur Soteriologie)

Kaiser, Bernhard, *Studien zur Fundamental-Theologie I.* (VTR, Nürnberg, 2005.)

Kaiser, Bernhard, Pneumatologia, Selye János Egyetemi jegyzet, Komarno (Handschrift)

Packer, James I., *Wie Gott Vorzeiten geredet hat...* (Verlag der Liebenzeller Mission, Bad Liebenzell, 1988)

Senk, Ronald. Das Schwert des Geistes – Der Zusammenhang von Heiligem Geist und Gottes Wort in der Heiligen Schrift (*www.betanien.de*)

Bernhard Kaiser

Die Wirkmacht des Wortes Gottes

Einleitung

Die Christen waren schon immer versucht, dem Evangelium mit menschlichen Mitteln Nachdruck zu verleihen. Sie haben sich dabei in der Regel dem jeweiligen Zeitgeist angepasst. Einige Beispiele:

Im Mittelalter hat die Kirche dem Evangelium mit der Gewalt von Waffen Nachdruck verliehen. Die Verbindung von Kirche und Staat, von Religion und Recht, war sehr eng. Karl der Große führte Krieg gegen die Sachsen. Ihr Widerstand erzürnte ihn so sehr, dass er bei Verden an der Aller gleich mehrere Tausend abschlachtete. Nachdem die übrigen sich ihm unterworfen hatten, wurden sie christianisiert. Der Geist der Gewalt motivierte die Kreuzzüge, die Verfolgung der Waldenser und die Gegenreformation. Militärische Gewalt musste herhalten, um dem angeblich rechten Glauben Geltung zu verschaffen. In Ungarn wurden Protestanten von kaiserlichen Soldaten aus dem Haus geholt und zur katholischen Messe geschleppt. Gewaltsam wurde ihnen der Mund geöffnet und ihnen die mit viel Aberglauben geweihte Hostie eingeschoben, während der katholische Priester vermutlich dachte, dies sei doch für das Heil des armen, irrenden Protestanten das einzig Richtige.

Wir kritisieren solche Maßnahmen mit Recht und lehnen Gewalt in Religionsfragen ab. Wir sind doch aufgeklärt! Aber sind wir deswegen besser? Die Protestanten haben sich in der Aufklärung bemüht, zu zeigen, dass der Glaube an Gott vernünftig ist. Der Vernunftbeweis sollte dem Evangelium Kraft verleihen. Die Pietisten wollten anhand ihrer Erfahrungen den aufgeklärten Skeptikern beweisen, dass Gott wirklich da ist. Hier war es die Erfahrung, die dem Evangelium Überzeugungskraft verleihen sollte. Die Erweckungs- und insbesondere die Heiligungsbewegung surfte auf der Welle des Optimismus des ausgehenden 19. Jahrhunderts, als sie meinte, mit der Lehre von der vollkommenen Heiligung durch die Kraft des Heiligen Geistes den neuen Menschen zu verwirklichen, um anhand des neuen Menschen die anderen von der Kraft des Evangeliums zu überzeugen. Jedesmal wurde dem Wort etwas Menschliches und Sichtbares zugeschaltet, um es zu Wirkung zu bringen.

Das 20. Jahrhundert war nicht besser. Es hatte schon längst keine irrtumslose heilige Schrift mehr, der man hätte vertrauen können. Also band es das Evangelium an die übersinnliche Erfahrung. Gary Gibbs vom Evangelistic Team von Günter Tesch sang in den Siebziger Jahren: „Ich fühle mich so gut seit ich gläubig bin“. Hier erscheint das Evangelium als Wohlfühl-Droge, gleichsam als Ersatz für den Drogenkonsum, den die 68er propagierten. Das gute Gefühl von Herrn Gibbs sollte die Leute motivieren, dem von Herrn Tesch verkündigen Evangelium zu glauben. John Wimber und seine Vineyard Fellowship meinten in den Achtziger Jahren des 20. Jahrhunderts, Zeichen und Wunder würden den säkularen Zeitgenossen doch überzeugen. Er war mit diesem Argument genauso aufgeklärt wie Lessing, der bekanntlich den aktuellen, sich vor den Augen des heutigen Betrachters ereignenden Beweis des Geistes und der Kraft forderte. Bis heute ist es so: Wann immer etwas Ungewöhnliches und scheinbar Übersinnliches mit einem christlichen Schein passiert, fahren die Christen hin: In den Siebziger Jahren zu den Veranstaltungen von David Wilkerson, in der Achtzigern zu John Wimbers Vineyard Fellowship, in den Neunzigern noch Toronto, um sich den Toronto-Segen abzuholen. Der Kult des Irrationalen in der Welt fand dort jeweils seine fromme Parallele.

Manche Christen sind vielleicht des Irrationalen müde und wollen wieder etwas Handfestes, etwas, was machbar ist und greift. Was liegt näher, als den Gemeindebau in die Hand zu nehmen, umso mehr, als die Großkirchen verfallen und die Öffentlichkeit säkularisiert und Gemeinde doch ganz im Interesse Gottes liegt. Die Frage lautet dann: Wie kommt man an den ungläubigen Menschen heran? Wie bekommt man ihn in einen Gemeinderaum? In der Tat hat sich eine säkulare Öffentlichkeit breitgemacht, die vom christlichen Glauben nichts mehr weiß. Das merken mittlerweile auch die Großkirchen und sprechen wieder über „Mission". Doch die Bibel kritisieren sie nach wie vor und die Katechismen der Reformation haben sie in der Schublade verschwinden lassen. Ihre Predigt entspricht den religiösen Erwartungen des gegenwärtigen Menschen, mit ein bisschen Spiritualität dem Leben Tiefgang zu verleihen. Die klassische Seelsorge wird indes durch psychotherapeutische Methoden und Maßnahmen ergänzt oder gleich ganz ersetzt.

Die von der amerikanischen Gemeindebau- und Gemeindewachstumsbewegung motivierten Programme, die sich mit den Namen Willow Creek und Bill Hybels sowie Rick Warren und der Saddleback-Gemeinde verbinden, sagen, man müsse den Gottesdienstbesucher oder Hörer in den Mittelpunkt stellen. Seine Erlebniswelt, seine gefühlsmäßige Disposition, seine Wünsche und Erwartungen müsse man mit dem Evangelium bedienen. Das klang so toll, dass selbst Gemeinschaftsleiter aus dem sächsischen Erzgebirge nach Chicago gejettet sind, um sich bei Willow Creek Anregungen für ihre Gemeindearbeit zu holen. Ein Gemeindeleiter aus Westdeutschland erzählte mir vor einiger Zeit voller Stolz, sie hätten nun für 10.000 Euro eine neue Lichtanlage in ihre Gemeinderäume eingebaut, mit der man die Bühne besser und je nach Szene beleuchten könne, und er drückte seine Hoffnung aus, nun die jüngere Generation besser zu erreichen. Hoffte er, dass die Kraft des Heiligen Geistes aus den neuen Lampen käme? Die Meinung, man könne den Gottesdienstbesucher für das Evangelium empfänglich machen, indem man ihm im sogenannten Prä-

Evangelisations-Stadium in einer Form begegne, die seiner Wellenlänge entspreche, ist verschiedentlich geäußert worden. Also doch: die neue Lichtanlage als Herzensöffner?

Ich will nicht einer dem biblischen Wort unangemessenen Primitivität das Wort reden. Wenn es in einem Gemeinderaum zu dunkel ist, dann mag man eine bessere Beleuchtung einbauen, und wenn die Stimme des Pastors zu leise ist, dann mag man mit einer neuen Lautsprecheranlage Abhilfe schaffen. Das eigentliche Problem aber liegt nicht in der Beleuchtung und Beschallung, sondern im *Vertrauen* auf die Beleuchtung und die Beschallung, oder soll ich sagen: im Aberglauben, mit einer besseren Beleuchtung und Beschallung käme der Mensch leichter zum Glauben. Es ist der gleiche Irrtum, der vorzeiten die Kirche dazu verleitete, militärische Macht einzusetzen, um dem Evangelium Geltung zu verschaffen, und der gleiche Irrtum führte die Christen in der Neuzeit dahin, mit Vernunftgründen oder Erfahrungsbeweisen die Menschen vom Evangelium zu überzeugen. Heute werden ein fernsehreifes Programm oder neue technische Apparaturen zugeschaltet, um dem angeblich kraftlosen Wort die erwünschte Wirkung zu verschaffen. Soweit die Problemanzeige für das, was ich in meinem Vortrag sagen möchte.

Ich habe vor etwa zehn Jahren bei einer Tagung des Bibelbundes Schweiz in Beatenberg schon einmal einen Vortrag über das Thema „Die Kraft des Wortes Gottes" gehalten. Dieser findet sich auf der Internetseite des Instituts für Reformatorische Theologie, das ich leite, und kann dort heruntergeladen werden. Heute möchte ich darüber sprechen, dass Gott sich mit dem Wort den Hörer selbst schafft. Gott selbst ist der Missionar. Er baut seine Kirche nach seinem gnädigen Ratschluss. Wenn er einen Menschen erwählt hat, dann führt er ihn auch zur Umkehr und zum Glauben an Jesus Christus. Dazu spreche ich im ersten Teil über die Doppelheit von normativer und kausativer Autorität der Schrift. Im zweiten Teil konkretisiere ich dies und spreche über die Doppelheit der Schrift als Gesetz und Evangelium.

1. Die normative und kausative Autorität der Schrift

Sie kennen vielleicht den etwas spöttischen Satz „*Rom locuta, causa finita*" („Rom hat gesprochen, die Sache ist erledigt"). So lautet das geflügelte Wort über die Autorität des Papstes. Klar, dass das für uns Protestanten nicht gilt. Wir bekennen Gott und sein Wort als die normative Autorität in allen Fragen des Glaubens und Lebens. Also würden wir sagen: *Biblia locuta, causa finita.* Das ist für's Erste auch richtig. Die Bibel ist Gottes Wort und als solches gilt es. Wenn die Schrift etwas sagt, dann ist das, wenn es nicht entsprechend ausgewiesen ist, nicht zeitbedingte Menschenmeinung oder subjektives menschliches Verständnis, sondern dann ist es Gottes Wort. Wenn die Bibel sagt, dass Homosexualität Sünde ist, dann ist das so, unabhängig davon, welche Meinung die Medien, die Politiker oder die Gesellschaft dazu vertreten. Wenn die Bibel sagt, dass eine Frau in der Kirche nicht lehren solle, dann können weder eine Kirchenleitung noch eine Frauenquote noch eine Gleichstellungsbeauftragte diese Anweisung außer Kraft setzen.

Tatsache ist aber auch, dass Gott den Menschen die Freiheit lässt, gegen seine Gebote zu denken, zu reden und zu handeln. Tatsache ist deshalb auch, dass die Menschen am laufenden Band gegen Gottes Gebote verstoßen. Gott kann sogar eine Gesellschaft so dahingeben, dass sie sich mit Christopher-Street-Days und der gesetzlichen Gleichstellung von homosexuellen Partnerschaften mit der traditionellen Ehe ihrer Liberalität rühmt, obwohl dies im Licht von Römer 1 ein Zeichen der Schande und des Gerichts ist.

Damit stehen wir vor dem Problem: Wie kommt der Mensch dazu, die Autorität Gottes zu erkennen und für sich gelten zu lassen? Wir müssen beim näheren Hinsehen feststellen, dass das Problem noch viel gravierender ist: Wie kommt ein sündiger Mensch dazu, der in seinem Wesen ein Feind Gottes ist, seinen Aufstand gegen Gott aufzugeben? Sein ganzes Wesen ist doch darauf programmiert, sich gegen Gott zu erheben. Das ist die biblische und damit auch die protestantische Sicht des gefallenen Menschen. Es ist nicht so, wie es der Katholizismus lehrt, dass der Mensch in seinem Herzen immer ein – wenn auch manchmal verkappter – Gottsucher sei. Der Satz Augustins vom unruhigen Herzen, das erst dann zur Ruhe komme, wenn es sich Gott zuwende, stimmt zwar formal, aber er darf nicht darüber hinwegtäuschen, dass der Mensch seit dem Sündenfall darauf programmiert ist, Sünde zu tun und sich gegen Gott zu erheben. Wenn er meint, Gott zu suchen, und wenn er gute Werke tut, um bei Gott etwas zu verdienen, dann ist er stolz auf seine Religiosität und seine guten Werke und denkt bei sich, Gott müsse ihm doch gnädig sein. Er „rühmt" sich, wie Paulus sagt, seiner guten Werke, doch indem er seine Werke missbraucht, um bei Gott einen Anspruch zu erheben, sündigt er selbst im guten Werk. Wir sehen hier, dass der Mensch so in sich selbst verkrümmt ist, dass er selbst dann, wenn er gut sein will, es nicht kann. Der Mensch ist, wie Paulus sagt, fleischlich, und fleischlich gesinnt sein ist Feindschaft gegen Gott (Röm 8,7). Fleischlich heißt nicht „auf den Leib bezogen", sondern es schließt die menschliche Geistigkeit ein. Paulus gebraucht das Wort „Fleisch", um das natürliche sündige Wesen des Menschen zu bezeichnen. Der Mensch denkt von Hause aus „fleischlich". Paulus stellt des weiteren fest, dass das Fleisch dem Gesetz Gottes nicht untertan sein kann; es vermag es nicht, denn es ist, obwohl es von Gott geschaffen ist, durch den Sündenfall vollständig Gottes entfremdet und gegen Gott gerichtet. Die Tatsache, dass Paulus dies in Röm 8 sagt, also auch an die Adresse von Christen, zeigt, dass er sogar den Christen in der Gefahr sicht, vom „Fleisch" bestimmt zu werden. Schaut man in die christliche Szene, dann kann man problemlos erkennen, dass er recht hat.

Nach wie vor stehen wir also vor der Frage, wie der Mensch dazu kommt, die Autorität Gottes zu erkennen und für sich gelten zu lassen. Aus der Sicht der römischen Kirche sowie aus der Sicht zahlreicher Protestanten ist dies eine Sache der Entscheidung des Menschen. Der Mensch könne es, wenn er es wolle. Also wird der Mensch aufgefordert: Akzeptiere doch endlich die Autorität der heiligen Schrift! Es steht demzufolge in der Kraft des Menschen, sich selbst bibeltreu zu machen.

Doch dabei bleibt die Bibel ein papierener Papst. Diesen Vorwurf kann ich vielen Darstellungen der Autorität der Heiligen Schrift aus dem bibeltreuen Lager nicht ersparen. Regelmäßig wird betont, dass die Bibel Maßstab für Lehre und Leben sein müsse. So richtig das ist, so falsch ist es in seiner Einseitigkeit. Denn indem nur diese Seite der Autorität der Schrift gelehrt wird, wird es dem sündigen Menschen überlassen, sich bibeltreu zu machen. Dass er das nicht kann, liegt auf der Hand, es sei denn, er produziert eine Bibeltreue nach der Art der Pharisäer und Schriftgelehrten, die Christus verkennt und verachtet.

Die Antwort auf dieses Problem lautet: Die kausative Autorität der Schrift, oder, sagen wir es deutsch: die Wirkmacht der Schrift. Sagt nicht der Hebräerbrief: „Das Wort Gottes ist lebendig und kräftig und schärfer als jedes zweischneidige Schwert und dringt durch, bis es scheidet Seele und Geist, auch Mark und Bein, und ist ein Richter der Gedanken und Sinne des Herzens." Gott sagte schon durch den Propheten Jeremia: „Ist mein Wort nicht wie ein Feuer, spricht der HERR, und wie ein Hammer, der Felsen zerschmeißt?" (Jer 23,29). Das Wort Gottes hat eine Wirkung, und das gilt erst recht für das geschriebene Wort.

Weil die heilige Schrift von Gott, dem Heiligen Geist, ausgesprochen worden ist, ist sie bei aller Menschlichkeit, die wir nicht übersehen dürfen, doch zugleich Gottes Wort. Durch sie wirkt Gott nach seinem Ratschluss. Ich habe in meinem oben erwähnten Aufsatz deutlich gemacht, dass es nicht ein Mangel an Geist und Kraft im Wort ist, wenn das Wort die Menschen nicht zur Umkehr führt, sondern dass es daran liegt, ob Gott es einem Menschen gibt, sein Wort zu verstehen und an ihn zu glauben. Gott wirkt nach seinem Erwählungsratschluss. Martin Luther hat das im Kleinen Katechismus in die Worte gefasst: „Ich glaube, daß ich nicht aus eigener Vernunft noch Kraft an Jesus Christus, meinen Herrn, glauben oder zu ihm kommen kann, sondern der Heilige Geist hat mich durch das Evangelium berufen, mit seinen Gaben erleuchtet und im rechten Glauben geheiligt und erhalten." Er sagt damit ganz im Sinne Jesu: „Es kann niemand zu mir kommen, es sei denn, ihn ziehe der Vater" (Joh 6,44) und „Niemand kann zu mir kommen, es sei ihm denn vom Vater gegeben" (Joh 6,65). Das Gleiche sehen wir auch in der Missionstätigkeit des Apostels Paulus, wo es heißt: „... und alle wurden gläubig, die zum ewigen Leben gestimmt waren" (Apg 13,48).

Gott aber bekehrt den Menschen mit dem Wort, sei es, dass ein Mensch die Bibel liest, oder sei es, dass er eine Predigt hört, in der Gottes Wort verkündigt wird, oder sei es, dass er ein Buch liest, in dem das Evangelium dargestellt wird. Die Kraft des Heiligen Geistes aber ist im biblischen Wort. Luther war davon überzeugt, dass das Wort Gottes – die heilige Schrift – gepredigt werden müsse. Nicht, dass er der Ansicht gewesen wäre, dass die Predigt, der lebendige Vortrag, dem biblischen Wort erst die Kraft gäbe, sondern er sagt: „Desgleichen, wenn du auch nicht zur Predigt gehst, sagt Paulus: Diese Schrift, die du liest, die ein Buchstabe ist, sie gibt doch das Leben, weil sie ein Gemälde ist von jenem Mann. Das sind die allergrößten Wunder: dass sich Gott so tief herablässt und sich in den Buchstaben senkt und sagt: Hier hat der Mensch ein Gemälde von mir. Dem Teufel zum Trotz sollen diese Buchstaben die Kraft haben, dass sie die Menschen erlösen! Also ist die Schrift ein Wahrzeichen, das Gott dahin setzt. Nimmst du sie an, bist du selig…“[1]

Das ist die logische Konsequenz aus der Tatsache, dass die Bibel Gottes ureigenstes Wort ist. Wir beschreiben diesen Sachverhalt in der Lehre von der Theopneustie oder der Inspiration der Schrift. Wenn sie also vom Heiligen Geist ausgesprochen worden ist, dann kommt Gott im Heiligen Geist zu uns in der Gestalt des biblischen Wortes. Dann ist auch Gott mit seiner Kraft im biblischen Wort da – oder soll ich sagen: hier, bei uns, bei Ihnen, wo immer Sie Gottes Wort hören oder lesen. Wer dieses Wort hört oder liest, möchte sich dessen bewusst sein, dass das, was er hört oder liest, Gottes Kraft zur Rettung ist. Wer dieses Wort verkündigt, sollte dies tun in der Gewissheit, dass Gott selbst mit seinem Wort wirkt, so es denn rein verkündigt wird.

Damit möchte ich sagen: Wir müssen die Menschen nicht mit allerlei Tricks veranlassen, Christ zu werden Ein Mensch wird nicht dadurch Christ, dass er sich für Jesus entscheidet, sondern dadurch, dass er zum Glauben an Christus kommt. Christ zu werden liegt nicht an jemandes Wollen oder Laufen, sondern an Gottes Erbarmen, wie die Schrift sagt (Röm 9,16). Läge es jemandes Wollen, dann müsste man alles tun, um dem Menschen willig zu machen. Dann wäre es nötig, dem Evangelium Geschmacksverstärker beizumischen, damit der ungläubige Mensch Appetit bekommt

2. Gesetz und Evangelium

Im zweiten Hauptteil meines Vortrags möchte ich einige praktische Überlegungen anstellen. Auch dieses tue ich unter der Leitfrage: Wie wirkt Gottes Wort? Wie bringt es einen Menschen zum Glauben an Jesus Christus? Ich

---

[1] Eduard Ellwein (Hg.): „D. Martin Luthers Epistel-Auslegung“, Bd. 1: „Der Römerbrief“, Göttingen: Vandenhoeck & Ruprecht, S. 324; vgl. WA 34 II, 487,10-16.

muss hier über zwei inhaltliche Kategorien sprechen, die für die Predigt des Wortes Gottes von grundlegender Bedeutung sind. Es geht dabei um das Gegensatzpaar „Gesetz und Evangelium". Wir müssen uns vor Augen halten, dass Gott auf zweierlei Weise mit uns redet. Im Gesetz sagt er: „Du sollst!" und „Du sollst nicht!" Im Evangelium hingegen stellt er keine Forderungen, sondern verheißt seine Heilsgaben ganz frei und umsonst. Hier sagt er zum Beispiel: „Glaube an den Herrn Jesus Christus, so wirst du und dein Haus selig" (Apg 16,31). Das Evangelium spricht vom Werk Gottes in Jesus Christus und ruft zum Glauben, dass wir in seiner Person und seinem Werk die Gerechtigkeit haben, die vor Gott gilt und allein gelten kann. Man sollte Gesetz und Evangelium nicht miteinander vermischen. Man darf beides aber auch nicht so voneinander scheiden, dass eine positive Beziehung zwischen Gesetz und Evangelium nicht mehr erkennbar ist. Man muss sie, wie die Lutheraner richtig gesagt haben, „unterscheiden".

Wenn ein Mensch zum Glauben an Christus kommen soll, dann muss er verstehen, welche Bedeutung Christus für ihn hat. Er muss erkennen, dass er Jesus Christus braucht. Hier setzt nun die moderne Gemeindebautheologie an und erkundet, was der zeitgenössische Mensch als Problem empfindet, um dann Jesus als die Lösung für seine Probleme zu verkaufen. Braucht er Heilung von inneren Verletzungen, dann ist Jesus der Therapeut. Braucht er eine Verbesserung seiner Gefühlslage, dann ist Jesus der Freudenmeister. Braucht er neue Beziehungen, dann ist Jesus der Makler, der in der Gemeinde die Menschen miteinander in Verbindung bringt. Will er seine Persönlichkeit weiterentwickeln, dann ist Jesus der Coach, der ihm hilft, auf dem Weg der Heiligung dieses Ziel zu erreichen. Ich will nicht verneinen, dass dies alles auch Früchte des Evangeliums sein mögen, aber eben nur Früchte. Sie sind nicht das eigentliche Ziel, das Gott mit der Rettung eines Menschen verfolgt.

Wenn Gott einen Menschen retten will, dann von seinen Sünden und aus der Verlorenheit, die aus der Sünde kommt. Dazu aber ist es nötig, dass ein Mensch seine Bosheit erkennt. Das bringt der Heidelberger Katechismus auf den Punkt mit Frage 3: „Woher erkennst du dein Elend?" Antwort: „Aus dem Gesetz Gottes." Das ist ganz schriftgemäß, denn das Neuen Testaments sagt mehrfach, dass durch das Gesetz Erkenntnis der Sünde kommt (Röm 3,20; 5,20; 7,7; Gal 3,19).

Meistens predigen wir das Gesetz den sogenannten Gläubigen, damit sie nicht über die Stränge schlagen. Das ist an sich nicht verkehrt, denn man muss auch den Christen sagen, dass sie nach dem Willen Gottes leben sollen. Mithin ist Gottes Gesetz die Grundlage der christlichen Ethik. Aber Paulus hat vor Augen, dass das Gesetz besonders dazu dient, Sünde aufzudecken, und sagt: „Wir wissen aber, dass das Gesetz gut ist, wenn es jemand recht gebraucht, weil er weiß, dass dem Gerechten kein Gesetz gegeben ist, sondern den Ungerechten und Ungehorsamen, den Gottlosen und Sündern, den Unheiligen und Ungeistlichen, den Vatermördern und Muttermördern, den Totschlägern, den Unzüchtigen, den Knabenschändern, den Menschenhändlern, den Lügnern, den Meineidigen und wenn noch etwas anderes der heilsamen Lehre zuwider ist" (1.Tim 1,8-10). Paulus sagt ferner: „Die Sünde erkannte ich nicht außer durchs Gesetz. Denn ich wusste nichts von der Begierde, wenn das Gesetz nicht gesagt hätte (2.Mo 20,17): ‚Du sollst nicht begehren!'".

Der Sünder soll erkennen, dass er verloren ist und dass er unter dem Zorn Gottes steht. Er soll auch erkennen, dass er so sehr verloren ist, dass er sich nicht retten kann und dass er bei sich auch keinen Ansatzpunkt finden kann, von dem aus er sich ins Heil stellen könnte. Damit meine ich: Wenn ein Evangelist sagt: „Das Angebot steht, Jesus will dich retten, er ist auch für dich gestorben; aber nun musst du dieses Angebot annehmen; es liegt an deiner Entscheidung", dann steht er der heiligen Schrift entgegen, die in großer Klarheit sagt: „So liegt es nun nicht an jemandes Wollen oder Laufen, sondern an Gottes Erbarmen." Der Mensch ist so kaputt, so tot, dass er sich nicht mit seiner Entscheidung zum Leben hochhieven kann. Er kann seine Willenskräfte nicht instrumentalisieren, um bei Gott etwas zu beschicken. Es ist vielmehr die Aufgabe des Predigers, zur Geltung zu bringen, was Paulus über das Gesetz sagt: „Der Buchstabe tötet" (2.Kor 3,6). Man sollte bei dieser Aussage vor Augen haben, dass Paulus mit dem „Buchstaben" nicht die wörtliche Gestalt der Bibel meint, sondern das mosaische Gesetz..

Der Buchstabe tötet! Damit steht der Prediger vor der undankbaren Aufgabe, dem von sich selbst so überzeugten, hochmütigen und kritikunfähigen modernen Menschen zu zeigen, dass er gesündigt hat und verloren ist. Ich weiß, dass dies eine wirklich schwere Aufgabe ist, weil wir den Menschen den Schmerz, den die niederschmetternde Diagnose des Gesetzes verursacht, ersparen wollen. Wir sprechen lieber von Jesus, von der Erlösung, von der Versöhnung, von den Heilsgaben Gottes. Aber diese Heilsgaben werden wertlos, wenn der Mensch nicht einsieht, wozu er sie braucht. Wir haben vergessen, das Gesetz Gottes zu predigen. Doch wenn wir den Menschen die Vergebung für wirkliche und nicht nur theoretische Sünden vermitteln wollen, dann müssen wir das Leben des Menschen ins Licht des Gesetzes Gottes stellen. Damit treffen wir den Menschen ganz unmittelbar in seiner Existenz. Dazu einige Beispiele:

(1) Unsere Kultur ist eine Todeskultur. Den offiziellen Statistiken zufolge treiben wir in Deutschland jedes Jahr mehr als einhunderttausend Menschen ab, während es in der Schweiz etwa zehntausend sind. EU-weit wurden im Jahre 2008 1,2 Millionen Kinder abgetrieben. Wir haben die Abtreibung legalisiert und der zeitgenössische Mensch meint, sein Selbstbestimmungsrecht auch gegen einen ungeborenen Menschen durchsetzen zu können. Es ist dies eine geistige Vorstellung, ein angemaßtes Recht, das gegen die leibhafte Le-

benswirklichkeit eines Menschen durchgesetzt wird. Damit entschuldigt sich die moderne Frau, und damit entschuldigt die moderne Kultur ihre Tötungspraxis. Ich will noch hinzufügen: Die Kinder im Mutterleib sind Menschen vom Tag der Empfängnis an. Deswegen ist auch die sogenannte „Pille danach“ nicht ein Mittel der Empfängnisverhütung, sondern der Tötung eines bereits gezeugten Menschen. Diese Form der Abtreibung taucht in den Statistiken nicht auf, weil man davon ausgeht, dass erst ein in der Gebärmutter eingenisteter Embryo abgetrieben werden könne. – Wir sehen: Das Gebot Gottes, „Du sollst nicht töten“ trifft zahllose moderne Menschen unmittelbar, auch wenn sie nicht mit der Pistole auf andere schießen.

(2) Der moderne junge Mensch hat nach einer Studie des Fernsehsenders arte im Durchschnitt mit etwa achtzehn Jahren zum ersten Mal Sex. In aller Regel geschieht dies, ohne verheiratet zu sein. Wenn ein Pastor ihm deutlich macht, dass er damit Unzucht getrieben hat, dass er die geschöpfliche Gabe der Sexualität missbraucht hat und deshalb vor Gott schuldig ist, dann trifft er ihn unmittelbar in seiner Existenz.

(3) Es ist ein Volkssport geworden, im Kaufhaus zu stehlen. Jeder Ladenbesitzer weiß ein Klagelied davon zu singen. In der Tat, wer klaut, spart. Sparsamkeit ist doch eine Tugend, eine christliche zumal, und Geiz soll sogar geil sein. Anscheinend gibt es genügend Gründe, zu stehlen. Doch Gottes Gebot sagt in großer Klarheit: Du sollst nicht stehlen! Es ist die Aufgabe des Predigers, dies dem sich durch Diebstahl bereichernden Zeitgenossen deutlich zu machen.

(4) Wir leben in einer Kultur, in der die menschliche Triebhaftigkeit, also das, was die Bibel Begierde nennt, besonders hochgeschätzt wird. Die Achtundsechziger haben gerade diesen Sachverhalt hervorgekehrt und gelehrt, der Mensch sei erst dann richtig Mensch, wenn er seine Triebe frei und verantwortlich ausleben könne. Das ist freilich im Licht der Bibel eine vollkommen falsche Ansicht. Die menschlichen Begierden sind doch, so sehr sie normalen geschöpflichen Bedürfnissen entsprechen, nur zu oft auf eine Befriedigung außerhalb der Schranken der Gebote Gottes gerichtet. Nicht umsonst heißt es im letzten Gebot: „Du sollst nicht begehren!“ Damit zeigt Gott, dass schon die Begierde nach dem, was der Nächste hat, Sünde ist und von ihm trennt.

Es gilt, in der Predigt Gottes Gebote zu verkündigen, um zu zeigen, dass solche Taten Sünden sind und Gott erzürnen. Ebenso gilt es, Gottes Urteil über den Menschen zu verkündigen: Das Verdammungsurteil. Es steht nicht in der Macht des Predigers, den Menschen dazu zu bringen, dass er seine Sünde auch erkennt und eingesteht. Wenn ein Mensch mit dem Anspruch des Gesetzes konfrontiert wird, dann wird er im Normalfall seinem natürlichen Wesen folgen und seine Sünde leugnen oder versuchen, sich zu entschuldigen, etwa indem er argumentiert: „Alle tun’s doch“, oder: „Ich bin nun mal ein Mensch und habe Wünsche und Triebe, warum soll ich die nicht ausleben? Es nicht zu tun, wäre doch widernatürlich." Wenn Gott es aber gibt, dann wird der Betreffende Gott recht geben, seine Sünden eingestehen und bekennen und Christus um Vergebung bitten.

An dieser Stelle müssen wir innehalten und feststellen: Gottes Gesetz, sofern es eine menschliche Tat fordert, hat keine rettende Kraft. Es kann wohl einen Menschen seiner Sünde überführen, aber es kann ihn nicht ins Heil stellen. Es bietet in sich auch kein Motiv, Christus zu suchen, weil es Christus nicht direkt verkündigt. Es weist wohl indirekt auf ihn, als er es erfüllt hat, aber auch das sagt es nicht. Deshalb darf der Prediger nicht bei dem Gesetz stehenbleiben. Wenn er nur Gesetz predigt, nur anklagt und nur ein schlechtes Gewissen macht, dann tut er im Grunde das Werk des Satans, des Verklägers. Dann ist seine Predigt eine Publikumsbeschimpfung, mit der er die Leute verscheucht.

Der Prediger hat das Evangelium zu predigen. Er soll zeigen, dass Gott in seiner Liebe einen Weg gefunden hat, die Menschen trotzdem zu retten. Es ist ja das Evangelium, das einen Menschen motiviert, an Christus zu glauben. Ausdrücklich sagt Paulus, dass das *Evangelium* die Kraft Gottes ist zur Seligkeit, dem der daran glaubt. Man beachte: Das Evangelium selbst *ist* die Kraft Gottes. Es führt die Menschen zur Umkehr, zum Glauben an Christus. Mit ihm kommt der Heilige Geist, der dem betreffenden Menschen Christus zu erkennen gibt. In Gestalt der Erkenntnis Jesu und des Glaubens an ihn hat er den Heiligen Geist. So kann man übrigens erkennen, ob man den Heiligen Geist hat oder nicht: Ob man an Christus glaubt. Dessen aber wird man nicht gewiss, indem man seinen Glauben betrachtet, insofern er subjektive Gläubigkeit ist. Das wäre so, als würde man sich den Puls fühlen um festzustellen, ob man noch lebe. Nein, man weiß, dass man lebt, indem man die Augen auftut, die Welt sieht, mit ihr umgeht. So ist es auch im Glauben. Man muss seine Augen auftun und auf die Zusagen Gottes sehen, und anhand dieser Zusagen sich vergewissern, dass man glaubt.

Die Wirkmacht der Schrift spitzt sich zu in der Aussage, dass das Evangelium, das Wort vom Kreuz, Gottes Kraft zum Heil ist. Logisch, dass der Prediger, der das Evangelium verstanden hat, es gerne und mit Überzeugung verkündigt, weil er weiß: Das Evangelium ist der Wirkstoff, der die Menschen bekehrt, sie zum Glauben führt und sie ins Heil stellt. Deshalb wird der rechte Verkündiger Gottes Wort verkündigen in der Überzeugung, dass Gott mit dem Wort das Herz des Hörers auftut den betreffenden zum Glauben führt. Indem Gott mit dem Wort einen Menschen zur Erkenntnis seiner Sünde führt und indem er ihm Christus vor Augen stellt, indem er ihn erkennen lässt, dass Christus für seine Sünden gestorben ist, auferstanden und zum Himmel aufgefahren ist und in Ewigkeit lebt, indem er ihn auch erkennen lässt, dass Christus stellvertretend für den Christen gehandelt hat, bekehrt Gott den Menschen.

Das gilt auch für den Christen. Wer immer heil werden will, der soll zum Evangelium greifen. Das wirkt! Er soll sich vor Augen führen, was Christus für ihn getan hat. Er kann es in den vier Evangelien lesen und er kann in den Briefen vernehmen, wie das, was Christus getan hat, zu verstehen ist. Er kann im Alten Testament lesen, was Gott getan hat, um das Kommen Jesu Christi vorzubereiten und erfahren, was die Propheten von ihm geweissagt haben. Das hilft ihm, die Person und das Werk Jesu in ihrer Bedeutung recht zu erfassen. Kurz: Er soll hören, was Gott sagt. Dann wird er, wenn Gott es ihm gibt, das Wort verstehen, darauf vertrauen und im Glauben leben.

Nun könnte jemand kommen und sagen: „Mit dem Gesetz und dem Evangelium habe ich das aber anders erlebt! Ich habe zuerst Jesus angenommen und erst im Laufe der Zeit habe ich erkannt, dass ich gesündigt habe und dass Christus für meine Sünden gestorben ist." Dem darf ich entgegnen: Ich habe das auch so erlebt! Aber das lag daran, dass uns Jesus nicht als Versöhner und als stellvertretendes Sühnopfer verkündigt wurde, geschweige denn, dass uns anhand des Gesetzes unsere Verlorenheit vor Augen geführt worden wäre. Uns wurde Jesus als Vermittler großer Freude verkündigt. Vor vierzig und mehr Jahren wurden uns Lieder vorgesungen wie „Ich bin so glücklich, ja so sehr glücklich, denn Jesu Liebe macht das Herz so froh!" Das ist an sich nicht falsch, denn man kann das für den Ausdruck eines schlichten Glaubens halten. Aber indem man uns in Aussicht stellte und wir vom Evangelium erwarteten, dass es „glücklich" mache, ohne den eigentlichen Grund der Freude zu nennen, nämlich das Versöhnungswerk Christi und die Vergebung der Sünden, ging die Evangelisation an dem, was das Evangelium tatsächlich sagt, vorbei. Dass man erst später zur rechten Einsicht in die eigene Sündhaftigkeit und die Bedeutung des Werkes Jesu kommt, rechtfertigt nicht den Verzicht auf die Predigt des Gesetzes.

Damit weise ich noch auf ein weiteres Problem hin: Wenn wir schon von der Selbstmächtigkeit des Wortes Gottes sprechen, dann sollten wir vor Augen haben, dass das Wort auch rein verkündigt wird. Diese Kategorie ist uns schon lange verlorengegangen, denn im Zeitalter des Subjektivismus soll es keine objektiv gültigen Wahrheiten mehr geben, sondern nur noch subjektive Ansichten, die meist begründet werden mit den Worten: „Aber ich habe das so erlebt", so als wäre das subjektive Erleben Maßstab für die Wahrheit. Das gilt auch für die evangelikale Szene. Der eine sagt: „Ich sehe das mit der Rechtfertigung so." Der andere sagt: „Ich sehe das aber anders." Und frei nach Hegel meint man dann, beide hätten ein Stück der Wahrheit und erst beide Positionen zusammen ergäben das Ganze der Wahrheit. Das Bemühen, im gemeinsamen Hören auf die Schrift zu vernehmen, was vor Gott gilt, ist sehr gering.

Schluss

Es war die stete Versuchung der abendländischen Theologie, dem Menschen in seiner Geistigkeit eine gewisse Fähigkeit zuzuschreiben, sich Gott zuzuwenden. Diese Versuchung ergab sich aus den Menschenbild der griechischen Antike, das ja den Geist des Menschen als das höhere, der unsichtbaren Welt zugewandte Element im Menschen sah, während der Leib als das niedere Teil des Menschen angesehen wurde. So gewann auch der Gedanke, dass der Mensch mit seiner Bekehrung oder Entscheidung sein Heil in die eigene Hand nehmen könne, seine Bedeutung. Der Gedanke, das Wort Gottes für einen selbst in Geltung zu setzen, wenn man ihm denn schon die Autorität nicht nehmen kann, ist fraglos der Versuch der Vernunft, sich gegen die Wirkmacht des Wortes Gottes zu behaupten. So rettet sich der aufgeklärte Mensch vor dem gnädigen Ratschluss Gottes, indem er die Gnade an seine Entscheidung und Zustimmung bindet und damit kompromittiert.

Wir bemerken: Die Betonung der Wirkmacht des Wortes Gottes ist nicht zuletzt eine Kritik am Menschenbild der Antike und der Aufklärung. Sie ist auch eine Kritik an all den Beimischungen, die man in der Vergangenheit und Gegenwart dem Evangelium zugefügt hat, um es zu Wirkung zu bringen, sei es die staatliche Gewalt, oder seien es die Geschmacksverstärker, die gegenwärtig zugesetzt werden. Wer dagegen begriffen hat, dass der Mensch in seiner Sünde so tot ist, dass er sich weder ins Heil stellen noch sich selbst bibeltreu machen kann, der muss dankbar sein, dass Gott es in die Hand genommen hat, die Menschen zu bekehren und dass er seine ganze Kraft und Macht in das Wort gelegt hat, das er durch die Apostel und die Propheten geredet hat. Der Prediger, der dies begriffen hat, wird dankbar sein, dass er weder mit seiner Frömmigkeit und seinem Vorbild dem Evangelium Kraft zuführen muss, noch versuchen muss, den subjektiv empfundenen Bedürfnissen seiner Zeitgenossen entsprechend dem Evangelium Geschmacksverstärker beizumischen. Er wird sich darauf konzentrieren, das Evangelium rein zu verkündigen, und das heißt: sich anhand der Schrift vergewissern, dass das, was er sagt, schriftgemäß ist, mithin also die normative Autorität der Schrift reklamieren. Nicht zuletzt wird jeder Christ dankbar sein, dass Gott seine rettende Kraft in das Evangelium gelegt hat und es ihm gegeben hat, sein Wort zu verstehen, dass er ihn mit seinem Wort seiner Sünde überführt und zum Glauben an Christus geführt hat, dass Gott ihm gnädig gewesen ist und noch ist. Er kann gewiss sein: Dieses Wort trägt im Leben und im Sterben, in dieser und in der künftigen Welt.

Benedikt Peters

Fehlerlosigkeit – was sonst?

Wenn wir als bibeltreue Christen von der Irrtumslosigkeit der Bibel sprechen, dann setzen wir das folgende voraus:

- Gott ist der Urheber der Bibel.
- Gott gab den Schreibern der biblischen Bücher das Geschriebene ein.
- Die Heilige Schrift ist darum Gottes Wort und deshalb uneingeschränkt glaubwürdig.

Die Bibel ist Gottes Offenbarung. Sie ist wie Gott heilig und deshalb fehlerlos. Darum besitzt sie göttliche Autorität. So wie wir Gott bedingungslos vertrauen können, vertrauen wir seinem Wort; ja, wir können Gott gar nicht anders glauben und gehorchen, als dadurch, dass wir seinem geschriebenen Wort glauben und gehorchen.

Das ist das Fundament. Aber aus unseren Überzeugungen zur Autorität der Bibel müssen deutliche Früchte im Leben hervorgehen. Das gilt für:

- unser persönliches Glaubensleben,
- unser Leben in der örtlichen Gemeinde,
- unsere Mitarbeit am Missionsbefehl.

Diese drei Bereiche werden unausweichlich von unserer Bibelhaltung geprägt sein. Erst, wenn unsere Bibelhaltung in diesen drei Bereichen sichtbar wird, können wir von uns sagen, wir seien „bibeltreu“; denn Bibeltreue heißt rechter Glaube *und* rechtes Tun. Thomas Watson hat das so ausgedrückt:

> „Danke Gott für die Gabe der Heiligen Schrift. Welche Gnade ist es, daß Gott uns nicht nur seinen Willen kundgetan hat, sondern ihn dazu durch Schrift festgelegt hat. Vor Zeiten offenbarte sich Gott in Gesichten, aber das geschriebene Wort ist befestigter (2.Petr 1,18) und gibt uns größere Gewißheit über Gottes Gedanken. Der Teufel ist der Affe Gottes; er kann sich in einen Engel des Lichts verwandeln und uns mit falschen Offenbarungen verführen… Darum danken wir Gott, daß er sich uns durch das geschriebene Wort offenbart hat. Wir werden nicht im Ungewissen gelassen über die Dinge, die wir wissen müssen und glauben sollen… Die Bibel ist unser Polarstern, der uns den Weg in den Himmel weist; sie zeigt uns jeden Schritt, denn wir gehen müssen; sie weist uns zurecht, wo wir irren, sie unterweist uns, und sie stärkt uns, wo wir auf dem rechten Weg sind.“[1]

---

1 Thomas Watson: „A Body of Divinity. Banner of Truth Trust“, London 1965.

1. Das Zeugnis von der göttlichen Autorität der Bibel

1.1 Das Selbstzeugnis der Bibel

Die Bibel sagt von sich selbst, dass sie Gottes Wort ist. Und weil Gott die Bibel als *sein* Wort gegeben hat, kann sich das Wort selbst beglaubigen. Mehrere hundertmal stehen im Alten Testament Sätze wie: „So spricht der HERR“, oder „Der HERR sprach“. Gott aber kann nicht lügen (1.Sam 15,29; Tit 1,2; Hebr 6,18). Damit sagt die Bibel von sich selbst, dass sie Gottes Wort ist.

> „In verschiedenen Redewendungen sagt das Alte Testament 3808 mal, dass es die ausdrücklichen Worte Gottes übermittelt… Der Pentateuch sagt es mit verschiedenen Ausdrücken 420 mal… Die Propheten erklären in formaler Weise wiederholt, dass ihre geschriebene Botschaft das Wort Gottes sei, indem sie Ausdrücke verwenden wie ‚So spricht der HERR… Hört das Wort des HERRN… der Mund des HERRN hat gesprochen‘. Solche Wendungen kommen vor bei

Jesaja	120 mal
Jeremia	430 mal
Hesekiel	329 mal
Amos	53 mal
Haggai	27 mal (innerhalb von 38 Versen)
Sacharja	53 mal usw.“[2]

1.2 Das Zeugnis Christi über die Schrift

Von den zahlreichen Aussagen von Jesus Christus, die sein Zeugnis für die Autorität der Schrift verdeutlichen, seien hier nur drei hervorgehoben:

> „Die Schrift kann nicht aufgelöst werden“ (Joh 10,35).

> „Dein Wort ist Wahrheit“ (Joh 17,17).

> „Denn wahrlich, ich sage euch: Bis der Himmel und die Erde vergehen, soll auch nicht ein Jota oder ein Strichlein von dem Gesetz vergehen, bis alles geschehen ist“ (Mt 5,18).

1.3 Das Zeugnis der neutestamentlichen Autoren über die Schrift

Paulus sagt zusammenfassend und das wirkliche Wesen der biblischen Schriften charakterisierend: „*Alle Schrift ist von Gott eingegeben*“ (2.Tim 3,16).

---

2 René Pache: „Inspiration und Autorität der Bibel“, Wuppertal: R.Brockhaus, 3.Aufl., S. 74-75.

Als eindrückliches Beispiel dafür, wie die Apostel und ihre Mitarbeiter die Autorität der Heiligen Schrift achteten, sei hier aufgezeigt, wie sie die historische Glaubwürdigkeit der alttestamentlichen Berichte bestätigen. Stephanus ist es selbstverständlich, dass Mose auf dem Berg Sinai von Gott lebendige Aussprüche empfing (Apg 7,38). In seiner Verteidigungsrede in Apg 7,2-50 nimmt er auf folgende alttestamentliche Personen und Ereignisse Bezug, womit er zeigt, dass sie für ihn alle historisch waren:

- die Berufung und das Leben Abrahams
- die Erzväter Isaak und Jakob und dessen Söhne
- Joseph und Israel in Ägypten
- Mose und seine Berufung im brennenden Dornbusch
- die Zeichen und Wunder in Ägypten
- der Durchzug durch das Rote Meer
- Josua und die Eroberung Kanaans

In 1.Kor 10,1-10 bestätigt Paulus die Historizität des Auszugs, der Wüstenwanderung samt den dazugehörigen Geschehnissen:

- die Führung des Volkes durch die Wolkensäule
- der Durchzug durch das Rote Meer
- die Ernährung durch das Manna
- das Wasser aus dem geschlagenen Felsen
- das Gericht durch die von Gott gesandten Schlangen

In Apg 24,14 bekennt Paulus: „*... indem ich allem glaube, was in dem Gesetz und in den Propheten geschrieben steht*“. Man beachte, wie Paulus sich ausdrückt: Er glaubt *allem,* was in den genannten Büchern geschrieben steht, d.h. nicht nur dass das Buch als Ganzes oder einzelne biblische Bücher als ganze, sondern ein jedes Buch auch in allen Einzelheiten vertrauenswürdig ist. Entsprechend bestätigt er in Apg 13,16-41 folgende historische Geschehnisse:

- die Erwählung Israels
- der Auszug und die Gabe des Gesetzes an Mose
- die vierzig Jahre Wüstenwanderung und wunderbare Ernährung
- die Eroberung Kanaans
- die Richter in Israel
- die Sendung des Propheten Samuel und des Königs Saul
- die Sendung Davids
- die Erfüllung der Verheißung eines Nachkommens Davids in der Sendung Jesu

Denn für ihn steht fest: „Alle Schrift ist von Gott eingegeben.“ Man beachte: „Alle Schrift“; gemeint ist damit das gesamte Alte Testament. Und im ganzen

Neuen Testament ist *alles* zu unserer Belehrung geschrieben: „*Denn* ***alles****, was zuvor geschrieben ist, ist zu unserer Belehrung geschrieben, auf dass wir durch das Ausharren und durch die Ermunterung der Schriften die Hoffnung haben*“ (Röm 15,4).

Der Verfasser des Hebräerbriefes bestätigt in Hebr 11 die Glaubwürdigkeit der alttestamentlichen Berichte folgender Geschehnisse und Personen:

- Erschaffung der Welt und Ruhe Gottes
- Abel
- Henoch und seine Entrückung
- Noah und die Arche
- Abraham
- Opferung Isaaks
- Jakob
- Joseph
- Mose und die Stiftshütte
- Aaron und sein Dienst
- der Durchzug durch das Rote Meer
- Josua
- die Eroberung Jerichos und die Errettung Rahabs
- Gideon, Barak, Simson und Jephta
- Daniel in der Löwengrube
- Auferweckung toter Kinder durch Elia und Elisa

Wir können zusammenfassend zur göttlichen Autorität und Glaubwürdigkeit der Heiligen Schrift sagen:

> „Das ganze Neue Testament, Christus, die Apostel, die Urgemeinde, die Verfasser des Neuen Testaments sind einig in ihrer Haltung der Schrift gegenüber. Für sie ist sie Gottes Wort selbst. Sie nehmen sie ohne Bedenken als Autorität an. Als Träger einer neuen Ausrüstung hätten sie – nach modernen Gedanken – sich vom Joch der alten Offenbarung befreien können. Nichts davon geschah. Ihre Auffassung von der biblischen Inspiration deckt sich vollkommen mit der unsrigen: Alle Worte in allen Teilen der Bibel sind eingegeben. Sie machen denselben recht ausgiebigen Gebrauch biblischer Belegstellen wie wir. … Für sie gibt es in der Bibel weder Mythen noch Legenden noch Irrtümern. Nie sprechen sie die leisesten Zweifel aus.“[3]

[3] René Pache: „Inspiration und Autorität der Bibel“, Wuppertal: R.Brockhaus, 3.Aufl. 1985 S. 227.

1.4 Das Zeugnis der Kirchenväter

> „In den ersten Jahrhunderten der Kirche wurde viel und heftig über verschiedene Lehrmeinungen gestritten. Ein Thema wurde dabei allerdings nie berührt: die Autorität und Inspiration der Heiligen Schrift. Bei aller Meinungsverschiedenheit und theologischen Gegnerschaft war man sich darüber einig, daß die Bibel Gottes Wort ist und deshalb göttliche Autorität besitzt. Was die Bibel **lehrte**, war zum Teil umstritten, nicht jedoch, was sie **war**: nämlich die gewisse und verbindliche Offenbarung Gottes. Aus diesem Grund wurde die Lehre von der Heiligen Schrift in den frühen Bekenntnissen auch nicht beschrieben und definiert.“[4]

Nehmen wir als eine Stimme, die für die vielen spricht, Aurelius Augustinus:

> „Die ganze Schrift ist mit dem Finger Gottes geschrieben, das heißt, durch den Heiligen Geist, der die Männer Gottes erfüllte… Wir schöpfen unseren Glauben aus der Heiligen Schrift allein, und diese einzige Quelle dient dazu, ihn zu befestigen“ (De Unitate Ecclesiae, 6).
>
> „An der Irrtumslosigkeit der Schrift zu zweifeln, wäre Sünde“ (Epist. 82,7,3).

1.5 Das Zeugnis der Reformatoren

Die folgenden Zitate zeigen, wie für Luther, Calvin und Bullinger die Heilige Schrift Gottes Wort war, dass dieses Wort sich selbst beglaubigt und keiner menschlichen Beurteilung oder Bestätigung unterstehen kann.

Martin Luther

> „Die Heilige Schrift ist Gottes Wort, geschrieben und in Buchstaben gebildet.“
> „Die Schrift hat noch nie geirret.“
> „Der Heilige Geist spricht kein Wort vergeblich.“
> „Scriptura mentiri non potest – Die Schrift kann nicht Lügen.“[5]

Johannes Calvin

> „Bevor wir weitergehen, muß zunächst noch einiges über die Autorität der Heiligen Schrift eingefügt werden. Diese Feststellungen sollen der Ehrfurcht vor der Schrift dienen und auch jeden Zweifel beseitigen. Ist es einmal anerkannt, daß es sich um Gottes eigenes Wort handelt, so wird

---

[4] Eckhard Schnabel: „Inspiration und Offenbarung. Die Lehre vom Ursprung und Wesen der Bibel“, Wuppertal: R.Brockhaus Verlag, 1997, S. 9.

[5] Zitiert in: Adolf Zahn (Wolf Christian Jeschke Hg.): „Von Gottes Gnade und des Menschen Elend“, Bonn: Verlag für Kultur und Wissenschaft, 2005, S. 224, 227.

keiner so vermessen, ja, geradezu des Menschenverstandes und gar alles menschlichen Sinnes beraubt sein, daß er dem, der da redet, den Glauben weigern möchte… es hat Gott gefallen, allein in der Schrift seine Wahrheit zu stetem Gedächtnis zu erhalten. Deshalb kann die Bibel nur dann den Gläubigen gegenüber volle Autorität erlangen, wenn sie gewiß wissen, daß sie vom Himmel herab zu ihnen kommt, als ob Gottes eigene Stimme hier lebendig vernommen würde“ (Institutio I, 7.1).

Heinrich Bullinger

„Wir glauben und bekennen, daß die kanonischen Schriften der heiligen Propheten und Apostel beider Testamente das wahre Wort Gottes sind, und daß sie aus sich selbst heraus Kraft und Grund genug haben, ohne der Bestätigung durch Menschen zu bedürfen… Wenn also heute dieses Wort Gottes durch rechtmäßig berufene Prediger in der Kirche verkündigt wird, glauben wir, daß Gottes Wort selbst verkündigt und von den Gläubigen vernommen werde.“ (Das Zweite Helvetische Bekenntnis von 1566 unter der Überschrift „Die Heilige Schrift, das wahre Wort Gottes“).

1.6 Das Zeugnis der reformatorischen Kirchen

Die *Westminster Confession of Faith* (1646) ist ein Werk der britischen Puritaner. Zur Autorität der Bibel steht dort u.a.:

„Die Autorität der Heiligen Schrift, derentwegen man ihr glauben und gehorchen soll, beruht nicht auf dem Zeugnis irgendeines Menschen oder irgendeiner Kirche, sondern gänzlich auf Gott (der die Wahrheit selbst ist) als ihrem Autor, und sie ist deswegen anzunehmen, weil sie das Wort Gottes ist“[6]

Das von Baptisten verfasste „*Zweite Londoner Bekenntnis*“ (1677/1689) bekennt:

„Die Heilige Schrift ist der einzig hinreichende, sichere und unfehlbare Maßstab aller rettenden Erkenntnis, allen Glaubens und allen Gehorsams… Die Autorität der Heiligen Schrift… hängt nicht von dem Zeugnis irgendeines Menschen oder einer Kirche ab, sondern nur von Gott, ihrem Autor (der die Wahrheit in Person ist); deshalb soll sie angenommen werden, weil sie das Wort Gottes ist.“[7]

---

6 Philip Schaff (Hg.): „The Creeds of Christendom“, Vol. III. Baker Books, Grand Rapids 1998 (reprint).

7 A.a.O.

Als herausragenden Gelehrten aus dem Pietismus lassen wir Johann Albrecht Bengel (1687-1752) zu Wort kommen:

> „Überhaupt die Heilige Schrift Alten und Neuen Testaments, welche durch alle ihre Teile sehr eng zusammenhängt, hat einen göttlichen Ursprung“
>
> „Was Gottes Propheten sagen, sagt Gott.“
>
> „Was er Johanni dictieret, ist ebenso viel, als ob er es eigenhändig geschrieben hätte. Jesus Christus hat seine Offenbarung Johanni dictieret … Wort zu Wort gleichsam protokollieret“.
>
> „Jedes Wort, vom Geist Gottes ausgegangen, hat eine geistliche Kraft; um so weniger ist es zu bezweifeln, daß alle Buchstaben des Neuen Testaments gezählt seien, wie der Herr von den Haaren auf dem Haupt der Seinen sagt. Auch der kleinste Teil der aus göttlichem Mund hervorgegangenen Rede ist göttlich. Es gibt kein Biegelein in der Heiligen Schrift, das nicht seine Kraft und Bedeutung hätte… So sind die Accente selbst darum kein unnützer Unrat.“[8]

John Wesley schreibt stellvertretend für die im 18. Jahrhundert beginnende Methodistische Erweckungsbewegung am 24. Juli 1776 in sein Tagebuch:

> „Wenn es irgendeinen Fehler in der Bibel gibt, können es auch tausend sein. Wenn es in diesem Buch einen einzigen Irrtum gibt, dann ist es nicht vom Gott der Wahrheit gekommen.“[9]

Ch. H. Spurgeon:

> „Ich glaube, daß es vom Anfang bis zum Schluß keinen einzigen Fehler in den Urschriften der Bibel gibt. Wenn ich nicht an die Fehlerlosigkeit des Buches glaubte, hätte ich lieber keine Bibel.“[10]

1.7 Das Schriftverständnis seit der Aufklärung

Der Ursprung der Bibelkritik, der mit einem methodischen Zweifel an der Autorität der Heiligen Schrift einhergeht, findet sich nicht allein bei diesem oder jenem Theologen, sondern in den geistesgeschichtlichen und philosophischen Vorgaben des Humanismus, des Deismus und der Aufklärung. Es genügt, uns in Erinnerung zu rufen, was den Humanismus ausmacht. In ihm

---

[8] Zitiert bei Schnabel, S. 44-45.

[9] Zitiert bei Schnabel, S. 46.

[10] Charles Haddon Spurgeon, in: The Sword and the Trowel, October 1889.

finden sich schon alle Anlagen zu den bis heute das europäische Denken bestimmenden Anschauungen:

- Anthropozentrismus: der Mensch steht im Mittelpunkt.
- Rationalismus: die menschliche Vernunft ist die letzte Quelle der Erkenntnis; die Vernunft muss die biblische Offenbarung beurteilen. Sie entscheidet, was gültig ist.
- Autonome Ethik: keine übergeordnete Autorität darf mehr die Ethik vorgeben.

Der deutsche Philosoph Immanuel Kant befindet,

> „… daß die Bibel gleich als ob sie eine göttliche Offenbarung wäre, aufbewahrt, moralisch benützt und der Religion als Leitmotiv unterlegt zu werden verdiene“[11]

Die Bibel soll gelesen werden „als ob“ sie Gottes Wort sei. Sie soll erst Autorität haben, wenn der Mensch ihr die Zustimmung gibt. Die Vernunft muss darüber befinden, was an und in der Bibel gut, nützlich und wahr sei.

Hier wurde die Vernunft unendlich überschätzt. Die bloße menschliche Vernunft ohne Gottes Leitung reicht nicht, um sich selbst, die Welt und schon gar nicht den Urheber aller Dinge zu erklären. Darum genügt sie nicht als Führerin, um das Wesen Gottes, seiner Ratschlüsse und seines Wortes zu erfassen und zu deuten, wie sich an folgender Beobachtung zeigt: Der autonomen Vernunft sind fast alle Grundlehren der Bibel und des Christentums anstößig:

- Schöpfung in sechs Tagen
- Sündenfall
- Menschwerdung und Stellvertretung Christi
- Jungfrauengeburt
- leibliche Auferstehung
- leibliche Himmelfahrt
- leibliche Wiederkunft
- ewige Verdammnis
- Ausschließlichkeit der Erlösung in Christus
- Erwählung und Vorherbestimmung zum Heil
- unfreier Wille und doch volle Verantwortung des Menschen

„Der bedeutendste wissenschaftliche Vertreter der theologischen Aufklärung, Johann Salomo Semler (1725-1791), griff die Autorität des biblischen Kanon […] sowie die Identifizierung von Heiliger Schrift und göttlicher Offenbarung

[11] Immanuel Kant: „Der Streit der Fakultäten in drei Abschnitten“, S. 111.

mit historischen Mitteln und dem Kriterium der sittlichen Brauchbarkeit an".[12] Die wissenschaftliche Kritik wird so zur Richterin über Gottes Wort. Die Bibel in ihrem Ganzen gilt nicht mehr als der von Gott gegebene Kanon. Weil man „Gottes Wort" und Bibel als Heiliger Schrift voneinander unterscheidet, muss man im Kanon einen „wahren Kanon" suchen.

Diese Trennung zwischen göttlicher Offenbarung einerseits und der Sammlung der Bücher, die wir „Heilige Schrift" nennen, andererseits bleibt ein tragendes Merkmal des liberalen protestantischen Bibelverständnisses bis in unsere Tage.

Mit dieser Auffassung hat man das Bibelverständnis der Reformation, das im reformatorischen **Sola Scriptura** seinen Ausdruck fand, aufgegeben. Damit hat man auch das reformatorische **Solus Christus** preisgegeben. Ein wenig Sauerteig durchsäuert die ganze Masse (1.Kor 5,6). Das gilt auch hier. Hat man einmal begonnen, an der vollkommenen Inspiration zu zweifeln und hat man diesem Zweifel stattgegeben, verdrängt dieser am Ende Gottes Autorität im Blick auf die Heilige Schrift vollständig. Am Ende ist die Bibel nur noch ein menschliches Dokument. Eckhard Schnabel fasst zusammen, wie der Weltkirchenrat sich 1971 im Bericht von *Louvain* zur „Autorität der Bibel" stellte:

> „Die Bibel wird [...] als eine Sammlung von menschlichen Dokumenten einer zeitlich weit zurückliegenden Epoche bezeichnet, die wie jedes andere literarische Dokument zu studieren und zu interpretieren ist [...]. Die Autorität der Bibel ist keine von vornherein festgelegte [...]. Die Bibel hat nur dann und deshalb Autorität, wenn und insofern sie durch ihr Zeugnis eine Kenntnis Gottes ermöglicht. Sie hat nur eine abgeleitete Autorität. Mit anderen Worten: Die Autorität der Bibel wird nur dann gegenwärtige Realität, wenn sie als Autorität erfahren wird [...]"[13]

Ein solches Vorverständnis der Bibel verbaut dem Leser letztlich den Zugang zur Erkenntnis Gottes und seines Heils.

1.8 Drei Hauptströmungen im 20. Jahrhundert

Was die Auffassung über die Autorität der Bibel betrifft, können wir die drei Strömungen des 20. und 21. Jahrhunderts mit drei „B" betiteln: Bultmann – Barth – Bibelbund.

Rudolf Bultmann: Er und in seinem Gefolge eine ganze Schule von Theologen lehnen jede Vorstellung von einer übernatürlichen Offenbarung und Inspiration ab. Die Heilige Schrift sei ein rein menschliches Produkt. Der Begriff

---

[12] Schnabel, a.a.O. S. 51.

[13] Ebd., a.a.O. S. 78.

„Wort Gottes“ könne nur in einem uneigentlichen, in einem allegorischen Sinn verstanden werden.

Karl Barth: Für ihn und alle weiteren Vertreter der sogenannten „Neoorthodoxie“ hat die Heilige Schrift in gewissen Sinn göttliche Qualität. Sie sei ein Niederschlag von göttlicher Offenbarung. Aber die Bibel könne nicht eigentlich als Wort Gottes gelten und ist damit keine göttliche Offenbarung[14]. Die biblischen Autoren seien inspiriert gewesen, ihre Worte aber nicht. Die Sache, die sie verkündigten, sei wahr; die theologischen und historischen Aussagen über die Sache müssten indes nicht wahr sein[15].

> „Die Menschen, die wir hier als Zeugen reden hören, reden als fehlbare, als irrende Menschen wie wir selber [...] Die Propheten und Apostel waren auch als solche, auch in ihrem Amt, auch in ihrer Funktion als Zeugen, auch im Akt der Niederschrift ihres Zeugnisses wirkliche, geschichtliche und also in ihrem Tun sündige und ihn ihrem gesprochenen und geschriebenen Wort irrtumsfähige und tatsächlich irrende Menschen, wie wir alle“.[16]

Bibelbund: Der Bibelbund, der 1894 gegründet wurde, verstand sich immer als eine Stimme all jener Christen, Bibellehrer, Verkündiger und Theologen, die an die Verbalinspiration und an die volle Inspiration der ganzen Heiligen Schrift glauben. Die Bibel ist als Ganze Gottes Wort. Die Heilige Schrift selbst ist Gottes Offenbarung.

Das reformatorische **Sola Scriptura**, auf das sich die Gründer des Bibelbunds von Anfang an beriefen, will sagen, dass die Bibel allein genügt. ***Wenn die Bibel allein genügen soll, dann muss sie vollkommen, vollständig und irrtumslos sein.*** Wäre sie das nicht, könnte man sich nicht auf alles, was sie sagt, verlassen und man könnte sich nicht ausschließlich auf sie selbst verlassen.

Es gibt aber auch kein **Solus Christus** ohne **Sola Scriptura,** denn der einzige Christus, den wir kennen, ist der Christus der Schrift (Joh 5,39), so wie die alttestamentlichen Propheten ihn weissagten (Joh 1,45; Röm 1,2), so wie die Augenzeugen, die der Herr dazu erwählt hatte, ihn verkündigten (Hebr 2,3; 13,7) durch das gepredigte und im Neuen Testament schriftlich fixierte Wort (1.Petr 1,11.12).

Es gibt auch kein **Sola fide** ohne **Sola scriptura,** denn worauf soll der Glaube gerichtet sein, wenn nicht auf den Glaubensinhalt, der durch das Bibelwort klar bestimmt ist (siehe Röm 10,17)?

---

[14] Karl Barth, Kirchliche Dogmatik, I, 2, S. 561f.

[15] Ebd., S. 565.

[16] Ebd., S. 562, 587.

„Luther zog aus der Inspiration und der sich daraus ergebenden Unfehlbarkeit und Klarheit der Heiligen Schrift, die zu seiner Zeit selbstverständliche Voraussetzungen der Theologie waren, die letzte Konsequenz: Es gibt keine andere Autorität neben der Autorität des Wortes Gottes – **sola scriptura**. Schon in der Leipziger Disputation (1519) hat Luther dies Eck gegenüber klargemacht und festgehalten. Das 'allein durch den Glauben' ist gebunden an das 'allein durch die Schrift'."[17]

„In meinem Herzen herrscht allein dieser Artikel, nämlich der Glaube an Christum, aus welchem, durch welchen und zu welchem alle meine theologischen Gedanken fließen und zurückfließen"[18].

2. Sieben Eigenschaften der Heiligen Schrift

2.1 Die Schrift besitzt Autorität Jer 2,2

Weil die Bibel Gottes Wort ist, hat sie Autorität in sich selbst. Sie bedarf keiner Autorisierung durch irgendeine menschliche Instanz. Weil die Bibel Gottes Wort ist, ist sie für das Volk Gottes die alleinige Autorität. „So spricht der HERR" ist die Formel, die Gottes Propheten vor ihre Aussprüche stellten. „Es steht geschrieben" ist die Formel, die die Apostel gebrauchen, um eben damit auszudrücken, dass allein das geschriebene Wort in den Fragen des Heils, des Glaubens und des christlichen Wandels normativ ist. Wenn wir das Bekenntnis *Sola Scriptura* ernstnehmen, stellen wir uns als Christen beständig dieser Autorität. Wir müssen bereit sein, uns von Gottes Wort überführen, zurechtweisen und unterweisen zu lassen (2.Tim 3,16). Nur dann werden wir *„zu jedem guten Werk völlig geschickt"* sein und als gläubige Gemeinde allen in 2.Tim 3 beschriebenen Herausforderungen gewachsen sein.

2.2 Die Schrift ist vollkommen und irrtumslos Ps 12,7

„Wir bekennen, dass die Schrift als Ganzes und in allen ihren Teilen, bis in die einzelnen Wörter der Originalhandschriften, von Gott inspiriert wurde. Wir verwerfen die Ansicht, dass die Inspiration der Schrift mit Recht auf ihr Ganzes, nicht aber auf ihre Teile, oder auf einige ihrer Teile, nicht aber auf ihr Ganzes bezogen werden könnte" (Chicago-Erklärung, Artikel VI)[19]

[17] Schnabel, S. 19-20.

[18] Martin Luther, Vorrede zum Galaterbriefkommentar, WA 40 I, S. 33.

[19] Bibelbund-Verlag (Hg.): „Die Chicago-Erklärung zur Irrtumslosigkeit der Bibel", Hammerbrücke: Bibelbund-Verlag, 2003.

Sie ist so vollkommen wie Gott selbst. Denn sie ist sein Wort. Darum liebe ich, als Christ, sein Wort (Ps 119,97). Darum äußert sich meine Liebe zu Gott im Gehorsam gegenüber seinem geschriebenen Wort (5.Mo 6,5.6). Meine Gottesfurcht misst sich an meiner Ehrfurcht vor der Bibel, Gottes Wort. Lieben wir Gott nicht, ist alles was wir tun nichtig (1.Kor 13,1-3). Fürchten wir Gott nicht, werden wir nie weise (Spr 1,7).

Nur wenn sie irrtumslos ist, kann die Heilige Schrift die Autorität besitzen, die wir unter 2.1 behauptet haben. Daher können wir am *Sola Scriptura* nur so lange festhalten, als wir an die Irrtumslosigkeit der Schrift glauben.

7 Gründe für die Irrtumslosigkeit der Bibel

- Gottes Charakter verlangt die Irrtumslosigkeit Seines Wortes.
- Der Charakter des Menschen verlangt eine irrtumslose und unfehlbare Offenbarung.
- Das Selbstzeugnis der Schrift fordert ihre Irrtumslosigkeit.
- Das Zeugnis des Herrn Jesus verlangt die Irrtumslosigkeit der Schrift.
- Wenn *ein* Fehler in der Bibel möglich ist, dann sind unzählige Fehler möglich.
- Nur eine irrtumslose Bibel kann verbindliche und alleinige Autorität in allen Fragen des Glaubens, des Heils und des christlichen Wandels haben.
- Der historische Glaube der christlichen Kirche bestätigt die Irrtumslosigkeit der Bibel.

Was Irrtumslosigkeit nicht bedeutet

- Wenn wir von Irrtumslosigkeit reden, behaupten wir keine moderne technische Präzision; d.h. wir akzeptieren abgerundete Zahlen und zusammenfassende historische Angaben.
- Wir behaupten nicht, dass die Bibel eine fehlerfreie Grammatik oder Syntax nach einheitlichen Regeln benötigt.
- Wir rechnen damit, dass Aussagen über die Schöpfung aus dem Gesichtspunkt des Beobachters gemacht werden: Zum Beispiel: „Die Sonne geht auf und unter“ (Ps 19,5-7).
- Wir sehen das Vorhandensein dichterischer Vergleiche und Metaphern wie „die Säulen der Erde“ (1.Sam 2,8) und literarischer Stilfiguren wie die Hyperbel (Mt 2,3; 3,5; 11,23; 2.Kor 11,8; Gal 4,15)
- Wir akzeptieren, dass an verschiedenen Stelle eine thematische Ordnung einer chronologischen Ordnung des Stoffes vorgezogen wurde (siehe die Unterschiede zwischen 1.Mo 1 und 2; zwischen den Evangelien) und eine Selektion aus der Menge des bekannten Stoffes vorgenommen wurde (Joh 20,31; 21,25).

- Alttestamentliche Zitate müssen nicht wörtlich wiedergegeben werden. Die Art, Zitate anzuführen, muss nicht den modernen wissenschaftlichen Gepflogenheiten genügen. So könnte der Name „David“ für den ganzen Psalter stehen (Hebr 4,7; Ps 95,7) oder „Jeremia“ für alle Bücher der Propheten (Mt 27,9).

Diese Erklärungen schränken die Irrtumslosigkeit der Bibel keineswegs ein, sondern sind notwendige Klarstellungen dafür, was man unter Irrtumslosigkeit verstehen soll.

Der Glaube an eine „eingeschränkte Irrtumslosigkeit“ ist unmöglich

Manche Evangelikale meinen, die Irrtumslosigkeit der Heiligen Schrift sei nicht mehr zu halten. Sie wollen die Irrtumslosigkeit oder Zuverlässigkeit beschränken auf die Aussagen der Schrift, die das Heil und die Sittlichkeit betreffen. Dagegen ist folgendes einzuwenden:

- Es gibt keinen objektiven Maßstab, nach dem wir entscheiden könnten, welche Teile der Bibel unfehlbar und welche fehlbar sind.
- Es gibt keine Autorität, die festlegt, wie weit wir gehen dürfen, wenn wir mögliche Irrtümer annehmen wollen. Wer sorgt dafür, dass „eingeschränkte Irrtumslosigkeit“ nicht zu uneingeschränkter Fehlerhaftigkeit wird?
- Wenn es keine über uns stehende Autorität gibt, muss der Ausleger sich selbst zur Autorität machen, die über die Bibel befindet. Das ist das Ende jedes Glaubensgehorsams.

2.3 Die Schrift ist vollständig

Sie genügt. In ihr steht alles, was der Sünder wissen muss, um selig zu werden und gottselig zu leben.

Weil die Schrift vollständig ist, können wir mit den Reformatoren sagen *Sola Scriptura.* Und nur weil die Schrift vollständig ist, können wir die Bibel durch die Bibel auslegen: *Scriptura sacra sui ipsius interpres – Die heilige Schrift legt sich selbst aus.*

Die Bibel ist vollständig: Darum konnten die Apostel das Alte Testament zitieren, um das Evangelium zu erklären; mit der Bibel konnten sie die Identität Jesu, des Messias, belegen (Apg 17,1-3); mit der Bibel konnten sie die Lehre der Rechtfertigung durch den Glauben (Römerbrief) und der Erlösung durch das Opfer Jesu Christi (Hebräerbrief) erläutern und beglaubigen.

Die Bibel ist vollständig: Sie sagt mir alles, was ich wissen muss, um selig zu werden und als Christ zu leben: 2.Tim 3,15-17

Die Bibel ist vollständig: Sie sagt alles, was wir als Christen über Struktur, Funktionieren und Aufgaben der örtlichen Gemeinde wissen müssen.

Die Bibel ist vollständig: Wenn ich wissen will, wie ich als Christ mein Eheleben führen soll; wie ich mich als Staatsbürger oder als Angestellter verhalten soll; was die Gemeinde ist; wie die Gemeinde geführt wird; was Mission ist usw., dann muss ich die Bibel daraufhin befragen.

Die Bibel ist vollständig: Sie rüstet mich vollkommen aus für alle Herausforderungen, die auf mich persönlich und auf die Gemeinde des Herrn als ganze zukommen (2.Tim 3). Ich brauche keine Traditionen; ich brauche keine außerbiblischen Quellen der Belehrung; ich brauche auch keine besonderen Erfahrungen oder privaten Erleuchtungen, keine Handauflegungen und Ekstasen. Was ich brauche, ist die Schrift. Aber ich muss sie kennen; ich muss sie studieren; ich muss über sie nachdenken; ich muss ihr gehorchen. Sie muss mir zur Nahrung und zum Licht, zum Stab und zur Waffe, zum Fundament und Kompass werden. Darum sollte ich die ganze Bibel lesen, nicht nur besondere Abschnitte oder Lieblingsbücher, wie manche Adventisten, bei denen man den Eindruck bekommt, die Bibel enthielte nur zwei Bücher, nämlich den Propheten Daniel und das Buch der Offenbarung; oder wie gewisse Pfingstler oder die Charismatiker, die anscheinend auch nur von zwei Büchern der Bibel wissen, von der Apostelgeschichte und dem 1. Korintherbrief.

Nein, wir brauchen die ganze Bibel mit all ihren Teilen. Wir brauchen die Lehren der Geschichte Israels; wir brauchen die Innigkeit der Psalmen so gut wie die Donnerkeile der Propheten; wir brauchen die Beschreibung des Lebens unseres Herrn Jesus. Wir brauchen die Abhandlungen des Apostels Paulus, ebenso wie die Rügen des Jakobus und die Ermunterungen und Ermahnungen des Johannes. Wenn wir täglich und fortlaufend in der Bibel lesen, werden wir nicht einseitig werden. Gottes Heiligkeit und Gottes Liebe, beide werden vor unseren Augen immer größer. Gottes Souveränität und die Verantwortung des Menschen, beide bekommen wachsendes Gewicht; Gemeindebau und Mission; persönliche Frömmigkeit und gute Werke ebenso.

2.4 Die Schrift ist harmonisch und einheitlich

Die Heilige Schrift bildet ein geschlossenes, übereinstimmendes Ganzes. Das muss so sein, da sie von *einem* Geist eingegeben ist. Alle ihre Schreiber wurden vom gleichen Geist gelehrt, erleuchtet, getragen und getrieben (1.Kor 2,9-13; 2.Petr 1,20). Das ist für die persönliche Bibellese äußerst wichtig. Diese Tatsache lehrt mich, Gottes Wort in all seinen Aussagen zu vertrauen. Sie lehrt mich zu glauben, dass Gott genauso heilig ist und daher den Sünder, der nicht umkehrt, der ewigen Pein übergibt, wie auch, dass Gott Liebe ist und nie aufhört Liebe zu sein. Dass ich das nicht miteinander in Einklang bringen kann, bedeutet nicht, dass Gottes Liebe und Gottes Heiligkeit sich widersprechen, sondern dass mein Verstand nicht reicht, beides gleichzeitig zu denken.

Das Wissen um die Harmonie aller biblischen Aussagen lehrt mich zu glauben, dass Gott souverän zum Heil erwählt, und zwar ganz einfach, weil Gott es mir so sagt. Es lehrt mich auch zu glauben, dass jeder Mensch verantwortlich ist, Buße zu tun und an das Evangelium zu glauben. Auch das glaube ich, weil Gottes Wort es so deutlich sagt. Es lehrt mich anzunehmen, dass die Errettung ganz aus Gnade ohne den geringsten Beitrag des Erretteten geschieht und dass die Verdammnis ganz vom Menschen verschuldet und veranlasst ist. Dass ich diese beiden Wahrheiten nicht logisch miteinander aussöhnen kann, beweist nicht, dass die Bibel widersprüchlich ist oder dass sie verschiedene Theologien und Denkschulen enthält; nein, das zeigt mir nur, dass ich in meinem Verstehen als Geschöpf und erst recht als in Sünde Geborener sehr begrenzt bin, dass der Mangel bei mir ist, nicht bei Gott und seinem Wort.

2.5 Die Schrift ist deutlich und klar Ps 119,105

Dass die Schrift deutlich und klar und darum von jedem Hörer oder Leser verstanden werden kann, wird in der Bibel selbst vorausgesetzt. Gott gab in seinem Volk den Eltern den Befehl, in der Familie die Wahrheiten und die Gebote der Schrift zu lehren (5.Mo 6,6.7). Der Befehl ist nur sinnvoll, wenn erstens die Eltern die Schrift verstehen und entsprechend lehren können, und wenn zweitens die Kinder das Gelehrte verstehen und aufnehmen können. In Ps 1,2 wird jeglicher Mann glückselig genannt, der Tag und Nacht über das Wort Gottes sinnt. Man muss nicht Theologe, man muss nicht Priester sein, um die Schrift zu verstehen. Der Sohn Gottes verwies seine Zuhörer immer wieder auf die Schrift (Mt 6,21.38 etc; Lk 10,26; 12,3-5; 19,4; 22,31; Joh 3,10; 6,45). Paulus schreibt seine Briefe „allen Geliebten Gottes" (Röm 1,7), allen „Geheiligten in Christus Jesus", „allen, die den Namen des Herrn Jesus Christus anrufen" (1.Kor 1,1.2), nicht nur den Vorstehern oder den Lehrern der Gemeinde. Er rechnet damit, dass alle Gläubigen seine Briefe verstehen.

Weil die Schrift ohne menschliche Vermittlung – durch die Kirche, durch Priester, durch Gelehrte – dem Glaubenden verstehbar ist, genügt die Schrift. Ohne die *perspicuitas* und *claritas scripturae* – die Deutlichkeit und Klarheit der Schrift – können wir am *Sola Scriptura* nicht festhalten. Wir wären dann auf Helfer und Mittler angewiesen, die uns erst den rechten Sinn der Schrift verständlich machen könnten, müssten also statt *Sola Scriptura* sagen: Scriptura plus das Lehramt der Kirche. Eben dagegen mussten die Reformatoren ankämpfen. Erasmus hatte in seiner Schrift vom freien Willen vorgebracht, die Bibel sei zu dunkel, als dass man aus ihr Gewisses erfahren könne zur Streitfrage vom freien oder unfreien Willen. Darauf antwortete Luther:

> „Dass aber in der Heiligen Schrift etliche Dinge sollten verworren sein und nicht alles deutlich und klar, das haben wohl die gottlosen Sophisten also in die Welt ausgeschrieen, deren Wort du auch brauchest, Erasme;

> aber sie haben noch nicht einen einzigen (Bibel)Spruch aufgebracht, können auch nichts aufbringen, damit sie ihren erdichteten tollen Wahn beweiseten. Es hat der Satan durch solch fratzenhaftes Gaukelspiel die Leute die Bibel zu lesen abschrecken wollen und die Heilige Schrift verächtlich machen, damit er seinen wüsten Greuel durch die Philosophie in die Kirche einführe“ (Vom unfreien Willen).

Wäre die Schrift nicht deutlich und klar, hätten wir keine Antworten auf den Agnostizismus in all seinen Schattierungen, besonders auch den frommen (den Erasmus vorschützte). Zu oft und zu leichtfertig drücken wir uns davor, ernsthaft um ein gründliches Verständnis von umstrittenen Lehren zu ringen. Es ist bequemer, die verschiedenen Ansichten über das Wesen und Werk des Heiligen Geistes „stehen zu lassen“ unter dem Verweis, all unser Erkennen sei nur Stückwerk. Das gleiche kann gesagt werden vom wachsenden Widerwillen vieler Christen und Gemeinden, auch über so fundamentale Lehren wie das Inspirationsverständnis der Bibel, die Rechtfertigung durch den Glauben etc. nachzudenken, um zu festen und biblisch begründeten Positionen zu kommen.

Dass die Schrift klar ist, heißt nicht, sie sei immer leicht zu verstehen. Manches ist schwierig zu verstehen (siehe 2.Petr 3,16), aber nicht unverstehbar, weshalb Petrus sagt, dass die *Unbefestigten* sie eigenhändig verdrehen zu ihrem eigenen Verderben. Zur Erklärung schwieriger Stellen gilt das unter 2.3 schon genannte *Scriptura sacra sui ipsius interpres* (die Heilige Schrift legt sich selbst aus). Es braucht allemal Geduld, Fleiß und Vertrauen, welche Gott aber nie unbelohnt lassen wird. Wer eifrig sucht, bittet und anklopft, dem wird der Heilige Geist immer wieder die Schrift auftun (siehe auch 1.Joh 2,27).

2.6 Die Schrift ist wirksam Hebr 4,12

Die Schrift ist wirksam, weil sie Gottes Wort ist (Hebr 4,12). Sie führt aus, wozu Gott sie uns gesandt hat (Jes 55,11): Sie weckt Glauben (Röm 10,17), und sie wirkt fortwährend in dem, der sie im Glauben aufnimmt (1.Thess 2,13). Sie überführt (Joh 16,8), sie bringt zurecht, sie befestigt und sie rüstet aus (2.Tim 3,16-17); sie nährt (Jer 15,16; 1.Tim 4,6), sie leitet durch ihr Licht (Ps 119,105), sie erleuchtet (Ps 119,130), sie heiligt (Ps 17,4; Joh 17,17). Das soll mich ermuntern. Gottes Wort wird nicht ohne Wirkung auf mich bleiben, wenn ich es glaubend lese. Gottes Wort wird nicht ohne Wirkung auf die Hörer bleiben, wenn ich es im Glauben lehre und predige.

2.7 Die Schrift ist abgeschlossen Offb 22,18

Der Kanon ist nicht offen. Gott hat immer wieder zu verstehen gegeben, dass kein Mensch etwas zu seinen offenbarten Worten hinzutun oder von seinen Worten wegnehmen darf (5.Mo 4,2; Spr 30,6). In Verbindung mit der Menschwerdung des Sohnes Gottes sollte Gottes Heil vollendet und seine

Offenbarung abgeschlossen werden: Hebr 1,1; Kol 1,25; Jud 4; Offb 22,18.19. Besonders zu beachten ist die letztgenannte Stelle, denn mit ihr ist der Kanon der Schrift versiegelt. Ernst Wilhelm Hengstenberg schreibt dazu:

> „Der natürliche Mensch muß, wie in der Schrift überhaupt, so ganz besonders in [dem Buch] der Offenbarung vieles *nicht* finden, was er will, ebenso vieles *finden,* was er nicht will ... Es ist nicht zufällig, daß dieselbe Warnung gegen den Schluß des *ersten* (nämlich des Pentateuch, B.P.) und gegen Schluß des *letzten* Buches des Kanons (nämlich der Apokalypse, B.P.) vorkommt, dessen Verfasser klar erkannte, daß er die Aufgabe hatte, den Kanon abzuschließen, ... Die in dem ersten und dem letzten Buche ausgesprochene Warnung gilt der Sache nach auch für Alles, was zwischen beiden [Büchern] liegt."[20]

Wäre die Schrift nicht abgeschlossen, könnte ich nicht sagen, sie sei vollständig (siehe 2.3); wäre sie nicht abgeschlossen, könnte ich die Bibel nicht mit der Bibel auslegen und über das Erkannte Gewissheit und Zuversicht haben; denn es wäre ja denkbar, dass noch eine göttliche Offenbarung alles bisher Erkannte in ein ganz neues Licht stellte.

3. Die Preisgabe des Offenbarungsglaubens und die Endzeit

Der Mensch unserer Tage hat sich selbst zur Mitte seiner Welt gemacht, zum Schiedsrichter über gut und böse. Er hat den Platz eingenommen, der allein Gott zusteht. Die prophetischen Aussagen des Herrn und seiner Apostel lehren uns, dass genau das am Ende der Zeit geschehen wird. Die Religion des Antichristen ist die Anbetung des Menschen:

> „Lasst euch von niemand auf irgend eine Weise verführen, denn dieser Tag kommt nicht, es sei denn, dass zuerst der Abfall komme und offenbart worden sei der Mensch der Sünde, der Sohn des Verderbens, welcher widersteht und sich selbst erhöht über alles, was Gott heißt oder ein Gegenstand der Verehrung ist, so dass er sich in den Tempel Gottes setzt und sich selbst darstellt, dass er Gott sei" (2.Thess 2,3-4).
>
> „Und sie beteten den Drachen an, weil er dem Tiere die Gewalt gab, und sie beteten das Tier an und sagten: Wer ist dem Tiere gleich? Und wer vermag mit ihm zu kämpfen?" (Offb 13,4).

Weil der Mensch mit seinen Wünschen und Projekten zur Hauptsache geworden ist, muss dem Menschen übergeordnete, normative, und das heißt: göttli-

---

[20] Ernst Wilherm Hengstenberg: „Die Offenbarung des heiligen Johannes", 2. Band, 2. Abtheilung, Berlin: Verlag von Ludwig Oehmigke, 1851, S. 77-80.

che Wahrheit zurücktreten. Erst die Bibelkritik ermöglichte in den Ländern der alten Christenheit die endzeitliche Religionsvermischung, die ja nichts anderes ist als eine religiöse Form der Verabsolutierung des Menschen.

Die heutige Religionswissenschaft, Anthropologie und Soziologie hält alles Wissen nur noch für kultur- und gesellschaftsbezogen. Dass es absolute und für alle verbindliche Wahrheiten geben sollte, wird von vornherein ausgeschlossen.

Nicht nur in den Fragen der Erkenntnis und des Erkennens, sondern auch in den Fragen der Ethik setzt der Mensch allein das Maß. Die ganze Sittlichkeit der Moderne und der Postmoderne beruht auf Selbstgesetzgebung des menschlichen Willens. Selbstverwirklichung muss sein, Selbstverleugnung kommt nicht in Frage. Das hat auch auf die christliche Gemeinde abgefärbt. Sie ist je länger je weniger christozentrisch, sie stellt je länger je mehr den Christen in den Mittelpunkt. Sein subjektives Erkennen, Empfinden und Ergehen ist auch dem Christen wichtiger geworden als die objektiven Wahrheiten und Wirklichkeiten des Heils, des Himmels und des Reiches Gottes.

Damit wir als christliche Gemeinde ins Lot kommen, müssen wir zurück zur Schrift und damit zum Glaubensgehorsam. Um nicht umgestoßen und weggerissen zu werden (2.Petr 3,17), müssen wir an der Inspiration und an der Autorität der Heiligen Schrift festhalten und uns dieser Autorität im täglichen Leben bedingungslos beugen. Dazu gebe Gott uns Gnade.

Thomas Jeising

Widersprüche in der Bibel!?

Einleitung: Widersprüche in der Bibel sind eine unbestreitbare Tatsache

Jeder aufmerksame Leser wird Widersprüche in der Bibel finden. Ich war mit 13½ Jahren zum Glauben an Jesus Christus gekommen und habe gleich angefangen, in der Bibel zu lesen. Es war die einzige Bibel, die ich in unserem Haushalt finden konnte, die Traubibel meiner Eltern, die ungelesen zwischen einigen Romanen stand. Ich lernte die alte Frakturschrift der Luther 1912 flüssig zu lesen und war bis 1.Chr 21 gekommen, als ich in Vers 1 las: „Und der Satan stand wieder Israel und reizte David, dass er Israel zählen ließe." Hatte ich nicht im Zweiten Buch Samuel etwas anderes gelesen? Ich fand die Stelle in Kapitel 24: „Und der Zorn des Herrn ergrimmte abermals wieder Israel, und er reizte David wider sie, dass er sprach: Gehe hin, zähle Israel und Juda!" Das war offensichtlich ein Widerspruch, und ich konnte nicht einfach darüber hinweg lesen. Ich hatte zwar nie etwas vom Bibelbund gehört und auch hatte mich niemand über die Irrtumslosigkeit der Heiligen Schrift aufgeklärt, aber der Wahrheitsanspruch der Bibel war mir auch so beim Lesen deutlich geworden. Und zu diesem Wahrheitsanspruch gehörte für mich selbstverständlich, dass es nicht normal ist, dass auf Seite 346 Gott selber David dazu brachte, das Volk zu zählen, und 100 Seiten später ist es der Satan gewesen. Gott und Satan das ist schon ein ziemlicher Unterschied. Die Widersprüche in den Romanen, die rechts und links neben der Bibel im Regal meiner Eltern gestanden hatten, interessierten mich nicht. Aber dieser innerbiblische ließ mich nicht los. So besprach ich mich mit meinem Freund und wir ackerten das Verhältnis zwischen Gott und Satan, wie es die Bibel beschreibt, so gründlich durch, dass wir zu einer befriedigenden Antwort kamen, die auch heute noch für mich Gültigkeit besitzt.

Wir fanden nämlich heraus: Bei diesem Widerspruch handelt es sich nicht um einen formalen Irrtum. Der wäre dann gegeben gewesen, wenn sich der Autor der Samuelbücher oder der Autor der Chronika über die Tatsachen geirrt oder versehentlich das Falsche aufgeschrieben hätte und weil sich nun einer geirrt hat, haben wir den Widerspruch. Wir fanden aber auch keinen Widerspruch der Art, dass der Autor der Chronika den Autor von Samuel korrigieren wollte. „Du hast dich geirrt und ich widerspreche dir hiermit"! Der Widerspruch war eindeutig in Gottes wunderbaren Wesen begründet, seiner überragenden Gottheit und dass der Satan kein echter Gegenspieler Gottes ist, sondern in gewisser Hinsicht auch mit seinen bösen Absichten Gott dienen muss.

Auch die Chicago-Erklärung zur Irrtumslosigkeit der Bibel behandelt das Thema Widersprüche:

Artikel XIV

> Wir bekennen die Einheit und innere Übereinstimmung der Bibel.
>
> Wir verwerfen die Auffassung, dass angebliche Fehler und Widersprüche, die bis jetzt noch nicht gelöst worden sind, den Wahrheitsanspruch der Bibel hinfällig machen.

Die Chicago Erklärung behauptet nicht einfach, es gebe keine Widersprüche, sondern sie bekennt zuerst positiv die Einheit und innere Übereinstimmung der Bibel, die für ihren Wahrheitsanspruch wesentlich ist. Wenn es um die Offenbarung Gottes geht und das rettende Evangelium, dann kommt es darauf an, dass nicht das eine Buch der Bibel einen Weg zur Rettung aufzeigt und das andere einen anderen und beide sagen, es sei der einzige. Und selbst wenn man feststellte, dass bestimmte Arten von Widersprüchen die rettende Botschaft nur am Rande berührten, so wäre doch die Glaubwürdigkeit der ganzen Bibel betroffen.

Es können aber sehr wohl „Widersprüche, die bis jetzt noch nicht gelöst worden sind" vorhanden sein, jedoch machen Sie den „Wahrheitsanspruch der Bibel" nicht „hinfällig". Damit weist die Chicago-Erklärung auf zwei Haltungen hin, wie man mit Widersprüchen in der Bibel umgehen kann.

Weil ein Widerspruch, der in einem formalen Irrtum begründet ist, grundsätzlich nicht zum Wahrheitsanspruch der Bibel passt, wird man versuchen, jeden gefundenen Widerspruch zu klären und wenn möglich aufzulösen. Ist das aber nicht möglich, dann biegt man die Bibelverse nicht willkürlich hin und her oder entwirft fantastische Erklärungsmuster, sondern man lässt den Widerspruch stehen[1] und macht sich über das Verhältnis zwischen dem gefundenen Widerspruch und dem Wahrheitsanspruch der Bibel Gedanken. Wenn nämlich der nicht – oder noch nicht – lösbare Widerspruch den Wahrheitsanspruch der Bibel – wie die Chicago Erklärung sagt – nicht hinfällig macht, dann kann er für uns doch einen anderen Sinn haben.

Dieser Ansatz ist ausgesprochen klug und darum will ich mich in den folgenden Überlegungen auch davon leiten lassen.

---

[1] Ich nenne zum Beispiel die Artikel von Richard Schultz, „Die sogenannten Widersprüche im Alten Testament", in: Bibel und Gemeinde 4/1999 und 1/2000. Abgedruckt auch in: Die Unfehlbarkeit und Irrtumslosigkeit der Bibel, Nürnberg: VTR, 2001, S. 101-126. Auch der Beitrag von Wolfgang Nestvogel gibt gute Hinweise. „Widerspruch? Einspruch! Vom Umgang mit sogenannten Widersprüchen in der Bibel", Bibel und Gemeinde 2/2003, S. 21-37.

Wir wollen uns deswegen im Folgenden sowohl mit der Art von Widersprüchen in der Bibel und ihrem Zustandekommen beschäftigen, als auch fragen, welchen positiven Sinn es für uns haben kann, dass es diese Widersprüche gibt. Wir wollen also wissen, was wir daraus lernen, wenn wir uns mit ihnen beschäftigen. Diese Haltung gewinnen wir aus der Überzeugung, dass die Bibel so ist, wie sie ist, weil sie Gott so wollte. Er mutet uns also diese Widersprüche zu und will uns auch mit ihnen etwas lehren.

Wer von diesem Beitrag erwartet, dass alle scheinbaren Widersprüche, die man in der Bibel finden kann, erklärt und aufgelöst werden, wird enttäuscht sein. Aber ich kann ihn ermutigen, alte und neue Ausgaben von Bibel und Gemeinde zu lesen, da wird er immer wieder beispielhafte Erklärungen finden. Aber wir sollten uns bewusst sein, dass solche Erklärungen ihre Grenzen haben. **Erstens** gibt es in vielen Fällen nur mögliche, wenn auch plausible Erklärungen. Manchmal wirken sie auf mich allerdings etwas willkürlich. Darum versuche ich immer deutlich zwischen nur möglichen und denkbaren Auflösungen von Widersprüchen zu unterscheiden, also solchen, die man mit genug Nebenannahmen für jeden Widerspruch konstruieren kann und solchen, deren Lösung auch wirkliche Anhaltspunkte in der Bibel selbst haben.

Ich nehme ein bekanntes Beispiel aus dem Koran, dass ein Spiegel sein kann: Wahrscheinlich hat Mohammed Mirjam, die Schwester des Mose, und Maria, die Mutter Jesu, verwechselt, über die er recht ausführlich im Koran schreibt. Für ihn bestand nämlich eine Namensgleichheit. Jedenfalls schreibt er, dass Marias Bruder Aaron war und ihr Vater Amram. Muslime werden in aller Regel einen solchen Fehler im Koran bestreiten und berufen sich auf verschiedene Erklärungen ihrer Gelehrten. Die einen sagen, dass Maria eben einen Bruder hatte, der Aaron hieß und dass ihr Vater eben Amram hieß. Es ist ja auch nichts anderes bekannt und wenn, dann hätte trotzdem der Koran recht. Andere, die das Problem nicht grundsätzlich leugnen, sagen, dass Maria wie ihre Verwandte Elisabeth eben auch dem Priestergeschlecht angehörte. Damit sei sie im übertragenden Sinn auch eine Schwester Aarons des Bruders von Mose, auch wenn man eher erwarten würde, dass sie eine Tochter Aarons genannt wird. Wenn wir Erklärungen wie diese bei der Deutung des Koran für an den Haaren herbeigezogen halten, dann kann das unter Umständen für manchen Erklärungsversuche im Blick auf die Bibel auch gelten. Ich will Erklärungsversuche damit nicht abwehren, halte es aber für notwendig, dass wir genügend Selbstkritik haben, um ihre jeweilige Wahrscheinlichkeit zu beurteilen.

Zweitens ist und bleibt die Zuverlässigkeit und Wahrheit der Bibel eine göttliche und von Gott geschenkte Eigenschaft, die zu groß ist, um sie mit einigen Kunstgriffen beweisen zu wollen. Um es deutlich zu sagen: Ich bin fest davon überzeugt, dass es keine solchen Widersprüche in der Bibel gibt, die die Wahrheit und Zuverlässigkeit der Heiligen Schrift zweifelhaft machen. Ich werde jetzt trotzdem nicht immer von „scheinbaren Widersprüchen“ reden. Ich will auch nicht so lange an dem Wort „Widerspruch“ herumdefinieren, bis die Widersprüche der Bibel keine mehr sind, sondern sie erst einmal so nehmen, wie ich als einfacher Leser auf sie stoße. Diese Haltung finden wir auch schon bei den Kirchenvätern vor. So schreibt Augustinus 354-430 n.Chr.: „Von den biblischen Büchern allein glaube ich fest, dass ihre Autoren völlig frei von Irrtümern waren. Wenn ich auf Widersprüche stoße, zweifle ich nicht daran, dass dann entweder die Kopie fehlerhaft ist oder der Übersetzer die Bedeutung des Ausgesagten nicht verstanden hat oder dass ich selber in meinem Verständnis fehlgehe“ (Epistulae 82,3).

Hauptteil: Verschiedene Arten von Widersprüchen und was wir aus ihnen lernen können.

1. Widersprüche, die darin begründet sind, dass die Bibel ein Buch ist, dass Augenzeugenberichte überliefert

Karl-Heinz Deschner, seit über 50 Jahren ein eifriger Kritiker des Christentums, findet die Widersprüche der Evangelien „ungeheuer“. „Nirgends aber und nicht zufällig sind die Widersprüche so häufig wie ausgerechnet beim größten Wunder des Christentums, bei der Auferstehung“[2]. Dann zählt er einige Unterschiede zwischen den Auferstehungsberichten der Evangelien auf und zitiert als Zusammenfassung zustimmend den Theologen Hans von Campenhausen: „Unter allen erhaltenen Berichten stimmen nicht zwei miteinander überein“. Diese Beobachtung ist offensichtlich richtig.

Wem begegnete Jesus zuerst nach seiner Auferstehung?

> Matthäus: Da begegnete Jesus ihnen (Maria von Magdala und die andere Maria) und sprach: Seid gegrüßt! (Mt 28,9)
>
> Markus: Jesus erschien zuerst Maria von Magdala, von der er sieben böse Geister ausgetrieben hatte (Mk 16,9).
>
> Lukas: Und es geschah, als sie (die zwei Jünger auf dem Weg nach Emmaus) so redeten und sich miteinander besprachen, da nahte sich Jesus selbst und ging mit ihnen (Lk 24,15).
>
> Johannes: Und als sie (Maria von Magdala) das sagte, wandte sie sich um und sieht Jesus stehen und weiß nicht, dass es Jesus ist (Joh 20,40).

Nun kann man in jeder Abweichung im Detail einen Widerspruch erkennen und etwa sagen, dass Johannes und Markus darin übereinstimmen, dass allein

---

2 Karl-Heinz Deschner: „Der gefälschte Glaube: eine krit. Betrachtung kirchl. Lehren und ihrer hist. Hintergründe“, München: Knesebeck, 2004, S. 28.

Maria von Magdala die erste Zeugin der Auferstehung ist, während Matthäus noch von einer anderen Maria berichtet und bei Lukas die Emmaus Jünger die ersten Zeugen sind. Man kann die Sache aber auch so lesen, dass wir es hier mit Augenzeugenberichten zu tun haben und diese können gar nicht in allen Details übereinstimmen.

Jeder ermittelnde Polizist wird bei völlig übereinstimmenden Aussagen von Zeugen sofort stutzig werden und vermuten, dass sich die Zeugen abgesprochen haben, um eine Lüge zu stützen. Dass verschiedene Zeugen die gleiche Sache unterschiedlich berichten, ist für ihn, wenn sich die Unterschiede weitgehend miteinander in Einklang bringen lassen, ein Beweis für die Tatsache des Ereignisses. Er macht sich aus allen Aussagen ein Gesamtbild und kann dabei auch meist erkennen, wenn unter seinen Zeugen einer unzuverlässiger ist als die anderen oder bewusst lügt. Aber selbst wenn der gleiche Zeuge das gleiche Ereignis in drei Erzählungen jeweils mit etwas anderen Worten und Abweichungen im Detail wiedergibt, so denkt der Polizist nicht an Lüge, sondern kann aus dem Grad der Abweichungen die Zuverlässigkeit seines Zeugen ermessen. Erzählte aber dieser Zeuge dreimal mit exakt den gleichen Worten den Hergang, dann wäre dies ein sicheres Anzeichen für ihn, dass der Zeuge die Geschichte auswendig gelernt hat, um die Wahrheit zu vertuschen.

Gott leistet sich in der Bibel offenbar an vielen Stellen Zeugenberichte, auf die Gefahr hin, dass es Abweichungen im Detail gibt, sogar solche, die sich nicht auf Anhieb harmonisieren lassen. Dies ist bei dem angeführten Beispiel der Begegnung der ersten Zeugen mit dem auferstandenen Jesus noch recht leicht möglich. Es ist naheliegend zu sagen, die Berichte ergänzen sich und ließen ohne Gewalt in einen zusammenhängenden Ablauf ohne Widerspruch ergänzen.

Am 8. Juli 2008 entgleiste im Bahnhof von Köln ein ICE-Schnellzug. Bei den anschließenden Untersuchungen ermittelte die Staatsanwaltschaft wegen Gefährdung des Bahnverkehrs, denn verschiedene Zeugen hatten widersprüchliche Aussagen gemacht. Einer sagte, er habe nachdem er ein lautes Geräusch gehört habe, den Zugbegleiter gebeten, etwas zu unternehmen, der sei aber einfach weggegangen und hätte ihn nicht ernst genommen. Ein anderer hatte gesehen, dass nachdem alle Bahnangestellten scheinbar nichts unternehmen wollten, endlich ein Fahrgast die Notbremse gezogen hatte. Die Bahn selber sagte, dass einer ihrer Mitarbeiter die Notbremse gezogen habe, nachdem er in Absprache mit Kollegen, die Sache als ernst eingestuft hat. Es war schließlich die Frage, wer denn nun die Notbremse gezogen hatte, ein Fahrgast oder ein Bahnangestellter. Die Bahn wurde der Vertuschung der Unfähigkeit ihrer Mitarbeiter verdächtigt, die vielleicht Hunderte von Fahrgästen in den Tod geschickt hätten, wenn der Zug mit dem Schaden erst einmal beschleunigt hätte. Es dauerte eine Woche, dann stellte sich Folgendes heraus: Alle Zeugen hatten die Wahrheit gesagt. Es waren zwei Personen gewesen, die gleichzeitig die Notbremse gezogen hatten, davon war einer ein Bahnangestellter in Uniform, der andere war ebenfalls Bahnangestellter, aber nicht in diesem Zug eingesetzt und deswegen nicht in Uniform und darum von anderen Fahrgästen als normaler Fahrgast angesehen worden.

Wenn es Widersprüche in Augenzeugenberichten gibt, dann ist das zuerst einmal normal und es ist noch lange kein Beweis, dass sie nicht die Wahrheit sagen. Dass wir genau das in der Bibel vorfinden, das zeigt uns eine besondere Qualität der Bibel. Gott legt Wert darauf, dass wir nicht nur gefiltertes und gut durchgekautes Material über die rettenden Ereignisse und Taten Gottes erhalten, sozusagen theologische Abhandlungen. Sondern, weil wir an die rettende Kraft geschichtlicher Ereignisse glauben, werden uns diese auch von zuverlässigen Zeugen überliefert. Dass diese Zeugen zuverlässig sind, zeigt sich auch an der Art der Widersprüche. In den Auferstehungsgeschichten lassen sich die meisten Unterschiede im Detail relativ einfach miteinander verbinden. Jesus ist eben nicht einmal allein gekreuzigt worden und einmal mit zwei Verbrechern, sondern immer mitten zwischen zwei Verbrechern. Dann aber hören wir bei Matthäus (27,44) und Markus (15,32), dass beide ihn verspotten und bei Lukas, dass nur einer spottet und der andere Jesus verteidigt und bittet (23,39-43). Johannes sagt nichts vom Spotten der Verbrecher (19,18). Jesus wurde übereinstimmend in einem Felsengrab beerdigt und nicht bei einem Evangelisten irgendwo auf dem Acker eingegraben. Nach Johannes wird er aber von Josef von Arimathäa und Nikodemus einbalsamiert, nach Lukas gehen die Frauen am Ostermorgen zum Einbalsamieren zum Grab.

All das zeigt uns gerade die Zuverlässigkeit und damit den zu Recht bestehenden Wahrheitsanspruch der Bibel, der durch diese Art von Widersprüchen nicht hinfällig wird. Es ist vielmehr so, dass wir aus der Art der Zeugenaussagen und der Ungereimtheiten ablesen, dass der Wahrheitsanspruch der Bibel dadurch vielmehr untermauert wird als fänden wir ein Buch ohne diese Art von Widersprüchen vor. Dann nämlich müssten wir immer mit der Frage und dem Misstrauen leben, dass hier jemand alle echten Widersprüche geglättet hätte, um die Bibel als zuverlässig erscheinen zu lassen. Weil sich aber das Wort Gottes Zeugenberichte leistet, kann uns an der Art und den Grenzen der Widersprüche die Zuverlässigkeit deutlich werden.

2. Widersprüche, die darin begründet sind, dass die Bibel ein historisch entstandenes Buch ist.

Da die meisten Bücher der Bibel ihre Autoren nicht namentlich nennen, kann man aus den namentlich bekannten, einigen indirekt erschlossenen und den übrigen unbekannten auf mindestens 40 menschliche Autoren schließen[3], die

---

[3] Dass diese Autoren auch älteres Material verarbeiten oder andere Autoren zitieren, erhöht

über einen Zeitraum von ungefähr 1500 Jahren schrieben, was Gott wollte. Zugleich hat die Bibel aufgrund des einen wirkenden Heiligen Geistes Gottes immer nur den einen Gott als Autor. Wenn wir bei einer Entstehungsgeschichte von 1500 Jahren, doch eine so wunderbare Einheit vorfinden, wie sie selbst heute nicht nachträglich herzustellen wäre, wenn wir versuchten Bücher von 40 Autoren der letzten 1500 Jahre zusammenzubinden, dann ist das ein starkes Argument, dass diese Einheit auf den einen Gott als Urheber zurückgeht. Das spricht also gerade für den Wahrheitsanspruch der Bibel. Aber die Entstehungsgeschichte verlangt vom Leser auch eine an der Geschichte Gottes geschulte Wahrnehmung, sonst wird er sich an zahlreichen Widersprüchen stoßen.

Betrachten wir als Beispiel die Einnahme Jerusalems.

> Jos 15,63 Die Jebusiter aber wohnten in Jerusalem, und Juda konnte sie nicht vertreiben. So blieben die Jebusiter mit denen von Juda in Jerusalem wohnen bis auf diesen Tag.
>
> Ri 1,8 Aber Juda kämpfte gegen Jerusalem und eroberte es und schlug es mit der Schärfe des Schwerts und zündete die Stadt an.
>
> 2.Sam 5,6 Und der König zog mit seinen Männern vor Jerusalem gegen die Jebusiter, die im Lande wohnten. Sie aber sprachen zu David: „Du wirst nicht hier hereinkommen, sondern Blinde und Lahme werden dich abwehren". Damit meinten sie, dass David nicht dort hineinkommen könnte. 7 David aber eroberte die Burg Zion; das ist Davids Stadt.

Josua schreibt, Jerusalem sei bis auf den heutigen Tag in der Gewalt der Jebusiter. Ein paar Seiten weiter in der Bibel lesen wir jedoch, dass Juda die Stadt eroberte und rund 70 Seiten später sitzen die Jebusiter doch in Jerusalem und verlachen David bis der die Stadt durch eine Kriegslist einnimmt. Wer hier nicht den historischen Zusammenhang beachtet, kann leicht durcheinander kommen. Jos 15 und Ri 1 stellen die Situation bei der Landnahme um 1350 v.Chr. dar. Die Stadt Jerusalem konnte zuerst nicht, aber dann doch erobert werden, aber wurde nicht dauerhaft besetzt, sondern nur zerstört. Die Israeliten scheinen zu dieser Zeit kein Interesse an der Besetzung und Besiedelung größerer Städte gehabt zu haben, selbst wenn sie sie besiegen konnten. 2.Sam 5 spricht von der Zeit um 950 v.Chr, als nicht nur die Bedeutung der Städte für Israel eine andere war, sondern Jerusalem die Hauptstadt Israels und Standort des Tempels werden sollte.

---

nach normalem Verständnis nicht die Zahl der Autoren, denn auch heute hat ein Buch nicht deswegen mehrere Autoren, weil Zitate darin enthalten sind. Erst wenn ein Buch gemeinsam verfasst wurde, hat es auch zwei oder mehr Autoren. So könnte man davon sprechen, dass der Kolosserbrief zwei Autoren hat, weil Paulus und Timotheus genannt werden (1,1), aber nicht deswegen mehr, weil vielleicht ein Lied zitiert wird (1,15-18).

Auch Entwicklungen in kürzeren Zeiträumen sind wahrnehmbar. So unterliegt die Haltung Marias, der Mutter von Jesus, offensichtlich einer Entwicklung und der Leser der Evangelien kann sie wahrnehmen. Vom Erstaunen auserwählte Dienerin Gottes zu sein (Lk 1,46), um Mutter für den Retter zu werden, über die schmerzhafte Wahrnehmung, dass Jesus seinem himmlischen Vater näher steht als seiner irdischen Mutter (Lk 2,49f; Joh 2,4), über die Sorge, er sei psychisch erkrankt und könne sich zu Hause bei ihr am besten erholen (Mk 3,21), bis zum Schmerz der Mutter über den sterbenden Sohn (Joh 19,25-27) und schließlich dem Glauben an Jesus Christus, den Retter, der für die Sünden der Welt starb (Apg 1,14). Man kann hier Widersprüche oder sogar verschiedene theologische Schulen in den Evangelien finden wollen oder aber sehen, dass uns solche Widersprüche lehren, die Bibel so zu lesen, wie sie gelesen werden will, nämlich als ein Buch, in dem Gott historische Entwicklungen aufzeigt, in denen wir seine Heilsgeschichte erkennen können. Die Rettung durch Jesus Christus findet in der Geschichte statt und hat selber eine Geschichte.

3. Widersprüche, die durch die Erfüllung von Vorhersagen entstehen

Diese Art von Widersprüchen hängt mit der vorigen zusammen, muss aber doch extra behandelt werden, weil sie einige Besonderheiten besitzt. Die Chicago-Erklärung beschäftigt sich deswegen auch besonders damit.

Artikel V

> Wir bekennen, dass Gottes Offenbarung in der Heiligen Schrift eine fortschreitende Offenbarung war.
>
> Wir verwerfen die Auffassung, dass eine spätere Offenbarung, die eine frühere Offenbarung erfüllen mag, diese jemals korrigiere oder ihr widerspräche. Wir verwerfen ferner die Auffassung, dass irgendeine normative Offenbarung seit dem Abschluss des neutestamentlichen Kanons gegeben worden sei.

Ein Beispiel macht uns das Problem sofort klar.

> 3.Mo 11,43: „Macht euch selbst nicht zu etwas Abscheulichem durch all das wimmelnde Kleingetier und macht euch nicht unrein durch sie, so dass ihr dadurch unrein würdet!"
>
> Mk 7,18-19: „Und er spricht zu ihnen: Seid auch ihr so unverständig? Begreift ihr nicht, dass alles, was von außen in den Menschen hineingeht, ihn nicht verunreinigen kann? Denn es geht nicht in sein Herz hinein, sondern in den Bauch, und es geht heraus in den Abort. Damit erklärte er alle Speisen für rein".

> Im 3.Mo 11 wird uns genau erklärt, welche Tiere rein und welche unrein sind, welche wir essen dürfen und welche nicht. Gott steht mit seiner Heiligkeit dafür ein (V. 44). Aber in Mk 7,19 steht, dass Jesus alle Speisen für rein erklärte. Und Paulus kann schreiben (Röm 14,14): „Ich weiß und bin gewiss in dem Herrn Jesus, dass nichts unrein ist an sich selbst; nur für den, der es für unrein hält, ist es unrein".

Die Chicago-Erklärung lehrt uns im Einklang mit der Bibel, dass wir hier keine Korrektur eines früheren Irrtums erkennen sollen und auch keinen inneren Widerspruch, so als ob Paulus nicht gewusst hätte, was bei Mose zu lesen ist, als er etwas anderes schrieb. Paulus will offenbar nicht Mose widersprechen, sondern gibt wieder, was durch die Erfüllung der Reinheitsgesetze gilt. Alles andere führt uns zu einer Argumentation wie wir sie heute in anderem Zusammenhang gelegentlich finden. Dann könnte man sagen: Paulus wusste noch nicht so gut über Homosexualität Bescheid wie wir heute. Und weil uns der Heilige Geist durch die Wissenschaft neue Erkenntnisse gegeben hat, deswegen können wir die Aussagen der Schrift in dieser ethischen Frage korrigieren. Aber nicht das ist es, was wir aus dieser Art von Widersprüchen lernen sollen.

Solche Widersprüche lehren uns vielmehr, es mit den Prinzipien der fortschreitenden Offenbarung in der Bibel genau zu nehmen, damit wir ihre Aussagen richtig beurteilen können. Nur so lernen wir auch den bleibenden Wert der Gebote, um deren Einhaltung wir uns als Christen nicht bemühen müssen. Dann können wir an den Reinheitsgesetzen lernen, dass sich einerseits jeder Mensch im Alltagsleben unweigerlich verunreinigen wird und dass andererseits die Forderung Gottes eindeutig heißt: „Darum sollt ihr heilig sein, denn ich bin heilig" (3.Mo 11,45b). Die von Gott geforderte Heiligkeit kann aber niemals durch menschliches Bemühen um Reinheit erreicht werden, sondern nur durch die Heiligkeit, die Jesus Christus uns durch die Erlösung schenkt. Wenn wir auf solche Widersprüche stoßen, werden wir also auf Jesus Christus gewiesen, in dem alle Verheißungen Gottes Ja und Amen geworden sind.

Jesus selbst hat die Pharisäer einmal auf einen solchen Widerspruch im Alten Testament aufmerksam gemacht.

> Mt 22,41-46 41 Als nun die Pharisäer beieinander waren, fragte sie Jesus:
> 42 Was denkt ihr von dem Christus? Wessen Sohn ist er? Sie antworteten:
> Davids. 43 Da fragte er sie: Wie kann ihn dann David durch den Geist
> Herr nennen, wenn er sagt : 44 „Der Herr sprach zu meinem Herrn: Setze
> dich zu meiner Rechten, bis ich deine Feinde unter deine Füße lege"? 45
> Wenn nun David ihn Herr nennt, wie ist er dann sein Sohn? 46 Und niemand konnte ihm ein Wort antworten, auch wagte niemand von dem Tage an, ihn hinfort zu fragen.

Jesus löst den Widerspruch, dass der Messias der Sohn Davids ist und zugleich sein Herr, für die Pharisäer nicht auf. Er lässt in der Ungewissheit. Aber wir wissen, dass in der Person von Jesus der Widerspruch aufgelöst ist, den Gott in die Bibel eingebaut hat. Jesus ist der Sohn Davids als sein Nachkomme in der menschlichen Abstammung, aber er ist doch als der Sohn Gottes, der Herr aller Herren und darum auch Davids Herr. Aus der genauen Betrachtung von Verheißung und Erfüllung lernen wir aber das Geheimnis des Evangeliums erst richtig kennen. Dieses Geheimnis besteht ja nicht in einer geheimnisvollen Philosophie oder Geheimwissen, sondern darin, dass Gott bereits vor Grundlegung der Welt die Erlösung durch seinen Sohn beschlossen hatte, diese aber im Laufe der Weltgeschichte wirklich werden sollte.

4. Widersprüche, die durch eine mangelnde Kenntnis der alten Sprachen verursacht sind

In diese Kategorie fallen einige Widersprüche, die dem aufmerksamen Bibelleser auffallen werden. Zu den offensichtlichen gehören drei Verse aus dem 1Samuel, die ganz nah beieinander stehen.

> 1.Sam 15,11 „Es reut mich, dass ich Saul zum König gemacht habe; denn er hat sich von mir abgewandt und meine Befehle nicht erfüllt.“
>
> 1.Sam 15,29 „Auch lügt der nicht, der Israels Ruhm ist, und es gereut ihn nicht; denn er ist nicht ein Mensch, dass ihn etwas gereuen könnte.“
>
> 1.Sam 15,35 „Und Samuel sah Saul fortan nicht mehr bis an den Tag seines Todes. Aber doch trug Samuel Leid um Saul, weil es den HERRN gereut hatte, dass er Saul zum König über Israel gemacht hatte“.

Wie nun? Reut es Gott, dass er Saul zum König gemacht hat oder kann ihn gar nichts reuen, weil er Gott ist und weiß, was er tut und nicht wie ein Mensch, der erst Entscheidungen trifft und wenn er sieht, was dabei raus kommt, dann tut es ihm leid und er ändert seine Meinung.

Nein, Gott ist nicht wankelmütig, er steht zu seinem Wort, aber er ist trotzdem auch der, der obwohl der jedes Unheil im Vorhinein weiß, nicht kalt und unbetroffen davon ist, wenn es eintritt. Das hebräische Wort „reuen“ *nicham* enthält verschiedene Aspekte, den von „leid tun, betrauern“ und den von „Beschlüsse ändern oder zurücknehmen“. Es heißt übrigens auch noch „trösten“ oder „sich trösten“, weil die Suche nach Trost bzw. die Gabe des Trostes die Reaktion darauf ist, dass mich Leid betrifft und ich Mitleid empfinde. Der Autor des Buches und auch die frühen Leser wussten das offenbar und hatten kein Problem mit dem, was für uns heutzutage ein Widerspruch zu sein scheint. Das ist für uns späteren Bibelleser auch ein gutes Indiz dafür, dass ein solcher Widerspruch durch mangelnde Kenntnis der Sprache zustande gekommen ist.

Wir müssen uns im Blick auf die alten Sprachen immer wieder bewusst machen, dass ein großer Teil ihrer Kenntnis direkt aus den vorhandenen biblischen Büchern abgeleitet ist. Wörterbücher und Grammatiken der hebräischen Sprache beruhen zu einem nicht geringen Teil auf der Erforschung der Texte, zu deren Erklärung wir sie dann heranziehen. Bei den griechischen Texten sind zwar die Vergleichmöglichkeiten mit außerbiblischen Schriften deutlich größer, aber diese Schriften reden eben zum Teil auch von ganz anderen Dingen. Der Vergleich mit alten Übersetzungen trägt viel zum Verständnis der Sprachen bei, aber letztlich muss man immer wieder die Texte der Bibel selbst studieren und vergleichen und weiß trotzdem im Einzelfall bei manchen Stellen im AT nicht sicher, was einzelne Wörter meinen.

Ein weiterer Widerspruch, der auf dieses Konto geht, findet sich in der Apostelgeschichte. Erst lesen wir mit den Worten des Lukas die Ereignisse bei der Bekehrung von Paulus, dann erzählt Paulus in Kapitel 22 die Geschichte selbst und es ergibt sich ein Widerspruch:

> Apg 9,7 Die Männer aber, die seine Gefährten waren, standen sprachlos da; denn sie hörten zwar die Stimme, aber sahen niemanden.

> Apg 22,9 Die aber mit mir waren, sahen zwar das Licht, aber die Stimme dessen, der mit mir redete, hörten sie nicht.

Hörten die Begleiter des Paulus die Stimme von Jesus nun oder hörten sie sie nicht? Wenn wir zuerst fragen, was sie sahen, dann wird uns der Rest auch schnell klar. Sie sahen niemanden, so Kapitel 9, aber sie sahen das Licht, so Kapitel 22. Sie sahen also nicht die Person Jesus, die Paulus erschien, sondern nahmen nur das begleitende Licht wahr. Und so ist es auch mit dem, was sie hörten: sie hörten zwar das Geräusch der Stimme, so dass sie sagen konnten „Da hat jemand geredet", aber sie hörten nicht, was die Stimme sagte. Es erging ihnen wie uns in einer Gaststätte, wenn überall geredet wird, wir hören zwar die Stimmen, aber wir hören doch nicht, was gesagt wird. Ganz in diesem Sinn kann griechisch *phone* wie Apg 2,6 zeigt auch Getöse oder Geräusch heißen[4].

Wenn man sich intensiver mit Sprachen im Allgemeinen und besonders den biblischen Sprachen beschäftigt, dann kann klar werden, dass das gleiche Wort, verschiedene Aspekte ansprechen kann und dass dies offensichtlich in diesem Fall auch geschehen ist. Auf den ersten Blick sehen wir einen Widerspruch, der aber soll uns dazu anreizen, genauer hinzuschauen und insbeson-

---

4 Der Versuch von W. Nestvogel aus der grammatischen Struktur einen Unterschied zu belegen, scheitert aber. Hören mit phone im Akkusativ (wie in Apg 22,9) bedeutet offenbar nicht immer, dass man das Gesagte nicht versteht, wie etwa Apg 22,22 oder 2.Petr 1,18 zeigen (Nestvogel, Widerspruch, S. 32).

dere uns auch intensiv mit Sprache zu beschäftigen, weil Gott Sprache mit Wörtern und Grammatik benutzt hat, um sein rettendes Evangelium zu offenbaren.

5. Widersprüche, die in mangelnder Kenntnis von Sachzusammenhängen begründet sind

Ich rede hier nicht von mangelnder Sachkenntnis bei den Autoren der biblischen Texte, sie wußten sehr genau, was sie schrieben. Sie waren auch näher dran an den Ereignissen und was uns manchmal spanisch vorkommt, das war ihnen sonnenklar. Uns aber fehlt an manchen Stellen die Sachkenntnis, um einen Widerspruch sicher erklären zu können.

So könnte uns die richtige Sachkenntnis helfen zu erkennen, dass folgender Widerspruch keiner sein muss. Über den Tod von Judas Iskariot berichtet Matthäus, dass er sich erhängte (Mt 27,5), nachdem er seinen Verräterlohn gespendet hatte. In der Apostelgeschichte lesen wir aber, er sei gestürzt, auseinandergeborsten und seine Eingeweide hätten sich verteilt (Apg 1,18+19). Ist hier nun von zwei verschiedenen Todesarten die Rede?

Es hat zu diesem Widerspruch schon zahlreiche Erklärungen gegeben, ich ziehe diese wegen ihrer Einfachheit vor. Der Baum am Rand des Ackers, an dem Judas sich außerhalb Jerusalems erhängte, lag wahrscheinlich nicht im Blickfeld, so dass er einige Zeit dort hing. Wer sich einmal sachkundig machen will, was mit einem Selbstmörder geschieht, der einige Zeit aufgehängt bleibt, der möge die Berichte des Tatortreinigers Peter Anders[5] lesen, der schildert, welche Arbeit er in Wohnungen hat, wenn er in mühevoller Arbeit die Reste der aufgeplatzten Körper entfernen muss, die nicht gleich nach ihrem Tod gefunden werden. Nicht sehr appetitlich, aber lehrreich. Wer das gelesen hat, dem wird bei Judas Tod in Zukunft kein Widerspruch mehr auffallen. Wahrscheinlich ist der Körper des Judas nach einiger Zeit entweder noch hängend oder als man ihn abschnitt, aufgeplatzt. So stürzte er zu Boden und seine Eingeweide verteilten sich auf dem Blutacker, der seinen Namen aus den beiden Tatsachen ableitete, dass er mit Blutgeld gekauft wurde und das Blut des Judas in ihn einsickerte. Man bekommt in diesem Buch auch genug Schilderungen, um die Formulierung des Apostel Paulus aus dem 2.Korintherbrief „ein Geruch des Todes zum Tode“ besser zu verstehen.

In diese Kategorie gehören auch fast alle Widersprüche, die im Zusammenhang mit Zeitangaben oder Zahlenangaben stehen. Die Bibel hat die Angewohnheit ziemlich viele, teilweise sehr genaue Angaben zu machen. Sie ord-

---

[5] Peter Anders: „Was vom Tode übrig bleibt: Ein Tatortreiniger berichtet“, München: Heyne, 2011.

net bestimmte Ereignisse so genau ein, dass wenn die Schreiber heute geschrieben hätten, sie das genaue Datum mit Jahreszahl dazugesetzt hätten. Nun sind aber sämtliche Kalendersysteme willkürliche Setzungen, was uns immer dann klar werden kann, wenn wir zum Beispiel die jüdischen Jahreszahlen, mit den muslimischen und unseren vergleichen. Wir haben das Jahr 2011, in Saudi-Arabien ist aber 1432 und in Israel 5771. Beim islamischen Kalender weicht außerdem noch die Länge des Jahres ab, es hat nur 354 Tage. Das Jahr beginnt zu anderen Zeiten usw.

Solche Zusammenhänge führen dazu, dass etwa die Zahlenangaben über die Regierungszeiten der Könige in Israel und Juda während der Reichsteilung widersprüchlich erscheinen. Wenn man einfach nur liest, fällt es einem gar nicht auf, wenn man aber nachrechnet, will es einfach nicht passen. Und weil nicht einfach nur ein Zahlendreher durch falsches Abschreiben vorliegt, sondern das ganze widersprüchlich erscheint, gehört die Sache in diese Kategorie. Nun haben in den vergangenen rund 40 Jahren Forscher diese Zahlen verglichen und berechnet und ein sinnvolles System entwickelt, wie alle Angaben der Bibel ohne Korrektur stehen bleiben können und trotzdem die Rechnung am Ende aufgeht. Das beeindruckende ist, dass sich das System sogar weitgehend mit Angaben aus der orientalischen Umwelt Israels synchronisieren lässt. Wenn man dann so eine Zeittafel in Händen hält und mit ihr die Bibel liest, dann sieht das so aus, als wären alle Widersprüche gelöst. Aber wir sollten uns daran erinnern, dass dies auf Zusatzwissen und zahlreichen Zusatzannahmen beruht und die widersprüchlichen Regierungszeiten nun einmal in der Bibel stehen[6].

Auch bei anderen Zahlen kann man sich nicht immer sicher sein. Vielleicht bedeutet die Zahl 1000 im Alten Testament nicht immer 1000, sondern im Zusammenhang militärischer Zählung eher Tausendschaft, und bezeichnet damit eine Einheit, wie Regiment oder Bataillon, die nicht 1000 Personen umfassen mußte. Bei widersprüchlichen Zahlenangaben könnte es auch so sein, dass ein altes System in ein neueres umgerechnet wurde. So ließen sich vielleicht Abweichungen zwischen den Königebücher und den Chroniken erklären. So sind auch die Ergebnisse der Volkszählung Davids unterschiedlich. Hätten wir genug Sachkenntnis über die Volkszählung sähen wir sicher keinen Widerspruch.

> 2.Sam 24,9 Und Joab gab dem König das Ergebnis der Musterung an. Und zwar gab es in Israel 800000 Wehrfähige, die das Schwert zogen, und die Männer von Juda waren 500000 Mann.

---

6 Eine gute Einführung in das Thema findet sich bei Wolfgang Bluedorn und Hans-Georg Wünch: „Chronologie im Alten Vorderen Orient und im Alten Testament“, in: H. Pehlke (Hg.), Zur Umwelt des Alten Testaments, Holzgerlingen: Hänssler, 2002: S. 264-289.

> 1.Chr 21,5 Und Joab gab David das Ergebnis der Volkszählung an. Und zwar gab es in ganz Israel 1110000 Mann, die das Schwert zogen, und in Juda 470000 Mann, die das Schwert zogen.

Fragen wir nach dem aktuellen Zensus 2011, der im Frühjahr durchgeführt wurde, wie viele Einwohner Deutschland hat, dann sind viele Zahlen möglich. So könnten sich die Zahlen auf den Zeitpunkt der Zählung beziehen oder aber, weil ihre Auswertung sich Monate hinziehen wird, auf den Zeitpunkt der Frage, so dass man in der Antwort eine ungefähre Fortschreibung vornimmt. Aber auch, wen wir zu den Einwohnern zählen, kann unterschiedlich beantwortet werden, etwa wenn man alle Deutschen zählte und dazu sagen muss, ob man nur solche mit deutschen Eltern meint oder auch alle Eingebürgerten oder alle zur Zeit legal oder illegal in Deutschland Lebenden und will man dabei auch die ausländischen Studenten mitrechnen, die nur für 2 Jahre im Land bleiben. Es wird uns schnell klar, dass eine einfache Frage, auf die wir eine einzelne Zahl als Antwort erwarten, sehr unterschiedlich beantwortet werden kann.

Bei manchen dieser Fragen und Antworten in der Bibel tappen wir einigermaßen im Dunkeln, weil wir nicht genug Kenntnisse haben. Wir werden sie vielleicht einmal haben, aber bis dahin bleibt uns nur die Zuversicht, dass tatsächlich kein bisher ungelöster Widerspruch den Wahrheitsanspruch der Bibel hinfällig macht[7].

Vielleicht liegt in abweichenden Systemen zur Darstellung der Tageszeit auch die Lösung für den Widerspruch, dass bei Markus (15,25) Jesus bereits zur 3. Stunde (anscheinend gegen 9 Uhr, wenn man davon ausgeht, dass von 6 Uhr früh an die Stunden gezählt wurden) gekreuzigt wird, bei Johannes (18,14) aber erst in der 6. Stunde (nach 12 Uhr), die Synoptiker (Mt 27,45; Mk 15,33; Lk 23,44) aber übereinstimmend berichten, dass es von der 6. bis zur 9. Stunde während Jesus schon am Kreuz hing dunkel war und Jesus dann starb (also gegen 15 Uhr). Ich gehe davon aus, dass mit genauer Kenntnis der benutzten Systeme zur Angabe der Zeiten uns die Sache völlig klar wäre und wir keinen Widerspruch sehen würden. Leider haben wir sie nicht[8].

Gott hätte, um all dem zu entgehen, auf genaue Angaben verzichten können. Er hat es nicht getan und so die Gefahr von widersprüchlichen Aussagen auf sich genommen. Warum? Ich glaube, es ist ihm wichtig, uns zu sagen, dass alle geschichtlichen Ereignisse in Raum und Zeit zu lokalisieren sind. Die

---

[7] In seinen Aufsätzen „102 Antworten auf 101 Fragen“ hat K.-H. Vanheiden Vorschläge zu etlichen dieser Probleme gemacht. Vgl.: Bibel und Gemeinde 1,3 und 4/2010.

[8] Eine große Hilfe zum Verständnis ist immer noch Oswald Gerhard: „Das Datum der Kreuzigung Jesu Christi: Geschichtlich-astronomisch berechnet“, Berlin: Wiegandt, 1914.

Rettung kommt nicht durch einen Akt der Erkenntnis, die Erlösung ist keine Philosophie, sondern von Gottes Willen her vom Anfang der Schöpfung gewollter und geplanter Akt Gottes, der in Christus in Raum und Zeit wahr wurde.

6. Widersprüche, die in der wunderbaren Person Gottes begründet sind

Sobald wir uns mit der Offenbarung unseres Gottes, des Gottes Abrahams, Isaaks und Jakobs, des Vaters unseres Herrn Jesus Christus beschäftigen, stoßen wir auf Widersprüche unserer menschlichen Logik. Das Wesen, die Gottheit und Person unseres Gottes sind nicht in einer geschlossenen Systematik fassbar. Jeder Versuch eine solche Systematik zu schaffen, führt unweigerlich zu Widersprüchen. Schon zugleich von einem ewigen Gott zu sprechen, der alles in allem ist (1.Kor 15,28) und zugleich ein Person, die notwendig klare Grenzen haben muss, entweder so oder so ist. Aber damit nicht genug. Von dem einen Gott hören wir, dass er einen Sohn von Ewigkeit geboren hat, der als Mensch geboren den Namen Jesus der Christus trägt und ebenso alles in allem erfüllt (Eph 1,23). Und sogar in seiner Körperlichkeit soll er die ganze Fülle der Gottheit in sich tragen (Kol 2,9). Sobald wir über die einzelnen Aussagen näher nachdenken, stoßen wir darauf, dass sie unsere Logik sprengen. Allerdings erscheint uns das Wesen Gottes – anders als man es erwarten würde – doch nicht widersprüchlich. Der Gott Abrahams und der Vater Jesu Christi ist der gleiche Gott. Wesen und Handeln passen zusammen, ohne dass ein widerspruchsfreies System das fassen könnte.

So zählt man zwar auch das Christentum zu den großen monotheistischen Religionen, aber der Islam hat es leichter seinem strengen Monotheismus zu fassen und lehnt konsequent und ausdrücklich die christliche Rede von Gottes Sohn ab. Allerdings wird auch deutlich, dass der Koran das Zeugnis der Christen von dem einen Gott als Vater, Sohn und Heiligem Geist völlig missverstanden hat, nämlich als ein Verhältnis zwischen Gott und Maria, aus dem Jesus als Sohn hervorging. Christen haben ein Problem, wenn sie sagen, dass sie nur an einen einzigen Gott glauben und nicht an drei und dass doch der Vater Gott ist und Jesus ebenso und sogar der Heilige Geist.

Die für unsere gewohnte Logik in sich widersprüchliche Lehre der Dreieinigkeit ist zweifellos eine wunderbare Beschreibung des ewigen Gottes. Aber die Christenheit selbst hat sich mit dieser Beschreibung schwer getan und musste sich erst unter der Macht der biblischen Aussagen darunter beugen. Es ist keineswegs so gewesen, dass theologische Zirkel oder kirchliche Gremien sich hinsetzten, um so eine Gottesbeschreibung zu entwerfen. Vielmehr drängte sich die Trinitätslehre einer widerstrebenden Christenheit auf, die lieber ein einfacheres Gottesbild entworfen hätte. Treffend formuliert Otto Weber in seinen *Grundlagen der Dogmatik* (Bd. 1, S. 403):

„Das Problem, dass die kirchliche Trinitätslehre interpretierend zu lösen unternahm, ist durch das Schriftzeugnis gestellt. […] Sie ist Interpretation des *gesamten* Zeugnisses des Neuen Testaments in seinem eigentlichen *Kern*.“

Betrachten wir eine Reihe von biblischen Aussagen, dann steht das Problem der Widersprüchlichkeit schnell vor Augen.

> 2.Mo 20,3 Du sollst keine andern Götter neben mir haben!
>
> Jes 46,9: Gedenket der Anfänge von Ewigkeit her, dass Ich Gott bin und keiner sonst, ein Gott, dem keiner zu vergleichen ist.
>
> Joh 10,30: Ich und der Vater sind eins.
>
> Joh 20,28: Thomas antwortete und sprach zu ihm: Mein Herr und mein Gott!
>
> Kol 2,9: Denn in ihm wohnt die ganze Fülle der Gottheit leibhaftig.
>
> 2.Kor 13,13 Die Gnade unseres Herrn Jesus Christus und die Liebe Gottes und die Gemeinschaft des heiligen Geistes sei mit euch allen!

Es gab in der Zeit der theologischen Klärung der biblischen Aussagen auch einfachere Vorschläge, die aber nicht das Gesamtzeugnis des Neuen Testament fassen konnten: ein Gott, der sich nur in unterschiedlichen Situationen in unterschiedlichen Erscheinungsweisen zeigt, sich quasi hinter verschiedenen Masken oder Verkleidungen verbirgt oder auch ein Gott, Jesus als besonderer Mensch, Gottes Prophet und Lehrer und der Heilige Geist als göttliche Kraft. Solche Entwürfe wären viel einfacher gewesen und dem menschlichen Verstand angenehmer. Nicht nur in der frühen Zeit der Christenheit, sondern auch später sind Sekten den Weg gegangen, ein vernünftigeres Gottesbild zu entwerfen. Ein modernes Beispiel dafür sind die Zeugen Jehovas.

Wendet man sich in diesem Zusammenhang nur dem Wesen von Jesus Christus zu, dann merkt man schnell, dass auch eine solche Einschränkung keine Entlastung mit sich bringt. Wie kann Jesus vollkommener Mensch sein und auch ganz Gott? 100% Mensch und zugleich 100% Gott, das entzieht sich menschlicher Logik. Das ist für uns Widerspruch, im Wesen Gottes aber nicht. Bereits in ihm, der vor aller Schöpfung war, ist alles geschaffen. Er ist ungeschaffen und einziggeborener Sohn von Ewigkeit her. „Geboren von Ewigkeit“, das ist für uns ein Widerspruch, im Wesen Gottes aber nicht.

> Joh 1,18 Niemand hat Gott je gesehen; der Eingeborene, der Gott ist und in des Vaters Schoß ist, der hat ihn uns verkündigt.
>
> 1.Tim 2,5 Denn es ist ein Gott und ein Mittler zwischen Gott und den Menschen, nämlich der Mensch Christus Jesus.
>
> Hebr 1,8-12: [8] Aber von dem Sohn [wird gesagt]: „Gott, dein Thron währt von Ewigkeit zu Ewigkeit, und das Zepter der Gerechtigkeit ist das

> Zepter deines Reiches. [9] Du hast geliebt die Gerechtigkeit und gehasst die Ungerechtigkeit; darum hat dich, o Gott, dein Gott gesalbt mit Freudenöl wie keinen deinesgleichen.“ [10] Und: „Du, Herr, hast am Anfang die Erde gegründet, und die Himmel sind deiner Hände Werk. [11] Sie werden vergehen, du aber bleibst. Sie werden alle veralten wie ein Gewand; [12] und wie einen Mantel wirst du sie zusammenrollen, wie ein Gewand werden sie gewechselt werden. Du aber bist derselbe, und deine Jahre werden nicht aufhören.“

> Hebr 13,18: Jesus Christus gestern und heute und derselbe auch in Ewigkeit.

Und wollten wir uns weiter einschränken und nur einen Bereich unserer Frömmigkeit betrachten, weil uns das Wesen Gottes zu groß erscheint, so können wir auch hier nicht den Widersprüchen entkommen, die sich uns bei jeder Begegnung mit dem wahren Gott in den Weg zu stellen scheinen. Wie kann man zu einem Gott beten und ihn etwas bitten, wenn er doch tut, was er will? So lehrt uns die Bibel, dass Gott nicht ein Götze ist, den wir mit Opfern und Gebeten zu irgendetwas bewegen müssen, sondern der Gott, der doch schon weiß, was wir brauchen, bevor wir ihn bitten. Aber trotzdem sollen wir bitten. Denn wer bittet, der empfängt, von einem Gott, der dann doch über alles Bitten und Verstehen hinaus gibt.

> Mt 6,7-8: Und wenn ihr betet, sollt ihr nicht plappern wie die Heiden; denn sie meinen, sie werden erhört um ihrer vielen Worte willen. Darum sollt ihr ihnen nicht gleichen! Denn euer Vater weiß, was ihr bedürft, ehe ihr ihn bittet.

> Mt 7,7: Bittet, so wird euch gegeben; suchet, so werdet ihr finden; klopfet an, so wird euch aufgetan!

> Eph 3,20-21: Dem aber, der weit mehr zu tun vermag, als wir bitten oder verstehen, nach der Kraft, die in uns wirkt, ihm sei die Ehre in der Gemeinde und in Christus Jesus, auf alle Geschlechter der Ewigkeit der Ewigkeiten! Amen.

Wenn wir in der Bibel auf solche Widersprüche stoßen, dann zeigen sie uns, dass wir es im Wort Gottes mit einem persönlichen und lebendigen Gott zu tun haben. Diese Widersprüche unterstreichen, dass in der Bibel kein menschliches Gottesbild entworfen wurde. Der Gott der Bibel ist nicht einfach eine Projektion menschlicher Idealvorstellungen in den Himmel. Er ist lebendige Person, die sich uns in seinem Wort vorstellt. Es kann uns dabei helfen, wenn wir wahrnehmen, dass wir nicht in der Lage sind auch nur einen einzigen Menschen in einem widerspruchsfreien System von Wörtern vollständig zu beschreiben. Der lebendige Mensch ist schon zu komplex dazu. Wenn mir also ein widerspruchsfreier Gott dargestellt wird, dann muss ich sagen, das der nur eine Erfindung eines Menschen sein kann. Insofern ist der Gott, den wir in der Bibel kennen lernen, nicht so widersprüchlich, dass wir ihn für einen Betrug halten oder sein Wesen für lügenhaft, sondern die Widersprüche sind so, dass wir ihn lieben können und ihm vertrauen und ihn als eine lebendige Person wahrnehmen, die zugleich unvorstellbar über uns erhaben ist und doch ganz bei uns, dass wir wie Kinder „Papa“ zu ihm sagen.

7. Widersprüche, die sich aus dem Verlust der Einheit der Bibel ergeben

Das Problem, dem wir uns am Schluss der Betrachtungen nähern, birgt eine eigene Widersprüchlichkeit in sich, die uns fragen lassen könnte, ob das überhaupt etwas mit unserer Frage zu tun hat. Da es aber die Behauptung von Widersprüchen in sich trägt und auch mit einer eigenen Plausibilität verteidigt, kann man die Augen nicht davor verschließen. Am Besten betrachten wir zuerst Beispiele.

Die Erkenntnis, dass das 1. Buch Mose auf ältere Quellen zurückgehen muss, führte zuerst im 18. und dann verstärkt im 19. Jahrhundert verschiedene Theologen dazu eine Scheidung der Quellen vorzunehmen. Das weitete sich dann auf den gesamten Pentateuch (5 Bücher Mose) aus und führte zu einer „Rekonstruktion“, in der der Pentateuch ein Zusammenschnitt verschiedener theologischer Schulen darstellt und abschließend von einer Priesterschicht erst im Exil in Babylon redaktionell abgeschlossen wurde. Nun fand man in den angenommen Quellen Doppelungen und theologische Widersprüche zwischen einem so genannten Jahwisten, der den Gottesnamen Jahwe in seinen Erzählungen benutzt habe, und dem Elohisten und weiteren Quellen, wie der Priesterschrift, mit ihren Gesetzestexten. So machte man sich daran eine Quellenscheidung ins Werk zu setzen, die schließlich in einer Hexateuch-Synopse ihren Ausdruck fand, in der die angenommen Quellen auch optisch in eigenen Spalten dargestellt wurden[9]. Damit erschien die Thora nicht mehr als ein Werk, das letztlich in dem einen Autor Gott seinen Ursprung hatte, sondern als eine Zusammenstellung von unterschiedlichen theologischen Schulen in Israel, die auch unterschiedliche Gottesvorstellungen vertraten und teilweise widersprüchlich Ansichten vertraten, die die Endredaktion nicht völlig beseitigt habe.[10]

---

[9] Otto Eissfeld: „Hexateuch-Synopse. Die Erzählung der fünf Bücher Mose und des Buches Josua mit dem Anfange des Richterbuches“, Leipzig, 1922.

[10] Ich stelle die Sache hier zugegebenermaßen sehr vereinfacht dar. Die verschiedenen Hypothesen, wie die Quellen zusammengestellt sein sollen, und selbst aus wie vielen Quellen überhaupt geschöpft wurde, sind alle nicht überzeugend. Trotzdem war die Sa-

Was war passiert: Aus verschiedenen Beobachtungen etwa am so genannten ersten und zweiten Schöpfungsbericht meinte man scheinbar widersprüchliche Aussagen oder Darstellungen ableiten zu müssen. Daraus wurde eine Theorie gebildet, die die Einheit der Mosebücher verneint und dann wiederum dazu führt, dass man Widersprüche geradezu zu suchen scheint oder doch in den kleinsten Abweichungen in Formulierung oder Darstellung nicht Ergänzung oder Variation desselben entdeckt, sondern eben Widersprüche.

Allerdings war bereits ab Mitte der 1970er Jahre die Sache auch in der historisch-kritischen Theologie zunehmend umstritten, weil keine Einigkeit über belastbare Ergebnisse der Quellenscheidung erzielt werden konnte. Heute gilt: „Während weithin an der vielfach modifizierten klassischen Pentateuchhypothese trotz Meinungsvielfalt über die Quellen festgehalten wird [...], verlegen einige den Gesamtentwurf in die spätvorexilische, andere in die spätnachexilische Zeit“.[11]

Ähnliches lässt sich im Blick auf die Deutung des Jesajabuches erkennen. Weil man einen Widerspruch darin entdeckt, dass Jesaja von König Kyros (Jes 44,28-45,8) als dem redet, der Israel aus der Gefangenschaft befreien wird, obwohl der doch mindestens 150 Jahre nach Jesaja lebte. Außerdem schreibt Jesaja von dem Gericht über Babylon (Jes 47,1; 48,14), obwohl doch zu seiner Zeit Assyrien die Macht hatte und das Neubabylonische Reich noch unbedeutend war. Israel soll aus Babel fortziehen (Jes 48,20), wohin es zur Zeit Jesaja noch gar nicht weggeführt war. Warum auch sollte ein Prophet, der lange vor der Wegführung nach Babylon lebte, ein „Trostbuch“ für die Verbannten verfassen? Auf der Grundlage dieser durchaus berechtigen Fragen, entstanden „Widersprüche“, die man versuchte dadurch zu lösen, dass man behauptete, das Buch Jesaja sei von zwei oder drei Autoren geschrieben, von denen zwei später lebten und „Schüler“ des ersten Jesaja gewesen seien. Ist diese Vorentscheidung erst einmal getroffen, dann vermehren sich die Widersprüche schlagartig. Nun passten etwa geographische, botanische und zoologische Bezüge, die sich bei Jesaja zahlreich finden, einerseits nicht nach Babylon, eher in den Libanon, andererseits nach Jerusalem in die Zeit Esras. Dann meinte man auch sich widersprechende, theologische Konzepte vorzufinden. So schien der eine Jesaja in den Kapiteln 1-39 eher einen herrlichen Gott Jah-

---

che dem Grunde nach zu einer Art Allgemeinwissen der Theologie geworden. Schon vor 50 Jahren hat sich der Bibelbund besonders in der Person von Samuel Külling kritisch mit diesen Fragen beschäftigt. Siehe seinen Aufsatz: „Was lehren uns 250 Jahre Quellenforschung in den Mosebüchern, 1711-1961?“, in: Bibel und Gemeinde 4/1962: S. 166-175.

11 Helmuth Egelkrauth u.a.: „Das Alte Testament: Entstehung – Geschichte – Botschaft“, Gießen: Brunnen, 5. völlig neu bearbeitete Aufl. 2012. S. 110.

we Zebaoth vor Augen zu haben, während ein anderer Jesaja die Vorstellung von einem leidenden Knecht Gottes in den Vordergrund stellte[12].

Es gehört in der kritischen Theologie heute weitgehend zum System, die Einheit der Bibel völlig abzustreiten und die Einheit einzelner Bücher regelmäßig in Zweifel zu ziehen. Das hat einerseits seinen Ausgang in einem Widerspruch, den man zu entdecken meinte und führt andererseits dazu, dass auch jeder noch so kleine Unterschied in Nuancen zu einem Widerspruch stilisiert wird. Jeder gefundene Widerspruch wird dann zu einem Ankerpunkt für eine kritische Theorie, „sodass darüber der Blick für die Einheit und umfassende Aussagen der Heiligen Schrift verloren gehen. Dann zerbröckelt der Pentateuch und jedes andere biblische Buch zu einem Konglomerat beziehungsloser Texte. Die alles verbindende Einheit wird nicht mehr gesehen, die Botschaft des Ganzen nicht mehr gehört…“[13]. Was die Chicago-Erklärung bekennt, dass es nämlich eine Einheit der Heiligen Schrift gibt, wird so prinzipiell verneint.

Die Beispiele für dieses Vorgehen finden sich genauso im Blick auf das Neue Testament und die Sache folgt wieder dem gleichen Muster. Der Epheserbrief vertrete eine andere Vorstellung von der Gemeinde als Leib Christi als der 1.Korintherbrief und deswegen ist er nicht von Paulus geschrieben, sondern von einer Paulusschule, die seine Gedanken weiterführen wollte, dabei aber von Paulus abgewichen ist. Die Rede von den verschiedenen, sich widersprechenden Ekklesiologien (Lehre von der Gemeinde) oder Christologien (Lehre von Christus) ist mittlerweile ganz normal geworden. Überall finden sich angeblich verschiedene Theologien, die miteinander im Widerstreit stehen. Die kritische Theologie erkennt in der Bibel weithin einen Sprechsaal religiöser Meinungen und religiöser, individueller oder kollektiver Erfahrungshorizonte. Es kommt dem Beobachter dabei so vor, als wolle man den Pluralismus der theologischen Meinungen, der heute üblich ist und der es anscheinend verbietet, eine Meinung als falsch abzuwehren, auch in der Bibel finden.

Leider hat dies auch in die evangelikale Betrachtung der Bibel Eingang gefunden, wenn man etwa unterschiedliche Ekklesiologien im NT findet. Oder man entdeckt Unterschiede zwischen Jesus und Paulus, etwa in der Frage nach dem Dienst der Frau in der Gemeinde. Und immer dann, wenn Unterschiede zu Widersprüchen werden, dann ist eine Tür geöffnet für die Möglichkeit, mehrere sich widersprechende Meinungen nebeneinander stehen zu lassen. Die in die Bibel hineingelesenen Widersprüche erlauben es somit, theologischen Meinungen einen Platz einzuräumen, die man sonst ablehnen müsste.

---

[12] Einen guten Überblick über die Argumente bietet Claus-Dieter Stoll: „Umstrittene Verfasserschaft am Beispiel des Jesaja-Buches“, in: E. Hahn (u.a. Hg.), Dein Wort ist die Wahrheit: Festschrift für Gerhard Maier, Wuppertal: R.Brockhaus, 1997: S. 165-187.

[13] Egelkrauth, a.a.O. S. 112.

Nach der Aufgabe des Glaubens an die Einheit der Heiligen Schrift aufgrund ihres einen Autors und Urhebers Gott, waren alle Versuche, die Einheit anders zu begründen und aus der methodischen Widersprüchlichkeit zu entkommen, zu schwach, um das Verlorene zu ersetzen. Weder die so genannte „Biblische Theologie" noch der „Canonical Approach" oder die „Synthetische Interpretation" sowie die „Narrativ-Theologien" sind ein allgemein akzeptierter Ausweg[14]. Das Ergebnis dieser Krise lässt sich treffend so beschreiben:

> „Die Spezialisten für Detailfragen von Halb- und Viertelversen, die außerhalb des Faches sowieso niemand mehr zur Kenntnis nehmen kann, stören nicht diejenigen, die an einer neu aufgelegten biblischen Theologie basteln. Gekrönt wird dieser exegetische Betrieb der Folgenlosigkeit durch die Bemühungen, die Bedeutung des Hellenismus […] zurückzudrängen. […] Überdies tragen diese Versuche dazu bei, das einmals kritisch-aufgeklärte Profil protestantischer Exegese im Gemenge einer neuen Unübersichtlichkeit untergehen zu lassen"[15]

Was sollten Christen daraus lernen, die der Heiligen Schrift treu bleiben wollen? Zuerst einmal so viel, dass Widersprüchlichkeit und Ablehnung der inneren Einheit der Heiligen Schrift Hand in Hand gehen. Wer die Einheit aufgibt, der wird schließlich vor einer heillos widersprüchlichen Bibel stehen und zwar letztlich deswegen, weil er seine eigene Widersprüchlichkeit in sie hineinträgt.

Darum sollten uns die Differenzen, die offenbar in der Bibel zu entdecken sind, zum Forschen nach ihrer inneren Einheit anregen, statt dass wir sie verneinen. Wir dürfen die Differenzen und Disharmonien nicht einfach ignorieren, sondern sie sollen uns Anlass sein, unseren Gott und seinen Willen besser kennen zu lernen. Die Stolpersteine in der Bibel können uns davor bewahren, uns eine allzu leichte oder glatte Theologie zurechtzumachen, die uns am Ende hindert, Gott so zu erkennen, wie er erkannt werden will.

Darum bleibt es überaus wichtig, genau zwischen biblischer Aussage und darauf aufgebauter menschlicher Meinung zu unterscheiden. Es ist nicht verboten, aufgrund biblischer Aussagen Ableitungen und Schlussfolgerungen für Lehre und Leben zu bilden. Die Bibel fordert uns gerade dazu heraus. Aber es darf nur das unumstößlich sein, was wirklich da steht. Alles andere muss sich

---

14 „Dabei hat sich gezeigt, dass an vielen Stellen, wo man Brüche, Spannungen, Dubletten usw. sah, in Wirklichkeit eine kunstvolle literarische Gestaltung vorliegt – nur auf ganz andere Art, als wir durch unsere eigene Kultur und Literatur geprägten Leser es erwarten. […] So betrachtet ist die Genesis kein redaktioneller ‚Flickenteppich', sondern ein bewusst konzipiertes literarisches Ganzes". Egelkrauth, a.a.O. S. 113.

15 F. Wagner: „Auch der Teufel zitiert die Bibel: Das Christentum zwischen Autoritätsanspruch und Krise des Schriftprinzips", in: R. Ziegert (Hg.), Die Zukunft des Schriftprinzips, , Stuttgart: Kohlhammer, 1994: S. 251.

– wie Martin Luther einmal sagte – der Heiligen Schrift als Königin beugen. Wenn wir anfangen mit unseren lieb gewonnenen Meinungen die Schrift regieren zu wollen und uns dazu auf ihre Widersprüche berufen, dann sind wir Herren des Wahrheitsanspruchs der Bibel geworden. Im Ergebnis aber werden wir uns in unserer eigenen Widersprüchlichkeit verfangen.

Fazit

Wenn wir auch als aufmerksame Leser der Bibel immer wieder auf Widersprüche stoßen werden, so erkennen wir doch, dass die Art der Widersprüche sämtlich nicht den Wahrheitsanspruch der Heiligen Schrift zunichte machen. Er bleibt bestehen: Keiner der gefundenen Widersprüche ist zwangsläufig ein Widerspruch, der auf einem formalen Irrtum[16] beruht. Ein solcher Widerspruch würde den Wahrheitsanspruch und die Irrtumslosigkeit der Schrift hinfällig machen.

Die Arten von Widersprüchen aber, die wir gefunden haben, sollen uns vielmehr Anlass werden, den Charakter der biblischen Offenbarung besser zu verstehen. Sie besteht in Zeugenberichten, nicht in einem theologischen Lehrbuch. Sie ist in der Geschichte geschehen und selber Heilsgeschichte mit Verheißung und Erfüllung. Und sie bringt uns zu dem Gott, der uns unbegreiflich bleibt und den wir dennoch lieben. Sie schafft bei uns den Glauben an den Gott, der Mensch werden konnte und dessen Name „Jesus“ über alle Namen ist. Sie bringt den Heiligen Geist mit sich, der uns die Gewissheit gibt, dass wir in Jesus Christus gerettet sind. Wer aber Christus nicht findet, der wird sich in einer Widersprüchlichkeit gefangen sehen, die seine eigene Widersprüchlichkeit ist, aber nicht die der Heiligen Schrift.

---

[16] In diesem Aufsatz wurde die massive Kritik am Wahrheitsanspruch der Bibel in Blick auf Sachaussagen nicht behandelt. Irrtümer auf diesem Feld werden in der Regel ‚materialer Irrtum' genannt im Unterschied zu ‚formalen Irrtümern', die hier besprochen wurden. Zu solchen angeblichen sachlichen „Falschaussagen“ zählt man beispielsweise die Schöpfungsaussagen oder biblische Wunderbehauptungen, aber auch immer wieder bestimmte geschichtliche Aussagen.

Benedikt Peters

Kriterien für eine gute Bibelübersetzung

1. Das Dilemma des Übersetzers

> „Wer wörtlich übersetzt, ist ein Fälscher, wer etwas hinzufügt, ist ein Gotteslästerer" (Rabbi Jehuda).

Jeder Übersetzer steckt in einem Dilemma und muss entscheiden nach welchen Prinzipien er übersetzen soll.

- frei oder wörtlich?
- gleichwertig oder gleichförmig?
- einbürgernd oder entfremdend?
- empfängerorientiert oder urheberorientiert?

Wenn es um die das Wort Gottes geht, sind diese Fragen umso bedeutender. Soll man die Bibel so übersetzten, dass der Urheber des Ursprungstextes zu seinem Recht kommt, oder so, dass der Hörer des übersetzten Textes zu seinem Recht kommt? Oder anders gesagt: Soll der Leser zum Text kommen oder der Text zum Leser? muss der Bibeltext sich dem Leser anpassen, oder muss der Leser sich dem Bibeltext anpassen?

> „Denn ihr seid gestorben, und euer Leben ist verborgen mit dem Christus in Gott" (Kol 3,3 – Luther; Elberfelder).

> „Denn ihr seid dieser Welt gegenüber gestorben, und euer neues Leben ist ein Leben mit Christus in der Gegenwart Gottes. Jetzt ist dieses Leben den Blicken der Menschen verborgen" (Kol 3,3 – Neue Genfer Übersetzung)

Welche dieser beiden Versionen von Kol 3,3 ist die bessere? Die erste, die wörtlich übersetzt hat, oder die zweite, der frei übersetzt hat?

Von den drei antiken Autoren Cicero, Horaz und Hieronymus stammen drei klassische Äußerungen zu diesem Problem. Jörn Albrecht, Ordinarius für Übersetzungswissenschaften in Heidelberg, fasst ihre Bedeutung zusammen:

> „Die Beschäftigung mit den klassischen Stellen aus antiken bzw. spätantiken Autoren hat uns mit der ältesten Dichotomie der Übersetzungstheorie vertraut gemacht: dem Gegensatz zwischen ‚freiem' Übersetzen auf der einen und ‚wörtlichem' oder ‚treuem' Übersetzen auf der anderen Seite"[1]

---

[1] Jörn Albrecht: „Literarische Übersetzung. Geschichte, Theorie, kulturelle Wirkung", Darmstadt: Wissenschaftliche Buchgesellschaft, 1998, S. 61-62.

Bis zum 20. Jahrhundert haben die Bibelübersetzungen immer den Ansprüchen des Autors des Bibeltextes den Vorrang gegeben, auch wenn es dabei graduelle Unterschiede gab. Man hat sich also möglichst eng an den vorgegebenen hebräischen und griechischen Text gehalten. Zwar hat Luther mehr auf die Sprache der Leser Rücksicht genommen als Tyndale, dennoch ist bei Luther immer noch ganz deutlich, dass er den Leser zum Text und nicht der Text zum Leser führt. Er hat „entfremdend", nicht „einbürgernd" übersetzt. Er übersetzte so, dass dem deutschen Leser klar wurde, dass er in der Bibel einer ihm fremden Welt begegnet.

Im 20. Jahrhundert ist unter Bibelübersetzern eine Wende eingetreten. Es hat sich unter den meisten Übersetzern die Meinung festgesetzt, man müsse „einbürgernd" übersetzen, also so, dass der Bibeltext wie ein eingebürgerter Ausländer in unsere Zeit, Sprache und Kultur passt. Diese Zielsetzung ist nicht neu; es hat schon lange Übersetzungen aus der Weltliteratur gegeben, die mehr auf den Geschmack der Leser ausgerichtet waren als auf den Urtext, schon in antiker Zeit und vor allem in der Neuzeit. Es war sogar die vorherrschende Übersetzungstheorie des 17. und 18. Jahrhunderts in Europa.

Ein aktuelles Beispiel: Raoul Schrott und seine Ilias-Übersetzung

2008 erschien im Hanser Verlag eine neue Übertragung der Ilias von Raoul Schrott.[2] Dessen erklärtes Ziel ist es, nicht philologisch, sondern wirkungsmächtig zu übersetzten. Schrott fragt nach der Wirkung, die der Vortrag der Ilias im alten Griechenland hatte, nach dem ästhetischen Genuss, den er schuf. Diese Wirkung muss der Text auch heute für den Leser haben, d.h. er muss der Verfasstheit des Publikums angepasst werden.

> „Es gibt zwei komplementäre Gattungen der Übersetzungstechniken … Da ist einmal die philologische. Die fragt: ‚Was war der Gedankengang des Autors?' Die andere Gattung fragt nach der Wirkungsmächtigkeit: ‚Wie funktioniert ein Text für sein Publikum?' Der Text ist ja eine musikalische Inszenierung von Sprache, von Form. Ich will die Ilias so präsentieren, dass sie auch in einer heutigen deutschen Übersetzung zu einem solchen Genuss, zu einer musikalischen, ästhetischen Inszenierung wird". (Schrott an einem Leseabend zu seiner Übersetzung)

Zwei Gegenstimmen

Katharina Reiß, die Mitbegründerin der Übersetzungswissenschaft im deutschsprachigen Raum, wendet sich gegen die Meinung, alte Werke müssten sprachlich stets der Gegenwart angepasst werden:

---

2 Raoul Schrott: „Homers Heimat: Der Kampf um Troia und seine realen Hintergründe", München: Carl Hanser, 2008.

„Bei der Übersetzung älterer Texte sollte die Wahl der Worte … morphologischer und syntaktischer Elemente, die Entscheidung für bestimmte stilistische Figuren usw. sich möglichst eng an den Sprachgebrauch des Ausgangstextes halten. … Ein Text aus dem 18. Jahrhundert darf grundsätzlich in der Übersetzung nicht so aussehen wie ein übersetzter Text aus dem 20. Jahrhundert, auch wenn der Übersetzer ein Mensch des 20. Jahrhunderts ist“.[3]

Jörn Albrecht meint dazu: „Das klingt zwar etwas apodiktisch; ich würde dem Grundgehalt dieser Aussage dennoch zustimmen“.[4]

„Die Ausrufe sind dicht, die Grammatik ist schwierig, fast unzusammenhängend. Übersetzer, die alles glätten, verderben die Kunst.“ So urteilt der Ausleger Francis I. Anderson in seinem Hiob-Kommentar.[5]

2. Ein Blick in die Geschichte des Übersetzens

a. Antike

Die **Septuaginta,** die im 2. vorchristlichen Jahrhundert in Alexandrien (Ägypten) entstand, war eine wortgetreue Übersetzung, die sich so eng an die hebräische Vorlage hielt, dass mit ihr das typische „Septuaginta-Griechisch“ entstand.

Hieronymus (347-420 n.Chr.) übersetzte die ganze Bibel aus dem Hebräischen und Griechischen ins Lateinische. Sein Werk, die Vulgata, war eine wortgetreue Übersetzung.

b. Neuzeit

Jörn Albrecht zeigt im bereits erwähnten Buch, wie man sich in Frankreich, in England, in Spanien und in Deutschland im 16. und 17. Jahrhundert sehr bemühte, Homer, Aischylos und Sophokles so in die eigene Sprache umzusetzen, dass sie dem Franzosen, Engländer etc. nicht zu fremd vorkamen.[6] Um das zu erreichen, übersetzten sie dynamisch-äquivalent. Man nennt diese Übersetzungen *Les belles infidèles* – die schönen Untreuen. Man beachte, dass man das nicht bei Bibelübersetzungen tat, sondern nur bei profanen Texten.

---

[3] Zitiert bei Albrecht, S. 107.

[4] Ebd., S. 107.

[5] Francis I. Anderson: „Iob: An Introduction and Commentary“, Tyndale Old Testament Commentaries, InterVarsity Press, 1976, S. 101.

[6] Albrecht, S. 69ff.

Namentlich in Deutschland begann man im ausgehenden 18. Jahrhundert die gleichen antiken Texte anders zu übersetzen, nämlich philologischer und damit auch „entfremdend“, wie Schleiermacher das nannte und auch forderte. Man solle und dürfe dem Deutschen zutrauen, dass er Fremdes verstehen könne, und zudem solle und könne er etwas von den fremden Autoren lernen.

c. Reformationszeit und danach

Wie die Übersetzer der Septuaginta und wie Hieronymus übersetzten die Reformatoren wortgetreu.

Martin Luther

Luther übersetzte im großen Ganzen „entfremdend“, nicht „einbürgernd“. Trotzdem wird Luther von den Vertretern der freien Übersetzungen als Gewährsmann für ihre Methoden zitiert:

> „Man muss den Leuten aufs Maul schauen. So hat Martin Luther seinerzeit anschaulich beschrieben, wie er bei seiner Bibelübersetzung vorging. Bis heute ist sein Motto für jede gute Übersetzung wegweisend geblieben. Eine gelungene Übersetzung soll nicht nur die Botschaft des Originaltextes genau wiedergeben, sie muss auch verständlich sein, natürlich und lebendig klingen – so wie wir uns in unserer Sprache ausdrücken. Kurzum: Sie soll auf ihre Leser möglichst die gleiche Wirkung haben wie sie das Original auf die damaligen Leser hatte“ (Aus dem Vorwort zur „Hoffnung für alle“).

Die Hfa („Hoffnung für alle“) stellt also drei Forderungen an eine „gelungene Übersetzung“:

a. Sie muss verständlich sein.
b. Sie muss sich ausdrücken wie wir es in unserer Sprache tun.
c. Sie muss die gleiche Wirkung beim heutigen Leser haben, wie das Original auf seine Leser.

Woher diese drei Forderungen in genau der angegebenen Reihenfolge kommen, werden wir etwas weiter unten sehen.

Schauen wir uns nun Luthers berühmten **Sendbrief vom Dolmetschen** etwas näher an. Er zeigt uns, wie der Reformator mit dem Dilemma eines jeden Übersetzers Rang. Wie sollte er übersetzen?

> „Denn man muss nicht die Buchstaben in der lateinischen Sprache fragen, wie man soll deutsch reden… sondern man muss die Mutter im Hause, die Kinder auf der Gasse, den gemeinen Mann auf dem Markt darum fragen und denselbigen auf das Maul sehen, wie sie reden, und darnach dolmetschen, so verstehen sie denn und merken, dass man deutsch mit ihnen redet.“

„Ich habe mich dessen beflissen im Dolmetschen, dass ich reines und klares Deutsch geben möchte. Uns ist oft begegnet, dass wir vierzehn Tage, drei, vier Wochen ein einziges Wort gesucht und gefragte haben, haben's dennoch zuweilen nicht gefunden. In Hiob arbeiteten wir also, M. Philippus, Aurogallus und ich, dass wir in vier Tagen zuweilen kaum drei Zeilen fertigen konnten."

„Ich wollte ungern einen Buchstaben mutwilliglich unrecht verdolmetschen."

Luther schaut den Leuten aufs Maul, um einzelne griechische Begriffe oder Wendungen gut deutsch zu treffen. Das ist nicht das, was die Hoffnung für Alle anstrebt. Die will Aussagen so formulieren, dass sie bei den deutschen Lesern die gleiche Wirkung haben wie bei den ursprünglichen Lesern.

Nehmen wir als Beispiel Röm 3,28: „So halten wir nun dafür, dass der Mensch gerecht werde ohne des Gesetzes Werke, allein durch den Glauben".

Für diese Übersetzung wurde Luther von seinen Gegnern angegriffen; im Urtext stehe das Wort „allein" nicht. Seine Rechtfertigung lautete:

„Ich habe hier Röm 3,28 sehr wohl gewusst, dass im lateinischen und griechischen Text das Wort **solum** (allein) nicht steht… Denn ich habe deutsch, nicht lateinisch noch griechisch reden wollen… Das ist die Art unserer deutschen Sprache: Wenn sich eine Rede begibt von zwei Dingen, deren man eines bekennt und das andere verneint, so braucht man des Wortes ‚allein' neben dem Wort ‚nicht' oder ‚kein'. Als wenn man sagt: ‚Der Bauer bringt allein Korn und kein Geld. Nein, ich habe wahrlich jetzt nicht Geld, sondern allein Korn… ' Und dergleichen unzählige Weise im täglichen Gebrauch."

Ja, Luther will „die Meinung des Textes", d.h. den Sinn recht wiedergeben. Hier hat er einbürgernd übersetzt. Aber das hat er bei weitem nicht immer getan, und wenn er es tat, dann tat er es mit Zurückhaltung, mit heiliger Scheu (*„Ich wollte ungern einen Buchstaben mutwilliglich unrecht verdolmetschen."*). Vergleichen wir die im Sendbrief diskutierte Stelle aus dem Römerbrief einmal mit „Hoffnung für alle" (Hfa):

Luther: „So halten wir nun dafür, dass der Mensch gerecht werde ohne des Gesetzes Werke, allein durch den Glauben" (Röm 3,28).

Hfa: „Also steht fest: Nicht wegen meiner guten Taten, die ich Gott vorweise, werde ich von meiner Schuld freigesprochen. Gott spricht mich erst dann frei, wenn ich mein Vertrauen allein auf Jesus Christus setze."

Jetzt urteile der Leser selbst: Hält sich Hfa wirklich an das Vorbild Luthers, wie ihre Herausgeber von sich sagen?

William Tyndale (1494-1536)

Tyndale war Zeitgenosse Luthers, der sich in seiner Übersetzungsarbeit stark von Luther inspirieren ließ.[7] Die erst fast 80 Jahre nach seinem Tod herausgegebene King James Bibel (1611) war zu 80% Tyndale. Er sagte:

> „Ich bezeuge mit Blick auf jenen Tag, an dem wir vor dem Richterstuhl Christi erscheinen werden, um von unseren Taten Rechenschaft abzulegen, dass ich niemals auch nur eine Silbe des Wortes Gottes gegen Wissen und Gewissen verändert habe."

Wir können folgende vier Merkmale der reformatorischen Übersetzungen nennen:

- Wort für Wort: d.h. für ein griechisches Wort ein äquivalentes deutsches Wort
- Begriff für Begriff
- Idiom für Idiom: Manchmal ist das Idiom Wort für Wort, manchmal ist es durch ein deutsches ersetzt[8]; nicht hingegen Sinn für Sinn oder Verständnis für Verständnis.
- Urheberorientiert, nicht Empfängerorientiert.
- Primär für das Volk Gottes, nicht für die Welt

William Carey (1761-1834)

William Carey übersetzte die ganze Bibel in die nordindischen Hauptsprachen Bengali, Hindi, Oriya, Marathi und Sanskrit, dazu das NT in eine ganze Reihe anderer Sprachen. Er folgte dem Vorbild der Reformatoren.

> „Gewiß, es fanden sich darin unpolierte Wendungen, welche aber, wie Professor H. H. Wilson von Oxford feststellt, auf Careys enge Bindung an den Urtext beruhen. Eng am griechischen und hebräischen Vorbild zu bleiben, war ihm Ehrensache, wie das in vergangenen Jahrhunderten stets

---

7 David Daniell: „William Tyndale. A Biography", New Haven & London :Yale University Press, 1994.

8 1.Sam 22,15: „Habe ich heute erst angefangen, Gott für ihn zu befragen? Das sei ferne von mir! Der König lege solches seinem Knecht nicht auf noch meines Vaters ganzem Hause; denn dein Knecht hat von allem diesem nichts gewusst, weder Kleines noch Großes" (Luther). Gute Nachricht: „Es war doch nicht das erste Mal, dass ich eine Weisung von Gott für ihn eingeholt habe! Du verdächtigst mich und meine Verwandten zu Unrecht; ich habe von alldem nicht das Geringste gewusst." Das ist Zeitungsdeutsch, und Zeitungen liest man und wirft sie weg. Die Bibelsprache ist aber nicht Alltagssprache, sondern eben geschriebene Sprache, Literatur. 1.Sam 24,4; Ri 3,24 „die Füße bedecken" (Elb, Lu); Zü: „die Notdurft verrichten"; 1.Sam 26,16 „Kinder des Todes" (Elb, Lu); Zü: „des Todes"; 1.Sam 29,3 „seit Jahr und Tag" (Elb; Lu); 2.Sam 16,21 „stinkend gemacht" (Elb; Lu); Sch „verhasst gemacht", LND „reso odioso"; KJV, ASV „thou art abhorred".

der Fall gewesen war. Tyndale, der Bibelübersetzer und Märtyrer der Reformationszeit, sagte: Ich berufe mich auf Gott als Zeugen auf den Tag, da wir vor dem Richterstuhl Christi erscheinen müssen, daß ich nicht eine einzige Silbe an Gottes Wort gegen mein Gewissen geändert habe.“[9]

d. Das 20. Jahrhundert

Im 20. Jahrhundert setzte sich eine Übersetzungstheorie durch, die gründlich mit der Tradition der bisherigen Übersetzungen brach. Eugene A. Nida und The Summer Institute of Linguistics sind die beiden Namen, die für diesen Umbruch stehen.

Eugene A. Nida, 1914 in Nordamerika geboren und 2011 in Madrid gestorben, promovierte an der Universität Michigan in Linguistik. 1943 wurde er Direktor der Übersetzungsabteilung der amerikanischen Bibelgesellschaft. Während vieler Jahre leitete er das Summer Institute of Linguistics, an dem die Wycliffe-Bibelübersetzer ausgebildet werden. Er entwickelte eine Theorie des Übersetzens, die sich grundlegend unterschied von den Ansichten, die frühere Übersetzer geleitet hatten.

Verständlichkeit als oberstes Prinzip

Nida macht Verständlichkeit zum alleinherrschenden Prinzip seiner Übersetzungstheorie und Übersetzungsarbeit. Die Hauptsache sei, dass man verstanden werde; darum müssen schwer verständliche Aussagen vereinfacht und mögliche Mehrdeutigkeiten vermieden werden. Das ist sehr pragmatisch und natürlich sehr amerikanisch; und amerikanischer Pragmatismus ist an gegebener Stelle nützlich, wenn er aber zur Alleinherrschaft kommt, wird er unerträglich.

Dass Nida von der Tradition bisheriger Bibelübersetzer abrückte, war ihm bewusst. Entsprechend steht als Überschrift über dem ersten Kapitel seiner grundlegenden Schrift „Theorie und Praxis des Übersetzens“: *Eine neue Auffassung vom Übersetzen.* Es finden sich dort u.a. folgende Sätze:

> „Das Interesse hat sich heute verlagert, und zwar von der Form der Botschaft zur Reaktion des Empfängers auf die Botschaft.“
>
> „Auch die bisherige Frage: ‚Ist das eine gute Übersetzung?‘ muß mit der Rückfrage beantwortet werden: ‚Gut für wen?‘“
>
> „Wir geben uns nicht damit zufrieden, lediglich so zu übersetzen, daß der Durchschnittsleser die Botschaft versteht, sondern wir wollen sicherstel-

---

[9] S. Pearce Carey: „William Carey. The Father of Modern Missions“, London: Wakeman Trust, 1993, S. 387.

len, daß die Möglichkeit des Mißverstehens weitestgehend ausgeschaltet ist.“[10]

Natürlich ist es wichtig, dass die Botschaft verstanden wird, und es ist sicher die Aufgabe der Übersetzer, so zu übersetzen, dass das Verständnis nicht *verbaut* wird. Aber zu behaupten, Unverständliches oder nur Schwerverständliches *dürfe nicht sein,* ist einfach Unfug. Die Bibel ist an manchen Stellen dunkel, und zwar bewusst so (siehe Spr 1,5.6). Unser Herr redete in Gleichnissen, damit ihn gerade nicht alle verständen (Mt 13,13). Aufgabe des Übersetzers ist es nicht, das Dunkle und das Schwierige und Mehrdeutige im Urtext glatt, eingängig und eindeutig zu machen. Seine Aufgabe ist es, die Ursprache wortgetreu in die neue Sprache zu übersetzen.

Im Interesse der Verständlichkeit ist gemäß Nida das Ziel der Übersetzung *„Gleichwertigkeit, nicht Gleichheit“*, mit einem Fremdwort: Äquivalenz soll angestrebt werden, nicht Gleichheit. Man muss eine **dynamisch-äquivalente** Übersetzung herstellen, nicht eine möglichst wörtliche. Dynamisch meint, sie müsse in der Form sich frei dem Verständnis des Lesers anpassen; Hauptsache sei, dass der der Sinn gleichwertig übertragen werde. Nida: *„Dynamische Gleichwertigkeit ist wichtiger als formale Übereinstimmung.“*

Man kann die Unterschiede zwischen den traditionellen und neuen Übersetzungen wie folgt zusammenfassen:

- traditionell: Man ging von einem Text aus und versuchte diesen Text in einer neuen Sprache zu formulieren. Man übersetzte Wort für Wort und Satz für Satz.
    - *Neu: Man ging von einem Text aus und versuchte zu erfassen, wie die ursprünglichen Hörer ihn verstanden und nahm sich vor, ihn so umzuschreiben, dass die heutigen Hörer ihn gleich verstanden. Man übersetzte nicht mehr Wort für Wort, sondern Sinn für Sinn.*
- traditionell: Luther schaute den Leuten aufs Maul.
    - *Neu: Nida will den Leuten ins Verstehen schauen.*
- traditionell: die Übersetzung war urheberorientiert.
    - *Neu: die Übersetzung ist empfängerorientiert.*
- traditionell: die Übersetzung war textorientiert.
    - *Neu: die Übersetzung ist leserorientiert.*

---

[10] Eugene Albert Nida und Charles R. Taber: „Theorie und Praxis des Übersetzens, unter besonderer Berücksichtigung der Bibelübersetzung“, Weltbund der Bibelgesellschaften 1969, S. 1.

- traditionell: Man übersetzte für das Volk Gottes.
  - *Neu: Man übersetzte für die ungläubige Welt.*

Hieronymus, Luther, Tyndale, Zwingli	**Die gute Nachricht; Hoffnung für Alle; NGÜ; NeÜ**
ursprünglicher Text zu anderssprachigem Text	ursprüngliches Verstehen zu anderssprachigem Verstehen
Wort für Wort, Satz um Satz	Sinn für Sinn
den Leuten aufs Maul schauen	den Leuten ins Verstehen schauen
urheberorientiert	empfängerorientiert
Textorientiert	leserorientiert
für das Volk Gottes	für die Außenstehenden

Betrachten wir das jeweilige Ergebnis dieser Grundhaltungen an dem Schlüsselvers für das Bibelverständnis 2.Tim 3,16:

> „Denn alle Schrift, von Gott eingegeben, ist nütze zur Lehre, zur Zurechtweisung, zur Besserung, zur Züchtigung in der Gerechtigkeit, dass der Mensch Gottes sei vollkommen, zu allem guten Werk geschickt“ (Luther).

Man kann diesen Text griechisch-deutsch interlinear darstellen und dabei erkennen, dass Luther Wort für Wort dem Urtext entlang geht und nur dort von der Reihenfolge der Wörter weicht oder ein Wort einfügt, wo es die Regeln der deutschen Syntax fordern:

πᾶσα	γραφὴ	θεόπνευστος	καὶ	ὠφέλιμος	πρὸς	διδασκαλίαν
alle	Schrift	(von) Gott eingegeben	*und* (ist)	nütze	zur	Lehre

πρὸς	ἐλεγμόν	πρὸς	ἐπανόρθωσιν	πρὸς	παιδείαν
zur	Zurechtweisung	zur	Besserung	zur	Züchtigung

τὴν	ἐν δικαιοσύνῃ	ἵνα	ἄρτιος	ᾖ	ὁ	τοῦ	θεοῦ
der	in (der) Gerechtigkeit	dass	vollkommen	sei	der	*des*	Gottes

ἄνθρωπος	πρὸς	πᾶν	ἔργον	ἀγαθὸν	ἐξηρτισμένος
Mensch	zu	allem	Werk	guten	geschickt.

Dynamisch-äquivalente Übersetzungen sind doppelt so wortreich und springen mit den Begriffen der griechischen Vorlage sehr großzügig um:

„Die ganze Schrift ist von Gottes Geist gegeben **und von ihm erfüllt**. **Ihr** Nutzen ist **entsprechend**: Sie lehrt uns, **die Wahrheit zu erkennen**, überführt

uns von Sünde, bringt uns auf den richtigen Weg und erzieht uns **zu einem Leben, wie es Gott gefällt. Mit der Schrift ist** der Mensch, der Gott gehört und ihm dient, allen seinen Aufgaben gewachsen und zu jedem guten Werk gerüstet“ (Neue Evangelistische Übersetzung; NeÜ).

„Denn die ganze **Heilige** Schrift ist von Gottes Geist eingegeben. Sie **lehrt uns, die Wahrheit zu erkennen, unsere Schuld einzusehen, uns von Grund auf zu ändern und so zu leben, dass wir vor Gott bestehen können. Sein Wort zeigt uns, wie wir als veränderte** Menschen fähig werden, **in jeder Beziehung** Gutes **zu tun**“ (Hfa).

3. Das Anziehende an der empfängerorientierten Übersetzung

a. Die Bibel wird verstanden

Nidas Theorie ist auf die Praxis des Übersetzens in der realen Missionssituation bezogen. Die Botschaft der Bibel soll gehört und geglaubt werden. Damit sie gehört und geglaubt werde, muss sich auch verstanden werden. Das leuchtet ein. Aber: Wenn wir die Verständlichkeit zum obersten Zweck machen, dann werden wir ihm andere Erwägungen opfern müssen.

Ein Beispiel: Ein Inselvolk hat noch nie ein Lamm gesehen und noch nie etwas von einem Lamm gehört. Es versteht die Aussage: „Siehe, das Lamm Gottes, das die Sünde der Welt wegnimmt“ nicht. Also übersetze man so, dass es versteht: „Siehe, das Robbenjunge Gottes, das die Sünde der Welt wegnimmt.“ Wird dieses Beispiel an einem Missionsabend einer Freikirche von einem Bibelübersetzer erzählt, bewundern die Anwesenden wahrscheinlich die Weisheit der Übersetzer, und alle langen sich an den Kopf und fragen sich, wie sie bis dato nur so befangen sein konnten zu glauben, die formale Übereinstimmung beim Übersetzen sei so wichtig.

Ist Verständlichkeit tatsächlich jener Zweck, der alle anderen Erwägungen verdrängen darf und muss, dann hat der Übersetzer gute Arbeit geleistet. Was ist aber, wenn unmittelbare Verständlichkeit nicht das Ziel der biblischen Mitteilungen sein sollte? Was ist, wenn noch weiter entfernt und höher liegende Ziele in der Absicht des Urhebers der Botschaft liegen sollten? Es könnte ja immerhin sein, dass der Autor der Bibel auch zeitlich ein wenig weiter blickt als wir aus der Froschperspektive.

Schauen wir uns einmal einige Auswirkungen dieses schnell gewonnen Erfolges beim Vermitteln der biblischen Botschaft an. Was ist, wenn dieses Inselvolk, nachdem es einige Jahre lang mit dem Neuen Testament vertraut gemacht worden ist, das Alte Testament kennenlernt. Wir gehen mit Abraham auf den Berg Moria. Im Dickicht sieht er ein Robbenjunges, das er an Stelle seinen Sohnes Isaak opfern darf. Und Israel in Ägypten opfert in der ersten Passahnacht unzählige Robbenjungen. Wir merken: Wir dürfen nicht unbesehen biblische Begriffe oder Realien, die uns fremd sind, durch vertrautere ersetzen.[11] Die Bibel ist ein Buch, das tatsächlich eine zusammenhängende Struktur ist. Man kann nicht einen Teil aus dem ganzen verschieben und meinen, es hätte nicht Auswirkungen auf den ganzen Rest. So bietet die Sache mit dem Robbenjungen, die zunächst so genial schien, ein einfache Illustration einer sehr wichtigen Wahrheit: Unmittelbare Verständlichkeit ist nicht erste und oberste Absicht der biblischen Botschaft. Das sollten wir nie vergessen.

> „Literatur ist jeder zusammenhängende Text, der seiner Natur und Intention nach öffentlich und nicht unmittelbaren Gebrauchszwecken zubestimmt ist“[12]

Literatur ist also nicht zu unmittelbaren Gebrauchszwecken bestimmt; sie verfolgt nicht allein einen praktischen Zweck, sondern sie will durch ihre wohlgeformte, verdichtete Gestalt allgemeingültig und bleibend gültig sein. Es braucht Zeit, es braucht Muße, es braucht Geduld, um Literatur verstehen und würdigen zu können.

b. Die biblische Botschaft als Diskurs, als aktuelle Mitteilung

Die Theorie Nidas berücksichtigt die Bibel nur als Botschaft, die von einem Sender ausgeht und vom Empfänger verstanden werden muss. Nida beurteilt die Bibel ausschließlich auf ihren kommunikativen Wert. Die Bibel soll kommunizieren; man nennt die entsprechenden Übersetzungen daher auch *kommunikative Übersetzungen.* Sie lesen sich leicht; man erfasst den Sinn des Geschriebenen schnell; man kann erzählenden Texten mühelos folgen. Sie erleichtern den unmittelbaren Zugang zur Bibel. Darum werden etwa die Hfa, die NeÜ, die Gute Nachricht als Einsteigerbibeln angepriesen. In Wirklichkeit sind sie aber zur Lesebibel sehr vieler Christen geworden; in den Freikirchen hat die Hfa weitgehend die klassischen Übersetzungen – Luther, Zürcher, Schlachter, Elberfelder – verdrängt.

Nida sieht die Bibel vornehmlich als Diskurs, als aktuelle Mitteilung, die immer einen Anlass, einen Kontext und einen Empfänger hat.[13] Auch damit trifft

---

[11] Der Leser kann nun selbst untersuchen, welche Auswirkungen es auf das Verständnis der gesamten Bibel hat, wenn wir um des unmittelbaren Verständnisses willen den Begriff „Schnee“ durch Kokosnuss ersetzen, was man getan hat, um Afrikanern, die noch nie Schnee gesehen haben, verständlich zu machen, was Johannes meint, wenn er sagt, die Haare des Menschensohnes seien weiß wie Schnee. Man schlage in einer Konkordanz „Schnee“ nach ersetze es immer durch Kokosnuss.

[12] Art. Literatur in Meyers Enzyklopädisches Lexikon, Mannheim 1975.

er eine wichtige Absicht der biblischen Botschaft. Sie spricht ins Leben. Aber: Wäre bei der Bibel nur die aktuell vollzogene Mitteilung, die Kommunikation in Echtzeit das Entscheidende, dann fragen wir uns, warum Gott als Mittel die Schrift gewählt hat. Die Tatsache der Verschriftung des Wortes Gottes sagt schon an sich, dass etwas mehr als nur die eben verlaufende Kommunikation von einem Sprecher zu seinen Zuhörern die Hauptrolle spielen muss. Warum spricht Gott nicht täglich und fortlaufend durch direkte Inspiration? Wäre Aktualität und unmittelbare Situationsbezogenheit der Hauptzweck, dann müsste Gott so und nicht anders reden.

Der Nutzen der empfängerorientierten Übersetzungen ist nur begrenzt, aber der Schaden, den sie anrichten, ist groß. Man erfasst den Sinn des Geschriebenen schnell; aber entspricht das Übersetzte dem ursprünglichen Bibeltext? Man findet den Zugang zur Bibel, aber findet man auch den Inhalt der Bibel?

4. Sieben fatale Mängel der empfängerorientierten Übersetzung

1. Die zugrunde liegende Theorie ist einseitig

Die Sichtweise der dynamisch-äquivalenten Übersetzung gehörte in Europa jeweils in die frühe Phase der Übersetzertätigkeit, wie wir oben gesehen haben. Diese Theorie gehörte zu einer bestimmten geistesgeschichtlichen Epoche. Sie war schon immer eine Theorie neben anderen, aber so zu tun, als ob dies die einzige Art sei, in der vernünftige Menschen je übersetzt haben und daher auch heute übersetzen sollen, ist einfach anmaßend und damit auch nicht besonders vernünftig. Ich verstehe den Nepalmissionar David W. Cloud sehr gut, dass er die Übersetzungstheorie der dynamischen Äquivalenz eine „überhebliche Theorie" („a proud theory") nennt.

a. Das Interesse der Anthropologen und des Missionars ist nicht das einzige, das beim Übersetzen der Bibel befragt werden muß; es ist nicht einmal das Hauptsächliche.

b. Wird das Anliegen der Verständlichkeit, also die „Einbürgerung" zum alles beherrschenden Prinzip, werden wir zwangsläufig am Ausgangstext Verrat üben müssen.

Man beruft sich beim Einbürgern teilweise zu Recht auf Luther, aber häufiger zu Unrecht. Man darf Luther nicht zum Gewährsmann für alles machen, was Nida und seine Schule getan hat und noch tut. Es stimmt zwar, dass Luther

---

[13] Hans J. Vermeer hat vom Skopos, vom beabsichtigten Zweck einer Mitteilung, gesprochen (Albrecht, S. 258).

zuweilen die „Einbürgerung“ der „Verfremdung“ vorzog.[14] Er hat das in seinem Rechtfertigungsschreiben „Vom Dolmetschen“ deutlich genug gesagt. Aber – und dieses Aber muss stark betont werden –, er hat die Einbürgerung nicht konsequent betrieben; er hat meistens aus Treue gegenüber dem Original „entfremdend“ übersetzt, also so, dass die Sache sprachlich und inhaltlich dem deutschen Leser gar nicht vertraut vorkam.[15] So lernen wir an Luther, dass das Übersetzen nicht nur eine Frage der leitenden Theorie ist, sondern auch des Maßes. Luther hat behutsam und sehr maßvoll einbürgernd übersetzt.

2. Der Übersetzer mutet sich Übermenschliches zu

Traut sich der Übersetzer zu, den von Gott beabsichtigen Sinn vermöge seiner geschickten Übersetzung dem unbedarften Leser zu vermitteln, dann maßt er sich etwas an, dass Gott allein vermag. Verstehen ist ein ungeheuer komplexes Geschehen. Es sind nicht nur die geschriebenen Worte, die Verstehen und Verständnis erzeugen, sondern auch die Umstände, in denen man sich gerade findet, die Erfahrungen, die man im Leben gemacht hat, in denen die im Text gebrauchten Worte eine Rolle gespielt haben usw. Wie soll ein Übersetzer das alles erfassen können und mit seiner Übertragung die Macht haben, das exakt zu treffen? Gott allein hat diese Macht. Gottes Geist kennt den Leser, kennt seine Vergangenheit und seine Gegenwart, sein Herz und sein Begehren. Gottes Geist kann dem Leser das Verständnis der Schrift so öffnen, dass er beim Lesen versteht, was er verstehen soll.

Luther, auf den sich die Vertreter der leserorientierten Übersetzung berufen, sagt zu diesem Sachverhalt im dritten Artikel des Kleinen Katechismus:

> „Ich glaube an den Heiligen Geist… Ich glaube, dass ich nicht aus eigener Vernunft noch Kraft an Jesus Christus, meinen Herrn, glauben oder zu ihm kommen kann; sondern der Heilige Geist hat mich durch das Evangelium berufen, mit seinen Gaben erleuchtet, im rechten Glauben geheiligt und erhalten.“

Das entspricht der neutestamentlichen Lehre vom Werk und Wirken des Heiligen Geistes (Joh 16,8-14; 1.Kor 2).

---

[14] Z.B. Ps 63,6.

[15] Er übersetzt Röm 12,20 wörtlich: „…so wirst du feurige Kohlen auf sein Haupt sammeln“. NeÜ und NGÜ meinen, das dürfe man dem heutigen Leser nicht zumuten und übersetzen: „…wirst du ihn zutiefst beschämen“. Abgesehen davon, dass das fad und kraftlos ist, ist es auch schlechter Stil: „beschämen“ hätte genügt.

3. Das Verständnis des Übersetzers schlägt zu stark durch

Jeder Übersetzer muss ein Stück weit interpretieren, auch wenn er bestrebt ist, sich möglichst eng ans Original zu halten.

> „Jede Übersetzung ist nolens volens eine Auslegung, eine Auslegung mit anderen Mitteln. Konsequent einbürgernde Übersetzungen treffen eine sehr einseitige, zeitbedingte Auswahl aus dem Sinnpotential des Originals und sind somit einem besonders schnellen Alterungsprozess unterworfen… Für den deutschen Leser leistet der Übersetzer – nolens volens, das kann nicht oft genug wiederholt werden – zumindest einen Teil der Arbeit des Kommentators in der Übersetzung selbst“.[16]

Verglichen mit der Elberfelder Übersetzung ist die Luther-Übersetzung insgesamt stärker interpretierend, d.h. Martin Luther hielt sich meist, aber nicht immer strikt an den griechischen Wortlaut. Nehmen wir als bekanntes Beispiel Röm 1,17:

> „Denn Gottes Gerechtigkeit wird darin geoffenbart aus Glauben zu Glauben, wie geschrieben steht: Der Gerechte aber wird aus Glauben leben“ (Elberfelder).

> „Sintemal darin offenbart wird die Gerechtigkeit, die vor Gott gilt, welche kommt aus Glauben in Glauben; wie denn geschrieben steht: Der Gerechte wird seines Glaubens leben“ (Luther).

Die Elberfelder Übersetzung hält sich treu an die grammatikalische Form der griechischen Vorlage und übersetzt δικαιοσύνη θεοῦ mit: *„Gerechtigkeit Gottes“*, das die beiden Möglichkeiten offenlässt, den Genetiv als einen subjektiven oder objektiven aufzufassen. Martin Luther hat sich entsprechend seinem Verständnis (die auf seiner persönlichen Erfahrung mit gerade diesem Vers beruht) in der Übersetzung dahingehend festgelegt, es müsse ein objektiver Genetiv sein. Denn es handele sich um jene Gerechtigkeit, die vor Gott gilt. Vielleicht hat er Recht, aber nur vielleicht. Darum ist hier die Elberfelder Übersetzung vorzuziehen. Sie lässt dem Geist Gottes die Tür offen, den Leser persönlich anzusprechen und zu überzeugen.

Joh 6,29 übersetzt Luther:

> „Jesus antwortete und sprach zu ihnen: Das ist Gottes Werk, dass ihr an den glaubt, den er gesandt hat.“ (Luther)

Hier übersetzt er die griechische Genetivverbindung direkt ins Deutsche. Damit lässt er beide Möglichkeiten offen, wie es der Urtext tut: „Werk Gottes“ kann als genetivus subjektivus aufgefasst werden mit der Bedeutung: „das

[16] Albrecht, a.a.O. S. 105.

Werk, das Gott tut“; es kann auch als genetivus objektivus verstanden werden mit der Bedeutung: „das Werk, das Gott verlangt“. Hfa überträgt die Aussage im anthropozentrischen Sinn: *„Nur eins erwartet Gott von euch: Ihr sollt an den glauben, den er gesandt hat.“* Aus dem Werk, das Gott wirkt (Glauben), wird eine Forderung, die der Mensch erfüllen soll.

Genau so überträgt Gute Nachricht: *„Gott verlangt nur eins von euch…“*

Hat nun der Übersetzer, wie Nida will, von vornherein die Absicht, den Sinn des Originals zu vermitteln, und zwar so, dass sich beim Leser das gleiche Verständnis einstellt, muss er bewusst interpretieren. Zunächst baut er bewusst auf seiner eigenen Interpretation auf, und dann müht er sich, den Bibeltext in der Zielsprache eben das sagen zu lassen. Interpretieren, Auslegen wird zum unveräußerlichen Bestandteil seiner Übersetzungsarbeit. Schauen wir uns den einleitend zitierten Vers Kol 3,3 in einer wörtlichen und einer dynamisch-äquivalenten Version an:

> „Denn ihr seid gestorben, und euer Leben ist verborgen mit dem Christus in Gott“ (Kol 3,3 – Luther; Elberfelder).
>
> „Denn ihr seid dieser Welt gegenüber gestorben, und euer neues Leben ist ein Leben mit Christus in der Gegenwart Gottes. Jetzt ist dieses Leben den Blicken der Menschen verborgen“ (Kol 3,3 – NGÜ)

NGÜ interpretiert das urtextliche „ihr seid gestorben“ als „ihr seid dieser Welt gestorben“. Nun könnte aber auch gemeint sein „der Sünde gestorben“ (Röm 6,2), oder „dem Gesetz gestorben“ (Gal 2,19). Paulus hat es offen gelassen; und das müsste die Übersetzung auch tun.

Was muss man tun, um immer verstanden zu werden? Man muss zwei Dinge tun: vereinfachen und erklären. Das ist eine gute Sache; es ist richtig, dass wir schwierige Sachverhalte in einfache Form bringen, damit sie besser verstanden werden, und es ist richtig, dass wir erklären, was man ohne Erklärung nicht verstünde. Aber – und dieses Aber ist von großer Tragweite:

Das zu tun ist nicht die Aufgabe der Bibelübersetzung.

Das zu tun ist die Aufgabe der Prediger, der Bibellehrer, der Evangelisten, der Hauskreisleiter und der Bibelkommentare. Die Aufgabe des Übersetzers ist es, so zu übersetzten, dass nichts von der Substanz verloren geht; also genau zu übersetzen, auch wenn die Unklarheiten und Mehrdeutigkeiten bleiben; Befremdendes so zu belassen, dass es dem Deutschen fremd ist; Anstöße, die im Text liegen, nicht aus dem Weg zu räumen.

Eine solche Übersetzung war die erste Bibelübersetzung, die Septuaginta. Es war nicht die Aufgabe der Christen, die schon zweihundert Jahre alte Übersetzung neu zu übertragen, damit alle Härten und Schwierigkeiten, alle Mehrdeutigkeiten und schwer verstehbaren Ausdrücke ausgemerzt würden. Sie haben nie daran gedacht, die Septuaginta mit ihrem typischen Septuagintagriechisch zu einer dynamisch äquivalenten Version in fließendem Idiom umzumodeln. Haben sie damit etwas unterlassen, was sie hätten tun sollen? Die ersten Christen haben das offensichtlich nicht empfunden; sie haben die alte alexandrinische Bibelübersetzung nicht modernisiert, geglättet und von allen Unzumutbarkeiten für Griechen und Römer befreit. Sie haben gesehen, dass das nicht die Aufgabe einer Bibelübersetzung sein kann. Diese soll gar nicht möglichst dynamisch, sondern sie soll möglichst wörtlich sein.

Unmittelbare Verständlichkeit ist nicht immer das von den biblischen Autoren angestrebte Ziel. Dass der Leser verstehe, ist nicht die überall alle anderen Erwägungen der biblischen Autoren verdrängende Absicht. Mehr- und Schwerdeutigkeit wird in Kauf genommen, weil es offenkundig Absichten geben muss, die vorrangiger sind als Verständlichkeit.

Dass die Apostel nicht „dynamisch äquivalent" übersetzt haben, beweisen alle ihre Schriften, die wir im Neuen Testament haben. Sie haben unzählige Male das Alte Testament zitiert, meistens wie es die LXX bot. Manchmal verweisen sie sogar auf einzelne Wörter des griechischen und hebräischen Textes, um damit eine wichtige Wahrheit zu belegen (Gal 3,16). Die Apostel konnten dabei die Septuaginta zitieren, weil sie eben genau genug war. Auch wenn der Herr in den Evangelien aus der Heiligen Schrift zitiert, finden wir im Urtext Septuagintazitate (Mt 4), weil sie treu und wörtlich übersetzt waren. Der Herr hält in diesem Abschnitt dem Teufel nicht eine dynamisch äquivalente Umschreibung der hebräischen Verse aus dem 5. Mosebuch entgegen, sondern eine wortgetreue Übersetzung. Das Gleiche lesen wir auch, wenn er mit den Juden oder mit den Jüngern redete (Mt 13,14.15; Joh 10,34).

4. Die Wahrheit der Verbalinspiration wird verhüllt

Da der Übersetzer nicht Wort für Wort, sondern Gedanke für Gedanke oder Sinn für Sinn wiedergeben will, muss er sich nicht an der Wortwahl des Originals orientieren. Er produziert deshalb eine Übersetzung, die den Leser vergessen lassen kann, dass der ursprüngliche Bibeltext verbal, also Wort für Wort, inspiriert ist.

5. Man kann keine theologischen Begriffe erfassen und studieren

Ein Text, der frei übertragen ist, hat fast zwangsläufig einen weiteren Mangel. Die für den Glauben wichtigen theologischen Begriffe lassen sich nicht mehr erfassen.

Beispiel: Werk, ἔργον.

> Joh 6,28: „Da sprachen sie zu ihm: Was sollen wir tun, damit wir die Werke Gottes wirken?" (Elb)

„Was sollen wir denn tun, damit Gott mit uns zufrieden ist?“ (Hfa)

Joh 6,29: „Jesus antwortete und sprach zu ihnen: Dies ist das Werk Gottes, dass ihr an den glaubet, den er gesandt hat“ (Elb).

„Gott verlangt nur eins von euch“ (Hfa)

„Gottes Wille wird dadurch erfüllt“ (NeÜ; NGÜ)

Im Johannesevangelium allein kommt das Wort „Werk“ in Elb 27 Mal vor. Das entspricht genau der Häufigkeit von *ergon* im griechischen Text. In Hfa kommt „Werk“ ganze 3 Mal vor. Es wird sonst wie folgt wiedergegeben:

Schandtat; Wunder; Gottes Wunder; Verlangtes; Tun und Treiben; Tat; Handeln; Macht; Aufgabe; Ding; Auftrag. Das sind *elf* durchaus nicht synonyme Begriffe für das eine griechische Wort *ergon.* Zuweilen steht einfach nichts, was dem Wort „Werk“ entspräche (z.B. Joh 3,21), zuweilen wortreiche Umschreibungen (Joh 7,21). In den übrigen Evangelien wird *ergon* auch ersetzt durch: Beispiel; was sie tun; Arbeit; etwas.

6. Der primäre Adressat wird verfehlt

Die Bücher des Alten und des Neuen Testaments wurden primär für das Volk Gottes geschrieben, nicht für die ungläubige Welt.

7. Der Empfänger wird wichtiger als der Urheber der Bibel

Die amerikanische Linguistik von Eugene Nida ist *anthropologisch ausgerichtet.* Das steht im Gegensatz zur Schule der Nachfolger de Saussures (systembezogen) und der Pragerschule (literaturbezogen), die in Europa prägend gewesen sind. Eine anthropologisch orientierte Linguistik verleitet den Übersetzer dazu, den Empfänger der Botschaft aufzuwerten und damit zwangsläufig den Urheber der Bibel abzuwerten. Das kann man exemplarisch an der Hoffnung für Alle zeigen.

- Von den 660 Belegen von „Herr“ im NT sind 220 durch ein anderes Wort (Gott; Jesus; Christus) ersetzt oder gar nicht übersetzt.
- Das griech. doulos wird nie mit Knecht oder Sklave, sondern entweder nur mit „Diener“ übersetzt oder ganz ausgelassen. Statt „wir sind unnütze Knechte; wir haben getan, was wir zu tun schuldig waren“ (Lk 17,10) „Wir haben nur das getan, was zu unserem Auftrag gehört.“
- Statt „Folge mir nach“: „Komm jetzt mit mir“ (Mt 8,22); „komm, geh mit mir“ (Mt 9,9). Statt „Sie folgen ihm nach“ (Mt 4,22): „Sie gingen mit Jesus.“
- Statt: „Ich bin der ich bin“ (2.Mo 3,14) „Ich bin euer Gott, der für euch da ist“.

- Statt: „Gott hat ihnen einen Geist der Schlafsucht gegeben, Augen, um nicht zu sehen“ (Röm 11,8): „Sie sind wie betäubt. Mit ihren Augen sehen sie nichts.“
- Statt: „Niemand kann zu mir kommen, es sei denn, dass der Vater ihn ziehe“ (Joh 6,44): „Keiner kann zu mir kommen, dem nicht der Vater den Weg zeigt.“
- Statt: „Deshalb sendet ihnen Gott eine wirksame Kraft des Irrwahns, dass sie der Lüge glauben“ (2.Thess 2,11) „Weil sie nicht der Wahrheit, sondern der Lüge glauben, überlässt sie Gott ihrem Irrtum.“

5. Zusammenfassung

Die Merkmale einer guten Übersetzung lassen sich stichwortartig noch einmal so zusammenfassen: Eine gute Übersetzung der Bibel übersetzt

- Wort für Wort,
- Begriff für Begriff,
- Idiom für Idiom,
- Urheberorientiert, nicht Empfängerorientiert,
- für das Volk Gottes, nicht für die Welt.

Johannes Pflaum

Gott spricht heute

Mit der Feststellung, dass Gott heute noch spricht, verbindet sich immer die Frage, wie er dies tut. Zwei Beispiele führen uns zum Kern dieser Fragestellung. Das erste stammt aus einem Buch von John MacArthur. Ein junger Mann betet während er mit einer Frau spazieren geht:

> „Herr wenn sie sich mit mir auf diese Bank setzt, dann soll das dein Zeichen sein, dass Du willst, dass ich sie heirate!“ Die Bank war frisch gestrichen, die Ehe kam nicht zustande.[1]

Ein zweites Beispiel: Ein Bibelschüler leitete eine Bibelfreizeit. Nach einigen Tagen kam ein junges Mädchen in die Seelsorge. Schließlich breitete sie ihr Anliegen aus. Der Herr habe ihr gezeigt, dass er ihr Mann werden wird. Aber damit noch nicht genug. Kurze Zeit später wollte eine zweite Teilnehmerin ein seelsorgerliches Gespräch. Seltsamerweise hatte auch ihr der Herr gezeigt, dass sie diesen Bibelschüler heiraten soll.

Damit sind wir nicht nur mitten in unserem Thema, sondern auch in der ganzen Problematik, die damit zusammenhängt. Auf der einen Seite haben wir es heute mit schwärmerischen Einflüssen zu tun. Man meint das Reden Gottes durch Visionen, Stimmen und Träume zu vernehmen. Oder man verwechselt eigene Vorstellungen, Wünsche und Gefühle mit dem Reden Gottes. Auf der anderen Seite wollen wir aber auch nicht einem toten, orthodoxen Dogmatismus erliegen, der sich nur auf theoretisches Wissen und theologische Lehrsätze abstützt. Zweifelsohne spricht Gott auch noch heute ganz konkret und ganz persönlich. Die Frage dabei ist nur, wie dieses Reden Gottes im Einklang mit dem Zeugnis der Heiligen Schrift aussieht.

Damit sind wir schon bei der Grundlage, dem Hauptmittel und dem absoluten Maßstab, wenn es um Gottes Reden geht. Gottes Reden heute geschieht auf der Grundlage von Gottes Wort. Die Heilige Schrift ist zugleich das Hauptmittel, durch welches Gott zu uns spricht, wie auch der absolute Maßstab, an welchem wir alles angebliche Reden Gottes messen müssen.

---

[1] John MacArthur: „Gefunden: Gottes Willen“, Bielefeld: Christliche Literaturverbreitung, 2010.

1. Gottes Reden durch die Heilige Schrift

Jesus sprach nun zu den Juden, die ihm geglaubt hatten: Wenn ihr in meinem Wort bleibt, so seid ihr wahrhaft meine Jünger; und ihr werdet die Wahrheit erkennen, und die Wahrheit wird euch frei machen.

Johannes 8,31-32

In Eph 2,20 steht: *Ihr seid aufgebaut auf der Grundlage der Apostel und Propheten, wobei Christus Jesus selbst Eckstein ist.* Paulus spricht von dem Fundament, auf welchem die Gemeinde aufgebaut wird. Der Eckstein ist Christus, das Fundament besteht aus den Aposteln und Propheten. Wichtig ist hier die Reihenfolge. Zuerst kommen die Apostel und an zweiter Stelle die Propheten. Deshalb handelt es sich hier möglicherweise nicht nur um die alttestamentlichen, sondern die neutestamentlichen Propheten. Solche Propheten begegnen uns beispielsweise in der Apostelgeschichte mit dem Prophet Agabus (Apg 11,27) und in Kapitel 15,32 werden Judas und Silas als Propheten genannt. Diese Propheten hatten in den Gemeinden bestimmte Aufgaben solange der Kanon der Bibel, die ganze Heilige Schrift, noch nicht vorlag und abgeschlossen war.

Es fehlten ja noch die meisten Bücher und Briefe des Neuen Testamentes. Aus diesem Grund redete Gott damals direkt durch von ihm berufene und bestätigte Propheten sein Wort in die Situationen der ersten Gemeinden hinein. Der 1.Korintherbrief gehört zu den frühen Briefen des Paulus vor seiner langen Haftzeit in Cäsarea. Deshalb ist es nicht erstaunlich, dass wir in diesem Brief Weissagung und prophetisches Reden als Gottes Gaben an die Gemeinden finden (vgl. 1.Kor 12,10; 13,3 etc.). Ich möchte dies einmal Weissagung oder prophetischen Reden *ersten Grades* nennen. Unser Herr sprach dadurch ganz gezielt in die Situation der Gemeinde hinein. Aber schon in 1.Kor 13,8-10 spricht Paulus davon, dass mit dem Kommen des Vollkommenen die Weissagung aufhören wird.

Nun beziehen manche das Vollkommene auf die Herrlichkeit. Der griechische Begriff für das Vollkommene (téleion), welches Paulus in 1.Kor 13 verwendet, wird an verschiedenen Stellen im Neuen Testament gebraucht, aber niemals auf die kommende Herrlichkeit bezogen. Dies hat sowohl Benedikt Peters[2] in einer Begriffsstudie nachgewiesen, als auch Bert Ott[3] in einer Studie über 1.Kor 13. Aus dem Textzusammenhang kann das Vollkommene auf den Abschluss des Wortes Gottes und damit des biblischen Kanons bezogen wer-

---

2 Benedikt Peters, „Der Heilige Geist : Gaben, Werk, Wirkungen", Bielefeld : Betanien, 2003, S. 126-136.

3 Bert Ott: „Wenn aber kommen wird das Vollkommene", in: BuG 2/1986, S. 163-167.

den. Die Weissagung und das prophetische Reden ersten Grades, hat damit mit dem Vorliegen der abgeschlossenen Heiligen Schrift aufgehört. Aus diesem Grund gehören die neutestamentlichen Propheten mit zu dem einmalig gelegten Fundament, auf welches wir aufgebaut sind und werden. Das Hauptmittel, durch welches unser Herr heute redet, ist deshalb sein Wort, wie es in der Bibel aufgeschrieben ist.

Selbst zu der Zeit, in welcher Gott noch auf vielfältige Weise zu den Vätern geredet hat (Hebr 1,1), war das Wort Gottes immer die höchste Stufe der göttlichen Offenbarung und nicht etwa eine minderwertige, so wie das heute oft in schwärmerischen Bewegungen dargestellt wird. Deshalb sagt Gott durch den Propheten Jeremia (Jer 23,28): *Der Prophet, der einen Traum hat, erzähle den Traum! Wer aber mein Wort hat, rede mein Wort in Wahrheit!* Die Christen, welche sich ganz einfach an die Bibel halten, sind eben nicht die armen kleinen Würstchen, im Gegensatz zu den „hochgeistlich getunten Überchristen", mit denen der Herr angeblich nur noch durch Träume, Visionen und Ähnliches spricht. Es ist genau umgekehrt. Das geoffenbarte Wort Gottes ist die höchste und nicht etwa eine minderwertige Offenbarungsstufe. Wie erwähnt hat die direkte Prophetie, mit der unser Herr sein Wort unmittelbar in die Situation der ersten Gemeinden hineinsprach, mit dem Abschluss des biblischen Kanons aufgehört. Ich nannte dies Prophetie oder Weissagung *ersten Grades*.

Trotzdem gibt es heute immer noch prophetisches Reden, wenn auch in einer anderen Art. Ich möchte es prophetisches Reden *zweiten Grades* nennen. Das kann in einer Predigt oder auch in der Seelsorge geschehen. Jemand sitzt unter einer Verkündigung und wird durch die Auslegung von Gottes Wort so getroffen, dass er sich überlegt, woher der Verkündiger diese Dinge aus seinem Leben wusste. Aber der Verkündiger hat dies nicht durch eine Vision, innere Bilder oder sonst irgendwelche schwärmerische Methoden erkannt. Er ist sich dessen vielleicht nicht einmal bewusst. Sondern er hat betend über dem Bibeltext in seiner Vorbereitung gerungen. Und der Herr schenkte es, dass er genau in eine Lebenssituation das Wort Gottes hineinspricht. Dasselbe gilt für die Seelsorge. Gott gebraucht den Seelsorger, um sein Wort in die Situation des Ratsuchenden hineinzusprechen. Eben ohne Visionen, innere Bilder, Zungenreden oder andere fragwürdige Methoden, sondern indem der Seelsorger innerlich in der Abhängigkeit von seinem Herrn um die richtigen Worte und die nötige Weisheit ringt.

In diesem Zusammenhang sei auch erwähnt, dass ein ganzer Teil des Dienstes der alttestamentlichen Propheten nicht aus ständig neuen Visionen und Offenbarungen bestand. Und dies zu einer Zeit, als der Herr zweifelsohne noch durch Prophetie *ersten Grades* sprach und sein Wort auch fortlaufend durch seine Knechte uns Menschen offenbarte. Auch schon damals bestand ein ganzer Teil des prophetischen Dienstes darin, dass die Propheten das Wort Gottes, welches schon geoffenbart war, unter der Leitung des Geistes Gottes auf die aktuelle Situation anwandten und in dieselbe hineinsprachen. Beispielsweise aufgrund der schon geoffenbarten fünf Bücher Moses das Volk zur Umkehr riefen.

Mit der Fertigstellung des biblischen Kanons hat das direkte Reden Gottes in apostolischer und prophetischer Autorität aufgehört, also die Prophetie *ersten Grades*. Aber Gott spricht auch heute durch die Anwendung seines geoffenbarten Wortes direkt in die Lebenssituationen einzelner Menschen hinein, die Prophetie *zweiten Grades*. Benedikt Peters spricht in diesem Zusammenhang von der *Offenbarung von Gottes Wort*, welche mit dem Abschluss der Bibel aufhörte. Im Unterschied zu der *Erleuchtung durch das Wort Gottes*, die wir heute bekommen können und benötigen.

a) Gottes Reden durch die Beschäftigung mit seinem Wort

> Der Geist ist es, der lebendig macht; das Fleisch nützt nichts. Die Worte die ich zu euch geredet habe, sind Geist und sind Leben.
>
> Johannes 6,63

Damit Gott durch sein Wort mit uns sprechen kann, müssen wir uns die Zeit nehmen, Gottes Wort zu lesen, zu studieren und betend über der Bibel nachzusinnen. Vielleicht klingt das jetzt alles zu einfach, weil uns das ja sowieso bekannt ist. Aber genau darin liegt heute ein Problem.

Auch in so genannten bibeltreuen Kreisen und Gemeinden kommt zu einem ganzen Teil die persönliche Stille über der Bibel viel zu kurz. Oft beschäftigt man sich mit so vielen Themen und auch guten Bücher, für die wir eigentlich dankbar sein können, aber man vernachlässigt darüber das Wichtigste, die persönliche Beschäftigung mit der Bibel. Oder man lebt nur mit einzelnen Bibelversen und kurzen Textabschnitten aus den täglichen Losungen oder dem Kalenderzettel. Das ist sicher besser, als gar nichts zu lesen. Aber es genügt nicht, um geistlich verändert zu werden und wachsen zu können. Dazu braucht es einfach Zeit über der aufgeschlagenen Bibel in welcher wir Gottes Wort fortlaufend lesen und innerlich betend darüber nachsinnen. Diese Zeit ist oft umkämpft und erfordert geistliche Disziplin. Es liegt uns auch viel näher aktiv zu sein, als wirklich vor dem Herrn und seinem Wort still zu werden. Aber hier gibt es keine geistlichen Abkürzungen. Damit Gott durch sein Wort mit uns redet, müssen wir uns wirklich Zeit nehmen. Genauso wie ein gute Kommunikation mit dem Ehepartner Zeit und Aufmerksamkeit benötigt und nicht einfach nebenbei erledigt werden kann. In Ps 1 wird ein fruchtbares Leben in einen untrennbaren Zusammenhang mit einem verwurzelt sein in Gottes Wort gestellt.

Nun geht von Gottes Wort immer eine göttliche Kraft aus und unser Denken wird dadurch verändert, ganz gleich ob wir scheinbar einen großen oder nicht so großen Gewinn vom Bibellesen haben. Aber darüber hinaus spricht der

Herr durch sein Wort auch in ganz bestimmte Situationen hinein. So wie es in Ps 19,8 steht: *Das Gesetz des Herrn ist vollkommen und erquickt die Seele; das Zeugnis des HERRN ist zuverlässig und macht den Einfältigen weise.*

Vor kurzer Zeit haben mich innerlich verschiedene Dinge bewegt. Manche Fragen beschäftigen einem dann ja abends beim zu Bett gehen und sind auch morgens wieder da. Und so ging ich in die persönliche Stille mit meiner fortlaufenden Bibellesen. Ich habe nicht extra in irgendwelchen Texten gesucht, ehrlich gesagt auch nicht damit gerechnet, dass der Herr jetzt durch den Bibelabschnitt in die Situation hineinredet. Aber genau das war der Fall. Der Herr gab durch sein Wort ganz konkret neuen Trost und Ermutigung. Nicht indem man es hinbiegen musste oder zwischen den Zeilen lesen, wie das manche versuchen. Sondern so wie es dastand hat dieses lebendige wirksame Wort seine Kraft entfaltet. In meiner Bibel gibt es verschiedene Stellen, neben die ein Datum mit einem Stichwort geschrieben ist, als Erinnerung an Gottes Reden durch sein Wort.

Nun muss man aufpassen, dass mit einzelnen Bibelversen kein frommes Orakelspiel getrieben wird, so wie man beispielsweise blind in eine Lostombola hineingreift und dann irgendetwas herauszieht. Diesbezüglich gibt es die tollsten Geschichten in christlichen Kreisen. Ich weiß nicht, ob das wirklich so passiert ist. Aber jemand soll einmal mit der Frage, welche Frau er nun heiraten soll, einfach orakelmäßig seine Bibel aufgeschlagen haben. Und dann las er in Jer 14,1 „die große Dürre" und deutete das auf eine schlanke Frau. Von solchen willkürlichen Bibelspielen sollten wir die Finger lassen. Oder andere legen dann in einzelne Bibelverse das hinein, was sie sowieso gerne hören möchten. Auf der anderen Seite spricht der Herr aber auch durch einzelne Bibelworte zu uns. Jemand schenkt einem eine Karte mit einem aufgedruckten Bibelvers, möglicherweise ohne sich groß darüber Gedanken zu machen. Und der Herr spricht zu uns durch sein Wort. Er ermutigt, tröstet oder korrigiert uns ganz konkret durch den Bibelvers, welchen wir in Händen halten.

Zu dem Reden Gottes gehört auch sein Reden durch das verkündigte Wort Gottes, die Predigt. Nun muss sich jede Verkündigung an der Bibel messen lassen. Kein Prediger kann mehr nach dem Motto auftreten: „Der Herr hat mir gesagt..." und damit apostolische oder prophetische Autorität für sich beanspruchen. Wie gesagt ist die Offenbarung von Gottes Wort zu Ende. Heute geht es um die Erleuchtung durch Gottes Wort. Aber die große Not liegt in den bibeltreuen Kreisen oft an einem anderen Punkt. Man geht nicht in die Gemeinde oder unter die Verkündigung, damit der Herr zu einem reden kann und man selbst durch Gottes Wort erleuchtet wird. Sondern man ist nur damit beschäftigt, zu beurteilen, ob das eine „gute" oder „schlechte" Predigt war, ob sie zu lang oder zu kurz war, ob zu viel oder zu wenig Beispielgeschichten erwähnt wurden und ob die Predigt sich bis in alle Verästelungen mit unseren Vorstellungen und Erkenntnissen deckt. Und man übersieht häufig darüber, dass die göttliche Wahrheit betont wurde und Gott zu mir reden wollte, auch wenn der Verkündiger einige Akzente anders setzte, als wir sie gesetzt hätten. Es geht eben oft nicht um grundlegende Lehrfragen und klare Linienziehungen. Gott möchte durch die Verkündigung seines Wortes reden, Glauben schenken und stärken, so wie es in Röm 10,17 steht: *Also ist der Glaube aus der Verkündigung, die Verkündigung aber durch das Wort Gottes.* Und wie oft wird dieses Reden Gottes von vornherein gestört und zerstört, weil man im Prinzip in einer völlig verkehrten inneren Haltung unter das Wort Gottes kommt. Es geht nicht mehr nach dem Motto: „Rede Herr, den dein Knecht hört", sondern: „Mal sehen, ob der da vorne so redet, wie ich es gerne hätte". In Ps 119,18 haben wir das Gebet: *Öffne meine Augen, damit ich schaue die Wunder aus deinem Gesetz.* Wenn wir um diese Haltung ringen, dann erfahren wir auch heute, wie der Herr durch sein Wort redet, über der aufgeschlagenen Bibel und unter der Verkündigung.

b) Gottes Reden durch einen veränderten Sinn, eine veränderte Wahrnehmung und Denkweise

> Und seid nicht gleichförmig dieser Welt, sondern werdet verwandelt durch die Erneuerung des Sinnes, dass ihr prüfen mögt, was der Wille Gottes ist: das Gute und Wohlgefällige und Vollkommene.
>
> Römer 12,1

Mit Gottes Reden durch einen veränderten Sinn, eine veränderte Wahrnehmung, meine ich, dass unser Sinn, unsere Wahrnehmung oder unsere Denkweise, mehr und mehr von Gottes Wort her verändert und geprägt wird. Wenn dies der Fall ist, spricht der Herr auch im Alltag zu uns, im Sinn von Führung, von Überlegen was gut und richtig ist, weil unsere Denkweise mehr und mehr seinem Wort entspricht.

Jetzt könnte man meinen, dass dies schon unter Punkt a) erledigt wäre. Aber ich habe diese Veränderung unseres Sinnes bewusst als einen extra Unterpunkt herausgehoben. Wir haben heute das Problem, dass in bibeltreuen und konservativen Kreisen oft viel theoretisches Wissen über biblische Wahrheiten da ist, aber trotzdem viel nach dem natürlichen Sinn und der Denkweise des von Gottes Wort unerleuchteten Menschen gedacht, geredet und gehandelt wird. Das Problem liegt darin, dass trotz aller Lehre unsere Denk- und Verhaltensweise in Wirklichkeit mehr vom gesellschaftlichen Umfeld als von der Bibel selbst geprägt ist. Ein Beispiel soll dies verdeutlichen: Man stimmt theoretisch der biblischen Sicht von Mann, Frau und Familie zu, aber in der Praxis fühlt sich manche Frau als „nur" Hausfrau und Mutter minderwertig und geht einer Berufstätigkeit nach, um sich selbst zu verwirklichen, selbst wenn das auf Kosten der Familie geschieht.

Es ist ein großer Unterschied, ob wir die Bibel durch unsere Brille lesen und danach sortieren und einordnen, oder ob wir bildlich gesprochen unsere Brille von der Bibel her verändern und korrigieren lassen. Je mehr unsere Denkweise und unsere Wahrnehmung von Gottes Wort her verändert und geprägt werden, umso mehr werden wir auch sein Reden in dem Sinn erfahren, dass er uns führt und leitet. Ich möchte hier Fritz Binde zitieren, der vor seiner Bekehrung ein gebildeter und begabter Führer der Arbeiterbewegung war und die Menschen für den Sozialismus begeistern konnte. Er schrieb:

> „Früher suchte ich in tausend Büchern und vernachlässigte das eine [die Bibel, Anm. d. Verf.]; seitdem ich aber in dem einen alles gefunden, vernachlässige ich ohne Verlust die tausend. Es bleibt mir auch immer eine unbereubare Tat, daß ich nach meiner Bekehrung, nämlich nach Unterordnung meines Denkens unter die Bibel – als ich aus dem Wort der Wahrheit gezeugt wurde (Jak 1,18) – nahezu ein halbes Jahrzehnt nichts wesentlich anderes als die Bibel selbst las. Ihre mir sich öffnende Fülle nahm mich derart hin, daß ich keine anderen Schätze der Weisheit und Erkenntnis mehr begehrte als die, die in der Bibel, in Christus sind. Ich wollte mir aber auch das Quellwasser aus Gottes Brünnlein derart gründlich durch den Kopf laufen lassen, daß es alles wegspülen sollte, was sich da von früher her an Menschenweisheit festgesetzt hatte. Ich wollte eben göttliches Denken gegen menschliches vertauschen und habe diesen Tausch nie bereut; denn nur so lernt man freudig glauben und fröhlich seines Glaubens leben."[4]

Das Wort Gottes ist das Mittel, welches unsere Denkweise verändern möchte. Deshalb steht in Ps 1 über den Menschen, der wie ein Baum an Wasserbächen gepflanzt ist und Frucht für seinen Herrn bringt: *Sondern seine Lust hat am Gesetz des HERRN und über sein Gesetz sinnt Tag und Nacht.* Hier kann man auch übersetzen: *Der sein Gesetz wiederkaut Tag und Nacht.* Er verarbeitet es innerlich und lässt sein Denken, seinen Sinn und seine Wahrnehmung dadurch verändern. Nun sind beispielsweise Sorgen ein Bestandteil unseres Lebens. Auch als Nachfolger Jesu können uns Sorgen immer wieder umstricken. Jetzt kann ich einerseits irgendwelche Bibelverse zitieren und mir auf der anderen Seite sagen, dass dies nicht weiterhilft und eben nach der natürlichen Denkweise um die Sorgen kreisen und versuche damit selbst fertig zu werden. Oder es kann mir ein Anliegen werden, dass meine Denkweise und mein Sinn, wie ich mit den Sorgen umgehe, durch das Wort Gottes verändert werden. Dies ist ein willentlicher Prozess und geht über unseren aktiven Verstand. Es gibt so viele große und kleine Bereiche unseres Lebens, in denen wir trotz aller biblischen Lehre immer noch nach dem natürlichen Sinn und der damit verbunde-

---

4 Fritz Binde: „Vom Geheimnis des Glaubens", Wuppertal: Verlag und Schriftenmission der Evang. Gesellschaft, 1979, S. 17-18.

nen Denkweise funktionieren. Je mehr dies aber von Gottes Wort verändert wird, umso mehr werden wir auch erfahren, wie der Herr in unserem Alltag redet. So erkennen wir, was sein Wille ist, das ihm Wohlgefällige.

2. Gottes Reden durch das Gewissen

> Denn wenn die Nationen, die kein Gesetz haben, von Natur dem Gesetz entsprechend handeln, so sind diese, die kein Gesetz haben, sich selbst ein Gesetz. Sie bewiesen, dass das Werk des Gesetzes in ihren Herzen geschrieben ist, indem ihr Gewissen mit Zeugnis gibt und ihre Gedanken sich untereinander anklagen oder auch entschuldigen – an dem Tag, da Gott das Verborgene der Menschen richtet nach meinem Evangelium durch Jesus Christus.
>
> Römer 2,14-16

Paulus spricht im Röm 2,15 von dem Zeugnis des Gewissens und damit verbunden vom Zeugnis der Gedanken, welche die Menschen anklagen oder entschuldigen, die das Evangelium nicht kennen. Gott hat mit dem Gewissen dem Menschen ein Warnsystem in Bezug auf Gut und Böse geschenkt, durch welches er spricht.

Natürlich kann ein Gewissen verändert und falsch geprägt werden. Es kann sogar regelrecht betäubt sein. Wer immer gegen sein Gewissen handelt, der merkt dies am Ende gar nicht mehr. So als wenn man es sich angewöhnen würde bei Rot über die Ampel zu fahren. Vorausgesetzt es geht gut, würde am Anfang der Puls sicher noch höher sein, als nach dem zehnten oder zwanzigsten Mal. Deshalb spricht Paulus in 1.Tim 4,2 von denen, die ein Brandmal in ihrem Gewissen haben. Ein Brandmal ist eine Stelle auf der Haut, die durch eine Verbrennung gefühls- und schmerzunempfindlich wurde. Diese Menschen (1.Tim 4,2) hängen den Lehren von Dämonen an, handeln gegen Gottes Wort und haben sich so daran gewöhnt, dass sie es gar nicht mehr merken. Ihr Gewissen reagiert nicht mehr.

Paulus spricht deshalb an verschiedenen Stellen davon, dass es für ihn zum Wichtigsten in seiner Nachfolge und seinem Dienst zählt, ein reines Gewissen vor Gott und Menschen zu bewahren und niemals etwas zu tun, was gegen sein Gewissen geht. Aus diesem Grund schreibt er im Zusammenhang mit den Gewissensfragen, in welchen uns das Wort Gottes einen Handlungsfreiraum läßt (Röm 14,23): *Wer aber zweifelt, wenn er ißt, der ist verurteilt, weil er es nicht aus Glauben tut, alles aber was nicht aus Glauben ist, ist Sünde.*

Deshalb sollen wir nie gegen unser Gewissen handeln und wenn wir dagegen gehandelt haben, wirklich Buße darüber tun. Sonst wird dieses Warnsystem oder Prüfinstrument, welches Gott uns gegeben hat und durch das er auch redet, beschädigt. Wir dürfen auch nicht einen anderen Menschen dazu bringen, gegen sein Gewissen zu handeln. Wenn ich beispielsweise selbst die Freiheit habe, den Wehrdienst abzuleisten, dann ist dies gut. Wenn aber ein anderer Gläubiger um seines Gewissenswillen den Dienst an der Waffe verweigert, habe ich dies zu respektieren.

Nun ist für den Gläubigen das Wichtigste, dass sein Gewissen von Gottes Wort her geprägt und verändert wird. Dies hängt ganz eng mit dem zusammen, was ich vorhin über die erneuerte Denkweise sagte. Der letzte Maßstab oder die Eichung für das Gewissen ist immer Gottes Wort und nicht nur das Gewissen an für sich. Heute haben viele Christen in falscher Weise ein zu weites Gewissen. Man tut Dinge, obwohl sie den Herrn verunehren und im Gegensatz zu seinem Wort stehen. Es gibt aber auch Gläubige, die menschlich geknechtet wurden und deshalb ein zu enges Gewissen haben. Dann geht es nicht darum, einfach das Gewissen zu überfahren und zu vergewaltigen, sondern darum, dass das Gewissen durch Gottes Wort und Geist verändert wird. So spricht Gott auch durch unser Gewissen im Alltag. Nicht in dem Sinn, dass wir bei jeder kleinen Entscheidung überlegen müssen, ob dies richtig oder falsch ist. Sondern wenn wir mit unserem Herrn leben, dann wird im richtigen Moment auch das Gewissen anschlagen oder uns bestätigen.

In diesem Zusammenhang kann Gott auch mit uns reden, indem er uns den inneren Frieden und Ruhe über Fragen und Entscheidungen schenkt. So wie Paulus es in Phil 4,6-7 schreibt: *Seid um nichts besorgt, sondern lasst in allem durch Gebet und Flehen mit Danksagung eure Anliegen vor Gott kundwerden; und der Friede Gottes, der allen Verstand übersteigt, wird eure Herzen und eure Gedanken bewahren in Christus Jesus.* Auf der einen Seite müssen wir lernen, ganz auf Gottes Wort zu bauen auch entgegen unserer Gefühle. Auf der anderen Seite ist der Frieden Gottes, der allen Verstand übersteigt aber auch eine Realität, die der Herr seinen Kindern schenken möchte. Man betet für eine anstehende Entscheidung, die zu treffen ist. Und man erfährt, wie der Herr einen darüber ruhig werden lässt, entweder das Eine zu tun oder zu lassen. Beispielsweise geht es um eine größere Anschaffung und man ist sich nicht im Klaren, ob man sie tätigen soll oder nicht. Der Herr kann einem darüber den Frieden schenken oder auch Unruhe, um davon Abstand zu nehmen.

3. Gottes Reden durch andere Menschen

> Der Weg des Narren erscheint in seinen eigenen Augen recht, der Weise aber hört auf Rat.
>
> Sprüche 12,15

Das Buch der Sprüche redet davon, wie wichtig es ist, auf Weisheit und Rat zu hören. Daran können wir erkennen, wie Gott auch die Glaubensgeschwister gebraucht, um zu uns zu reden. So konnte Paulus, der schon rund 15 Jahre um seine eigentliche Berufung wusste, warten bis ihn die Gemeinde in Antiochien einmütig unter der Leitung des Heiligen Geistes aussandte (Apg 13,1-3). Der Herr gebrauchte die Geschwister, um den richtigen Zeitpunkt für den Beginn des eigentlichen Lebensauftrages des Paulus festzulegen. In Apg 19,30 hielten die Brüder Paulus bei dem Aufruhr in Ephesus zurück, als er unter das Volk wollte. Und Paulus nahm das an und ging nicht einfach mit dem Kopf durch die Wand.

Ein Zeichen dafür, dass der Christ göttliche Weisheit hat, ist, dass er sich raten lässt. Dazu kann der Herr auch Geschwister und Menschen brauchen, von denen wir vielleicht keine so hohe Meinung haben, so nach dem Motto: „Von dem oder der brauche ich mir nichts sagen zu lassen." Vergessen wir nicht, dass der Herr zu Bileam sogar durch einen Esel sprach. Und wenn wir so selbstsicher und eingebildet sind, dann sagt dies nach den Sprüchen viel mehr über unsere eigene Narrheit als über die Geistlichkeit der Glaubensgeschwister aus. Gott redet auch durch die Glaubensgeschwister zu uns.

Manchmal redet der Herr sogar durch ungläubige Menschen mit uns. Der große Glaubenskönig Josia wurde am Ende seines Lebens nicht durch einen Propheten gewarnt, sondern durch den ungläubigen, heidnischen Pharao Necho (2.Chr 35,22). Und er hörte nicht auf diese Warnung, welche aus dem Mund Gottes kam.

In der Bibel haben wir auch Beispiele, wie das Reden Gottes durch andere Menschen und die Wegführung durch den Herrn zusammentrafen. In 4.Mo 13,1 lesen wir, wie der Herr Mose den Auftrag gab, die 12 Kundschafter ins Land Kanaan zu senden. In 5.Mo 1,22 steht dagegen, wie das Volk Mose um die Aussendung von Kundschaftern bat. Gottes persönliche Wegführung und sein Reden durch andere Menschen ergänzen sich hier.

In Apg 15,2 wird berichtet, wie die Gemeinde in Antiochien Paulus, Barnabas und einige andere Brüder wegen der Frage nach der Beschneidung nach Jerusalem sandten. In Gal 2,1 zog Paulus mit Barnabas dagegen einer Offenbarung zufolge nach Jerusalem. Auch hier treffen Gottes Reden durch die Geschwister und die persönliche Wegführung zusammen. Unser Herr spricht auch durch die Geschwister zu uns, manchmal sogar durch ungläubige Menschen, z.B. durch einen Arzt, der uns den Rat gibt, weniger zu arbeiten.

Es gibt aber auch Situationen, in denen wir dem Herrn mehr gehorchen müssen als den Menschen. Nicht aus Eigensinn oder Hochmut, sondern um Gottes Willen zu tun. So sahen andere Gläubige auf dem Rückweg von der dritten Missionsreise die Gefangenschaft des Paulus voraus und wollten ihn deshalb von seinem Weg nach Jerusalem abhalten (Apg 21,12). Aber der Apostel wusste, dass die Gefangenschaft sein Weg war und ging konsequent weiter. In Ephesus dagegen hatte er den Rat der Brüder angenommen und sich nicht unter das Volk begeben.

4. Gott Reden durch persönliche Wegführung

Denn so viele durch den Geist Gottes geleitet werden, die sind Söhne Gottes.

Römer 8,14

Man kann diesen Bibelvers auch so übersetzten: *Welche der Geist Gottes führt* oder *wegbringt, mitnimmt, sanft und ohne Gewalt führt, die sind Söhne Gottes.* Durch den Heiligen Geist wohnt Christus in seinen Kindern. Und Gott führt uns auch durch seinen Geist. Nicht im schwärmerischen Sinn mit Träumen, Visionen, Stimmen oder inneren Bildern. Sondern indem er uns in eine bestimmte Richtung lenken kann, wenn es uns darum geht, seinen Willen zu tun und mit ihm zu leben.

Der ersten Missionsreise des Paulus, ging das Reden des Heiligen Geistes voraus und die damit zusammenhängende Aussendung durch die Gemeinde (Apg 13,1-3). Der zweiten Missionsreise, welche genauso Gottes Willen war, lag ein ganz einfacher Entschluss des Paulus zugrunde (Apg 15,36). Auf dieser zweiten Missionsreise lesen wir dann in Apg 16,6-7 wie der Geist Jesu ihnen zweimal die Weiterreise verwehrte. Beide Male versuchte Paulus und Silas in eine andere Richtung vorzustoßen, beide Male wurde ihnen dies vom Heiligen Geist, bzw. dem Geist Jesu verwehrt. So blieb ihnen nur noch der Weg nach Westen offen. Diesen Weg nahmen sie und Paulus bekam dann in Troas das Gesicht, durch welches ihn sein Herr nach Europa rief. Nun gehört dieses Gesicht auch zu dem Apostelamt des Paulus und wir können hier nicht einfach eine Regel für uns ableiten. Aber wir lernen, wie der Herr seine Kinder durch seinen Geist leitet und so mit ihnen spricht. Wir wissen nicht wie die Verweigerung der Weiterreise durch den Heiligen Geist geschah. Waren es Umstände oder andere Dinge, wie z.B. Menschen, die der Herr dazu gebrauchte? Möglicherweise fehlte Paulus und Silas auch der innere Frieden bei dem Versuch in die ersten beiden Richtungen vorzustoßen. Durch was sie der Geist Christi hinderte, müssen wir offen lassen. Aber der Herr hatte sie durch seinen Geist persönlich in die richtige Richtung gelenkt und dadurch mit ihnen geredet. Paulus und Silas war es ein Anliegen, geführt zu werden und nicht einfach den eigenen Willen auf Biegen und Brechen durchzudrücken. Deshalb konnte sie der Herr so führen. Interessanterweise blieben Paulus und Silas auch nicht passiv sitzen, als ihre ersten beiden Vorstöße scheiterten. Sie versuchten es in eine neue Richtung bis sie auf die geöffnete Tür trafen.

Es gibt auch unter Gläubigen oft so eine verkehrte Vorstellung, dass man im Sessel sitzen und Däumchen drehen soll, bis ein Engel vom Himmel kommt oder sonst etwas Außergewöhnliches passiert. Aber Paulus und Silas waren in Bewegung. Ihr größter Wunsch war ihrem Herrn zu dienen. Und so wurden sie schließlich zu der offenen Tür geführt, durch welche sie ihr Herr gehen lassen wollte. So dürfen wir darauf vertrauen, dass uns der Herr durch seinen Geist persönlich lenkt und führt und auch auf diese Weise mit uns redet. Dazu kann er auch Umstände, Menschen oder andere Dinge gebrauchen.

Vor einigen Jahren erlebte ich dies bei einem Fahrzeugkauf. Ein Auto, welches uns fest vom Händler versprochen war, wurde trotz allen Versprechungen einige Stunden vor meinem Eintreffen zum vereinbarten Kauftermin an einen anderen Kunden verkauft. Natürlich war die Enttäuschung zunächst groß, da wir ja auch für die Anschaffung gebetet hatten. Aber alles führte letztendlich dazu, dass wir ein anderes Fahrzeug bekamen, welches noch viel besser zu der familiären Notwendigkeit passte.

5. Gottes Reden auf außergewöhnliche Weise

Vorhin zitierte ich aus Hebr 1,1 das Reden Gottes zu den Zeiten der Väter auf vielfältige Weise. Es fand seinen Abschluss in dem Reden durch den Sohn am Ende der Tage. In diesem Zusammenhang erwähnte ich auch, dass die Prophetie *ersten Grades* oder die Offenbarung des Wortes Gottes vorüber ist.

Wir dürfen aber nicht übersehen, dass unser Herr in außergewöhnlichen Situationen auch heute noch auf außergewöhnliche Weise reden kann. Das ist niemals die Regel und der Gläubige wird vom Geist Gottes immer tiefer in das Wort Gottes hineingeführt. Aber es gibt Situationen, z.B. in der Missionsarbeit oder in islamischen Ländern, in denen Gott auch durch Träume heute noch redet. Ich spreche nicht von Jesuserscheinungen, welche von der Bibel her abzulehnen sind. Es geht um Gottes Reden in außergewöhnlichen Situationen durch Träume.

So berichtete ein Missionar, wie vor Jahren in Bangladesch ein Zauberer auf der Suche nach dem einen wahren Gott war. Er hatte noch nie etwas von Jesus gehört, geschweige denn eine Bibel oder Christen gekannt. Und da träumte er eines Nachts, dass er einige Tagreisen weit zu einem bestimmten Ort gehen sollte. Dort würde man ihm den Weg zu dem wahren Gott zeigen. Er machte sich auf diese Reise und landete auf einer Missionsstation. Dort wurde er durch das Evangelium zum Glauben an Christus geführt.

Auch in Ausnahmesituationen kann der Herr durch besondere Weise zu seinen Kindern reden oder sie stärken. Pfarrer Wilhelm Busch berichtet, wie er unter dem Hitlerregime sich einmal in der Gestapozelle für einige Tage innerlich in völliger Dunkelheit und Verzweiflung befunden hatte. Bis er erlebte, wie Christus in seine Zelle kam. Nicht durch ein Vision oder Erscheinung. Aber plötzlich wusste er, dass der Herr da war und ihn stärkte. Ähnliches haben auch Gläubige in der ehemaligen Sowjetunion erlebt. Gott ist souverän und er kann in Ausnahmesituationen auch noch heute auf besondere Weise reden.

6. Gott Reden steht nie im Gegensatz zu seinem Wort

Nun scheint uns der letzte Punkt vielleicht zu einfach. Aber es ist manchmal schon seltsam, was einem alles als angebliche Wegführung Gottes präsentiert wird. Selbst Dinge, die im klaren Gegensatz zu Gottes Wort stehen. Beispielsweise der angebliche Auftrag einen Ungläubigen zu ehelichen, oder sich scheiden zu lassen und eine andere Frau zu heiraten.

Gott spricht nie im Gegensatz zu seinem Wort, auch dann, wenn er uns durch besondere Umstände oder persönliche Führung leitet. Und wenn unser Herr in außergewöhnlichen Situationen auch auf außergewöhnliche Weise redet, wie durch den Traum des bengalischen Zauberers, dann führt dieses Reden Gottes am Ende immer in das Wort Gottes und die Bibel hinein und niemals davon weg. Dies ist ja die Not mit der ganzen spirituellen Welle, die heute auch mehr und mehr den Evangelikalismus erfasst. Einmal ganz abgesehen davon, dass dabei schon von vornherein eine Vermischung mit mystischen und esoterischen Einflüssen stattfindet, führen die angepriesenen spirituellen Praktiken von der Bibel weg, auf eine andere Erfahrungsebene und eben nicht zum Wort hin und in das Wort Gottes hinein.

Der lebendige Gott ist ein Gott der redet. Nach dem Zeugnis der Schrift spricht er auch durch die Schöpfung zu den Menschen. Er redet durch Erdbeben und Naturgewalten. Aber all dieses Reden soll uns Menschen dahin führen, ihn dort zu suchen und ihn dort zu uns reden zu lassen, wo er sich ein für allemal geoffenbart hat: In Jesus Christus und damit untrennbar verbunden in seinem lebendigen und wirksamen Wort.

> Denn das Wort Gottes ist lebendig und wirksam und schärfer, als jedes zweischneidige Schwert und durchdringend bis zur Scheidung von Seele und Geist, sowohl der Gelenke als auch des Markes, und ein Richter der Gedanken und Gesinnungen des Herzens; und kein Geschöpft ist vor ihm unsichtbar, sondern alles bloß und aufgedeckt vor den Augen dessen, mit dem wir es zu tun haben.
>
> Hebräer 4,12-13

Steffen Denker

Das Wort Gottes – einziges Licht auf unserem Weg

Psalm 119,105

Genau wie unsere Familie auch genießen wohl die meisten Menschen gern einen lauen Sommerabend auf der gemütlichen Terrasse. Wenn es eindunkelt, zündet meine liebe Frau eine große Kerze in unserer altertümlichen Stalllaterne an, die mit ihrem Leuchten die letzte Stunde eines gelungenen Tages mit ihrem warmen Licht bescheint.

Ein romantischer Nachtspaziergang im Mondenglanz oder im Schein der Lampe ist ebenso bei Jung und Alt beliebt. Licht in der Dunkelheit gibt unserem Herzen ein Gefühl von Sicherheit, vermittelt unserer Seele Geborgenheit und Orientierung für unseren Verstand.

Die Bibel sagt in Ps 119,105

> Eine Leuchte für meinen Fuß ist dein Wort, ein Licht für meinen Pfad.

Oder mit der bekannten Luther-Übersetzung gesprochen:

> Dein Wort ist meines Fußes Leuchte und ein Licht auf meinem Wege.

Wenn wir uns jetzt mit diesem Vers aus dem 119. Psalm beschäftigen, so muss ich Ihre Gedanken gleich zu Beginn aus Träumerei und Pfadfinderromantik herausreißen. Nein, das Licht der Heiligen Schrift ist für unser Leben nicht beglückende Zugabe und leichtes Abenteuer. Ob das Licht der Bibel unser Leben erhellt, ist für unsere Zukunft eine Frage von Leben und Tod. Erst, wenn Gott in Ihrem Leben die Lampe Seines Wortes entzündet und auf den Leuchter gestellt hat, sind Sie überhaupt in der Lage, die Wahrheit über Gott, über Sie selbst, über Ihre Sünde und ewige Verdammnis zu erkennen – und dann auch die rettende Macht des Evangeliums. Nur in der ständigen Hege und Pflege durch die Hand des Allmächtigen leuchtet uns die Lampe des Wortes Gottes auf dem Weg gegen alle Widerwärtigkeiten und Gefahren. Nur dank der Hand Gottes halten wir die Lampe der Heiligen Schrift richtig in unseren Händen bis hin zum Ziel.

Der Psalmist des glorreichen 119. Psalms weiß darüber Bescheid. Er verwendet darum seine erstaunliche Begabung darauf, ein Loblied auf das Wort Gottes zu komponieren. In jedem Vers, außer 122 und 132, gebraucht er dabei einen Namen oder eine Beschreibung für das Wort Gottes – ohne sich aber je in bloßen Wiederholungen zu verlieren. Vielmehr kann er die ganze Tiefe, Bedeutung und

Vielfalt der göttlichen Offenbarung ausloten. Aurelius Augustinus bemerkt zur Auslegung dieses Psalms: „Je mehr er aufgeschlossen scheint, desto tiefer kommt er mir vor, so dass ich gar nicht zeigen kann, wie tief er ist."[1]

Je acht Verse beginnen immer mit dem selben Anfangsbuchstaben, und das in alphabetischer Reihenfolge. Also Verse 1-8 mit א (Aleph/„A"), Verse 9-16 mit ב (Beth /„B") und so weiter. Das ergibt nach den 22 Buchstaben des hebräischen Alphabets dann 176 Verse. Unser Vers leitet den Abschnitt zum Buchstaben נ (Nun / „N") ein. Der Dichter will unter allen Umständen das Zeugnis Gottes bewahren, auch in Not, Lebensgefahr, Deprimiertheit, in den Fängen der Fallensteller. Das Wort Gottes bleibt sein Licht, seine Lebensquelle, sein Erbteil, seine Freude.

Kommen Sie nun mit mir in diesen einen Vers: Das Wort Gottes – einziges Licht für unseren Weg.

1. Gott entzündet die Lampe

Wir stehen am Anfang: Gott entzündet die Lampe. – Stellen Sie sich doch vor, wie es wäre, wenn wir die Bibel nicht hätten. Wir tappten im Dunkeln, weil wir nicht wüssten, woher wir kommen, wer wir sind, wohin wir gehen. Wir hätten keine Ahnung über den Schöpfer, Erhalter, Erlöser, Vollender. Über den Richter der Lebenden und Toten und den vollkommenen und liebenden Vater seiner Kinder. Es wäre schrecklich. Gott hat es gefallen, Sein Licht auf dieser Erde in Form von Worten und Sätzen anzuzünden, die uns verstehbar mit allem bekannt machen, was wir *zum Leben und zur Gottseligkeit* brauchen (2.Petr 1,3).

Licht wird dort gebraucht, wo es finster ist. Lehrt die Bibel, dass es auf der Erde finster ist? Nun, ich gehöre nicht zu den traurigen Möchtegern-Bekennern, die mit ängstlich-frömmelnder Sauermiene hienieden durch das irdische Jammertal pilgern, hinter jedem Busch dämonische Weltverschwörung wähnen und einfach nur Angst vor dem Leben und schier kein Vertrauen in den Herrn Jesus haben. Von Freiheit in Christus (Joh 8,36) und Stärke in der Freude des Herrn (Neh 8,10) keine Spur. Aber dennoch: Ja, die Erde ist ein finsterer Ort. Ja, ich bin hier nur ein Pilger. Ich habe mich hier nicht für die Ewigkeit niedergelassen. Die Sünde hat uns zerstört. Wir leben weder im Paradies noch in der endzeitlich verheißenen glorreichen offenbarten Königsherrschaft. Wir brauchen auch weiterhin das prophetische Wort der Schrift, *das an einem dunklen Ort leuchtet* (2.Petr 1,19). Wir warten darauf, dass der

---

[1] Augustinus: „Exposition on the Book of Psalms", in: Philip Schaff (Hg.), The Nicene and Post-Nicene Fathers, 1st series, Vol. 8, Edinburgh: T&T Clark, 1989 (Reprint), S. 560.

Tag anbricht (Röm 13,12). Wir warten darauf, dass Christus als der glänzende Morgenstern endlich aufgehe und die Nacht vertreibe (Offb 2,28). Unsere Herzensaugen brauchen Erleuchtung (Eph 1,18). Wir können immer nur mit dem Liederdichter singen: „In dir ist Freude in allem Leide." Darum brauchen wir es, dass Gott das Licht anzündet.

Wenn wir nun sprechen als solche, denen Licht in der Finsternis zuteil wurde, als Gemeinde Jesu: Woher haben wir denn das Licht des Evangeliums erhalten? Durch die Kraft des Wortes wie einst Timotheus. Der Apostel Paulus erinnert sein Kind im Glauben daran, dass du, Timotheus, *dass du bereits von Kind auf die heiligen Schriften kennst, die Kraft haben, dich weise zu machen zur Rettung durch den Glauben, der in Christus Jesus ist* (2.Tim 3,15). Die Schriften bezeugen nicht nur die Kraft Gottes, sie reden nicht nur darüber, sie tragen sie in sich. Gott hat sich des Wortes bedient, um unserem Fuß auf dem Weg des rettenden Glaubens zu leuchten. Bei aller Vielfalt des Wirkens Gottes des Heiligen Geistes, mit der Er unterwegs ist, um in Einheit mit Gott dem Sohn die Gemeinde Jesu zu sammeln; die Menschen von Sünde, Gerechtigkeit und Gericht zu überzeugen (Joh 16,8) und geistliche Leichen zum Leben zu erwecken (Eph 2,1), auf dass sie glauben und gerettet werden – bei alledem geht es immer ohne das *eine* Wort Gottes nicht ab. Dieses ist das Schwert, das der Geist führt (Eph 6,17), mit dem er die Menschen ruft: *„Wache auf, der du schläfst, und stehe auf von den Toten!" und der Christus wird dir aufleuchten* (Eph 5,14). Dann beginnt das Licht auch meinem Fuß zu leuchten und als Licht für meinen Weg zu scheinen.

Es ist wahr, als Bibelbund wissen wir uns verbunden mit allen Christen, die auf die Zuverlässigkeit des Wortes Gottes pochen. Das heißt auf seine Unfehlbarkeit und Irrtumslosigkeit, auf seine Zuverlässigkeit und Wahrheit. Immer wieder hören wir, wir predigten den Glauben an ein Buch anstelle des Glaubens an den Gott dieses Buches. Wir glaubten an die Bibel anstatt an Jesus. Liebe Geschwister, nein, das stimmt nicht. Auf der Haupttagung 2007 des Bibelbundes Schweiz sprachen wir ausführlich darüber: Bibeltreu oder Jesustreu? Nein, nein: wir dürfen nicht trennen, was zusammengehört. Die Qualität der Bibel ergibt sich aus dem Sprecher der Bibel. Wenn Gott *Licht ist und keine Finsternis in Ihm* (1.Joh 1,5), dann ist auch Sein Wort von derselben Qualität. Wir leugnen nicht, dass wir nicht alles gleich gut verstehen, was die Schrift sagt. Aber das tut ihrer Klarheit keinen Abbruch. Das Problem des Schriftverständnisses liegt nicht an ihrem Licht, sondern in unserer Finsternis. Das Problem jeder Ungewissheit über Gottes Offenbarung ist nicht ein Lob auf unsere Demut, sondern Tadel an unserem Kleinglauben. Lasst mich an dieser Stelle den Prediger John MacArthur zitieren:

> Wenn wir die Klarheit der Schrift verleugnen, müssen wir auch Gewissheit über jegliche biblische Lehre zurückweisen, denn wir können nicht

> länger sicher sein, dass die Bibel wirklich das meint, was sie sagt … Denkt mal über diesen schockierenden Kommentar eines sogenannten konservativen Predigers nach: ‚Wenn es eine Grundlage für christliche Theologie gibt, und ich denke, es muss sie geben, dann ist sie nicht zu finden in der Gemeinde, Schrift, Tradition oder Kultur … Theologie muss ein demütiger Versuch des Menschen sein, ‚ihn zu hören' – [Theologie ist] niemals eine verstandesmäßige Annäherung an Texte.' Das ist eine erstaunliche, ja haarsträubende Aussage. Wie können wir wirklich „ihn hören," gemeint ist Gott, wenn wir nicht an den Ort gehen, wo er gesprochen hat – Sein Wort … Wir hören oft von der neuen … „Hermeneutik der Demut," die im Grundsatz sagt: „Ich bin viel zu demütig um zu behaupten, die Bibel meine das, was sie sage. Und jeder der beansprucht, zu wissen, was die Bibel meint, ist arrogant." Aber was ist arroganter als zu deklarieren, Gott habe nicht klar genug zu uns gesprochen, so dass wir ihn verstehen könnten?[2]

Die Gemeinde Jesu tut gut daran, sich ihres Herrn nicht berauben zu lassen, indem sie den Irrlichtern des Zweifels an Gottes unfehlbaren und irrtumslosen Wort folgt. Wir bleiben dabei und danken Gott für die Klarheit seines Lichts in der Bibel. Wir beugen uns vor diesem Wort, weil wir uns vor dem beugen, der es gesprochen hat. Mit der herzlichen Bitte, dass Er mit diesem Wort unseren Weg erleuchten möge.

2. Gott hegt und pflegt die Lampe

Gott verheißt durch den Psalmisten, dass Sein Wort die Leuchte für seinen Fuß ist. Wer einmal zum rettenden Glauben gekommen ist, den Anfang erlebt hat, braucht das Licht Gottes für seinen Weg. Sinngemäß (!) darf hierfür das ganze Wort Gottes gelten, was Calvin in seiner Institutio einführend über seine sogenannte „***dritte*** Anwendung des Gesetzes" sagt:

> Sie geschieht an den ***Gläubigen***, in deren Herz Gottes Geist bereits zu Wirkung und Herrschaft gelangt ist. Ihnen ist zwar mit Gottes Finger das Gesetz ins Herz geschrieben, ja eingemeißelt; das bedeutet: Sie sind durch die Leitung des Geistes innerlich so gesinnt und gewillt, dass sie Gott ***gern*** gehorchen möchten. Aber trotzdem haben sie noch einen ***doppelten*** Nutzen vom Gesetz. Denn es ist 1. für sie das beste Werkzeug, durch das sie von Tag zu Tag besser lernen, was des Herrn Wille sei, nach dem sie ja auch verlangen und durch das sie auch zu solcher ***Erkenntnis*** gefestigt werden sollen … [Und] wir bedürfen … 2. der ***Er-***

---

2 John MacArthur: „The Master's Plan for The Church", Chicago: Moody, 2008. S. 308-310. Das erwähnte Zitat stammt von John Armstrong.

> ***mahnung***; und auch ***den*** Nutzen wird der Knecht Gottes aus dem Gesetze ziehen [Hervorhebung i. Orig.].[3]

Für die Anwendung der Heiligen Schrift in unserem Leben vertrauen wir auf die Wirkung Gottes. Nicht ohne unseren Willen, aber auch nicht durch unseren Willen. Gott hegt und pflegt sein Licht für unseren Weg. Manchmal ist es nämlich starkem Wind ausgesetzt, Seitenwind, Gegenwind. Durch Eheprobleme, persönliche Krisen, Krankheit, Verlust, Gefahr, Alter. Der Herr Jesus Christus hat verheißen, dass *niemand Seine Schafe aus Seiner Hand reißen wird* (Joh 10,28). Wenn die Not Sie umgibt, halten Sie sich umso fester an das Licht. Separieren Sie sich nicht von der Gemeinschaft mit ihm und von denen, in deren Herzen der Christus ebenfalls aufleuchtet, das heißt von der Gemeinde. Ich habe zu viel Not gesehen, um mich dieser Mahnung enthalten zu können. Gottes Licht kann nicht ausgeblasen werden. Was hindert Sie daran, Ihre Orientierung durch dieses Licht zu behalten oder wieder zu finden?

Noch ein Weiteres: als ewiges Wort Gottes ist die Heilige Schrift nicht den Gesetzen der Schöpfung unterworfen: Das Gras ist verdorrt und die Blume ist verwelkt; [25] aber „das Wort des Herrn bleibt in Ewigkeit." Dies aber ist das Wort, das euch als Evangelium verkündigt worden ist (1.Petr 1,24-25). Mit anderen Worten: Der Lichtglanz des Evangeliums wird nicht matt. Das Bibelwort zerfällt nicht, die Heilige Schrift löst sich nicht auf. Es ist gesprochenes Wort Gottes und daher beständig, im besten Wortsinn ewig.

Die Lampen zur Zeit des Psalmisten hatten keine Schutzgläser. Sie bestanden im Prinzip aus einem Tongefäß mit einem Docht. Das Scheibenputzen entfiel also, aber nicht das beständige Nachladen mit Öl. Sonst wird der Schein der Lampe immer kleiner und matter und schwächer. Gott sorgt dafür, dass stets genug Öl fürs Feuer da ist. Der helle Schein Seines prophetischen Wortes wird nie dunkler. Es bleibt beständig, fest, unauslöschlich. *Wir haben um so fester das prophetische Wort, und ihr tut gut daran, dass ihr darauf achtet als auf ein Licht, das da scheint an einem dunklen Ort, bis der Tag anbreche und der Morgenstern aufgehe in euren Herzen* (1.Petr 1,19).

Wer ist es, der auf das Wort Gottes achtet? Im Sinn von *ihr tut gut daran*? Es ist nicht der Bewunderer seines Glanzes, es ist nicht der kunsthistorische, naturwissenschaftliche, gesellschaftswissenschaftliche Kenner von Lampen, Leuchten, Feuer und so weiter. Es ist nicht der Beobachter, sondern der Täter des Wortes (Jak 1,22). Der Fuß braucht eine Leuchte, um sich zu bewegen.

---

[3] Johannes Calvin: „Institutio Christianae Religionis (Unterricht in der christlichen Religion)". Übersetzt von Otto Weber, Neukirchen: Neukirchener Verlag, 5. Aufl. 1988. II, 7, 12. In den Abschnitten II, 7, 12-17 stellt er die Wirkung des Gesetzes an den Gläubigen dar (usus in renatis).

Das Licht wird gebraucht, um den Weg zu gehen. Der bewegungslose Fuß kann unbehelligt in der Finsternis verharren. Er braucht kein Licht zum Herumstehen. Aber es wird ihm nicht zum Guten gereichen. Er wird eines Tages von den Gefahren der Finsternis sterben und das Ziel nicht erlangen.

Die Aufgabe der Prediger ist es, diese Lampe auf den Sockel zu stellen, damit sie der Gemeinde den Weg leuchte. Es ist ganz einfach: Je mehr das Wort Gottes in einer Gemeinde gelehrt und gelebt wird, – wir lassen uns beides nicht auseinanderdividieren! – desto fröhlicher ziehen die Christen ihre Straße durch das Pilgertal. Weil sie im Licht wandeln (Eph 5,8) und die Freude im Herrn ihre Stärke ist (Neh 8,10). Weil der *Lichtglanz des Evangeliums von der Herrlichkeit des Christus* ihre Augen erleuchtet (2.Kor 4,4), ihre Hände bewegt, ihre Herzen zum Gebet treibt und ihre Füße dem Ziel zu drängt. Gemeinden, in denen das Wort Gottes nur noch als kleines Dekorationslicht verwendet wird, sind arme Gemeinden. Gott schenke ihnen neues Vertrauen in Sein Wort, oder sie werden den Weg allen Fleisches gehen, weil sie das Licht verloren haben.

3. Gott hält die Lampe bis zum Ziel

Das Wandern als Hobby ist ein modernes Phänomen. Lustwandelnd zu promenieren war bis vor nicht allzu langer Zeit ein Privileg der Schönen und der Reichen. Wozu sollte sich die übrige Bevölkerung auch ziellos durch die Gegend bewegen, wenn die rein physischen Anforderungen zum Lebenserwerb ihre Kräfte eh schon stark strapazierten?!

Das Leben indes wird für keinen Menschen je ein leichter Spaziergang werden. Wir sind alle unterwegs auf ein Lebensziel. Die Kräfte eines jeden schwinden dabei. Wohl dem, der dann jemanden auf seiner Seite hat, der ihm das dringend benötigte Lebenslicht hält. Wenn die eigene Hand zu schwach geworden ist, um die Lampe zu tragen. Wohl dem, der rechtzeitig gemerkt hat, dass das Licht seiner Vernunft ihn keinesfalls ans Ziel führen kann, denn die Aufklärung aus ihm selbst ist unfähig, die eigenen Kräfte zu übersteigen. Sie ist nicht stärker als er selbst. Sie kann die Finsternis nicht überwinden. Der aufgeklärte Mensch bleibt auf sich selbst geworfen. Das heißt: auf seine Finsternis in ihm. Die Philosophie der Aufklärung ist im Licht der Offenbarung Gottes nicht mehr als ein Münchhausen-Märchen, eingekleidet in die Wortgewandtheit philosophischer Gelehrsamkeit. Wer dies auszusprechen wagt, wird entgeistert angestarrt, denn er begeht Blasphemie am Säkularismus, der die unhinterfragbare Religion der Gegenwart ist – „Kritik verboten!" „Du wirst doch nicht hinter die Aufklärung zurück wollen?" fragt man uns. Richtig: nein, wir wollen nicht hinter die Aufklärung zurück. Wir müssen sie überwinden. Der „aufgeklärte Mensch" bleibt allein. Ziellos. Orientierungslos. Weil er die Offenbarung Gottes nicht annehmen will.

Der Mensch, der Gott gehört, kommt ans Ziel. Weil Gott mit ihm auf dem Weg ist und das Licht trägt, ja, als sein Licht leuchtet, bis zum Ziel. Egal, wie schwach der Mensch ist. Außerhalb des Menschen, seiner Fähigkeiten und Konditionen leuchtet das Licht des ewigen Wortes Gottes dem Gotteskind den Weg nach Hause. Jeder Schritt ist wichtig. Jeder Schritt ist entweder ein weiterer Schritt der Heimat zu oder der erste Schritt auf einen Irrweg. Ich brauche Sein Licht. Je schwächer ich bin, desto mehr. Je weiter ich von einem Irrweg wieder zurückwandern muss, weil ich das Licht nicht sah. Gott hält mir sogar die Lampe für den Rückwärtsgang. Zurück auf den guten Weg.

Wenn Sie Kindern eine Leuchte für die Nachtwanderung in die Hand geben, werden sie das Licht instinktiv wohl ziemlich hoch halten. Was wird geschehen? Das Kind wird irgendwann stolpern. Weil es die Laterne so hoch gehalten hat, dass das Kind zwar geblendet wurde vom Licht, aber den Weg zum Ziel nicht mehr ausreichend gesehen hat – was ja der eigentliche Zweck der Laterne gewesen wäre. So handhaben es nun auch manche Christen. Sie halten das Wort Gottes hoch. Sehr hoch. Sie haben eine ganz hohe Meinung über die Bibel. Sie verkrampfen ihre Arme regelrecht dabei, bis es schmerzt. Das Lesen wird in dieser Haltung sehr unangenehm. Und sie denken, genau das dabei zu tun, was ihnen von „den" Bibeltreuen gepredigt wird.

Was sie vergessen: Die Wunder Gottes in unserem Leben und die *Wunder in Gottes Gesetz* (Ps 119,18) sind uns nicht dazu gegeben, um von uns *bewundert* zu werden, sondern um die Leuchte für unseren Fuß zu sein und Licht auf unserem Weg. Im *Expositor* war 1864 zu lesen:

> Was wir alle brauchen, sind nicht Wunder, die unsere Augen blenden, nicht Erscheinungen, deren Glanz uns in Entzückung versetzt, sondern ein wenig ***Licht auf dem*** dunkeln, schwierigen ***Pfad***, den wir zu gehen haben, eine freundliche ***Lampe***, die uns bei unserer Arbeit scheint [Hervorhebung i. Orig.].[4]

Wir sind gewiss, dass Gott uns helfen wird, mit Seiner Lampe den Weg auszuleuchten. Er hält unsere Hand, auch dann, wenn die unsere sich nur widerwillig führen lässt oder schwach geworden ist. Lasst uns dazu Sorge tragen, dass Lesen und Leben eng beieinander liegen, eine Einheit bilden.

In Swasiland führt die Nationale Bibelgesellschaft zur Zeit eine Anti-Aids-Kampagne durch. Die Bevölkerung leidet unter der Immunschwächekrankheit, zusätzlich verbunden mit Tuberculose. Die durchschnittliche Lebenserwartung beträgt für Männer 36, für Frauen 37 Jahre. Jedes Jahr gibt es 14.000 Neuan-

---

4 Zitiert in Charles Haddon Spurgeon: „Die Schatzkammer Davids", Bd. 4, Kassel: Oncken, 1912. S. 222.

steckungen unter den 1,1 Millionen Menschen. Dabei nennen sich 80% der Bevölkerung Christen. Wie kann das sein? Nun, gäbe es mehr Täter des Wortes als bloße Hörer, gäbe es weniger Neuerkrankungen. Auf einer Kundgebung der Bibelgesellschaft trugen die Demonstranten ein Transparent vor sich her mit der Aufschrift: „Die Bibelgesellschaft: ‚Übernimm Verantwortung, Stopp Aids! Halte dein Versprechen, lebe enthaltsam! Ps 119,105: Dein Wort ist meines Fußes Leuchte und ein Licht auf meinem Weg.'"[5]

Warum können eigentlich nur die Swasi dergestalt auf die Straße gehen? Unsere Länder hätten es wohl genauso nötig. Auch in unseren Breitengraden leiden Menschen unter Immunschwäche, die meisten sogar unter der noch gefährlicheren geistlichen Immunschwäche. Sie sind jeder Verführung hilflos ausgeliefert, weil das Licht des Wortes Gottes ihnen den Weg nicht gezeigt hat. Es würde mich interessieren, was passieren würde, wenn *wir* das riesige leuchtend weiße Transparent unserer afrikanischen Freunde ausleihten und auf der Zürcher Bahnhofstraße vor uns her trügen: „Der Bibelbund: Die Bibel – das einzige Licht für das Leben. Folge nicht deinen Begierden, sondern folge Christus nach. Ps 119,105."

Es ist wohl an der Zeit, dass wir die Bibel wieder deutlich, unerschrocken, ohne Angst vor Widerstand und Zurückweisung auf den Sockel heben. Von mir aus auch auf der Bahnhofstraße. Das wird nur in dem Maße geschehen, wie wir das Vertrauen auf Gottes unfehlbares Wort im täglichen Lebensvollzug umsetzen, nachdem wir überzeugt worden sind von der Reinheit Seines Lichts. Wir stellen uns in Demut unter Sein Licht und glauben schlicht, dass Gott klar gesprochen hat und meint, was er sagt. Wir sind gewiss: Sein Wort führt uns zum Ziel.

---

[5] Eva Thomi, Jutta Henner: „Hoffnung für Kranke Menschen.", in: Die Bibel aktuell: die Zeitschrift der Schweizerischen Bibelgesellschaft, 2 (2011/56. Jahrgang). S. 7. Photo S. 1.

Siegfried Weber

Wenn dein Wort nicht mehr soll gelten

Das bibellose Zeitalter als Herausforderung für das Christentum im 21. Jahrhundert

1. Standortbestimmung

Die Bibel ist das einzige Informationsdokument Gottes, das uns in geschriebener Sprache vorliegt. Sie ist das geistliche Fundament, worauf die Gemeinde Jesu aufgebaut wird (Eph 2,20). Als inspiriertes Wort ist sie zugleich der Nährboden für Lehre und Leben in der Gemeinde (2.Tim 3,16-17). Dieses Wort Gottes ist lebendig und kräftig (Hebr 4,12), das Leben erneuert und verändert (1.Petr 1,23).

Wenn der Gemeinde Jesu dieses Wort Gottes weggenommen wird, dann wird ihr der Boden unter den Füßen weggezogen. Dann steht das Haus nur noch auf Sand, aber nicht mehr auf Fels.

Auf der einen Seite musste die Gemeinde immer wieder den Verfolgungen widerstehen, aber auf der anderen Seite waren die Angriffe nicht auf die Christenheit selbst, sondern auf die Bibel, den Nährboden der Christenheit, gerichtet.

In den letzten dreihundert Jahren war das westliche Christentum besonders diesen Angriffen auf die Bibel ausgesetzt. Manchmal kamen sie massiv, offensiv, manchmal schleichend, versteckt.

Ich möchte in diesem Beitrag den Weg der Relativierung der Bibel kurz skizzieren. Dabei verzichte ich auf eine ausführliche Geschichtsbeschreibung, sondern versuche exemplarisch den Autoritätsverlust der Bibel zu umschreiben. Sicherlich haben auch säkulare, ideologische und naturwissenschaftlich-technische Entwicklungsprozesse zu der Destruktion der Bibel beigetragen. Zu nennen wären auch Geistesströmungen wie der Humanismus, der Skeptizismus, der englische Deismus, der Idealismus und der Darwinismus, die ihren Einfluss auf das theologische Denken hatten. Auf diese Wurzeln werde ich nur am Rande eingehen. Ich konzentriere mich viel mehr auf die Folgen der Relativierung der Bibel für die Gemeinde Jesu.

2. Vom rechten Zugang zur Bibel

Das 20. Jahrhundert wird durch die kritische Theologie des 18. und 19. Jahrhunderts vorbereitet. Skizzenhaft fassen wir die wichtigsten Strömungen zusammen.

Der Dichter Gotthold Ephraim Lessing (1729-1781) erkennt zwischen der Geschichte (ob profane Geschichte oder biblische Heilsgeschichte) und der Gegenwart einen „garstigen Graben". Der moderne Mensch hat aufgrund des zeitlichen Abstands keinen wirklichen Zugang mehr zur Bibel. Die Bibel sei wohl noch für ein bestimmtes Menschenalter brauchbar, nämlich das des Kindes. Aber das Kind wächst kraft seiner Vernunft heran und wird mündig und somit kann der Mensch, wenn er gelernt hat, sich seines Verstandes zu bedienen, sich der Bibel entledigen (so in *Erziehung des Menschengeschlechts*, 1780). Lessing hat für sich einen solchen „garstigen Graben" zur Bibel empfunden. Aber die Bibel selbst spricht von einer anderen Diskrepanz, denn der „*natürliche Mensch vernimmt nichts vom Geist Gottes*" (1.Kor 2,14). Zum Verstehen der Bibel braucht der Mensch die Neugeburt und den Heiligen Geist. Lessing hat, wie es scheint, nie diesen Zugang zur Bibel gefunden. In der „Ringparabel" von „Nathan, dem Weisen" (*Nathan der Weise*, 1778) stehen die drei Ringe für die drei großen Weltreligionen Judentum, Christentum und Islam. Jeder der Söhne denkt, dass er den rechten Ring (sprich „Wahrheit") besitzt, aber keiner ist der Echte. Der Glaube wird bei Lessing zu einer motivierenden Einbildung und letztlich durch die Vernunft abgelöst.

Der Philosoph Immanuel Kant aus Königsberg (1724-1804) hat das Zeitalter der Aufklärung definiert als die Befreiung des Menschen aus seiner selbstverschuldeten Unmündigkeit hin zur Mündigkeit durch Betätigung seiner autonomen Vernunft. Die Aufklärung förderte das selbstständige Denken des Menschen, die Freiheit und Gleichwertigkeit eines jeden Erdenbürgers. Das klingt auf den ersten Blick ganz neutestamentlich. Auf der anderen Seite jedoch macht sie die Vernunft des Menschen zum Maßstab aller Dinge (Humanismus). Alles, was der Vernunft widerspricht, ist widervernünftig und damit zu annullieren (vgl. René Descartes: die Wahrheit unterliegt der Herrschaft der Vernunft). Die Rationalisten rechnen nicht mehr damit, dass der menschlichen Vernunft Grenzen gesetzt sind und dass die Vernunft „verfinstert" (Eph 4,18), sprich geblendet und verführbar ist, ja sogar abartig sein kann.

Der in Berlin dozierende Theologe Friedrich Schleiermacher (1768-1834) funktioniert den Glauben an Jesus in die Religion des Abhängigkeitsgefühl von Gott um. Jeder Mensch, der sich von Gott abhängig weiß, hat Religion, hat einen Glauben. Das reiche aus. Eine solche oberflächliche Religionsphilosophie führt leicht zum Synkretismus (Vermischung interreligiöser Glaubensauffassungen) und zum Polytheismus.

Johann Salomo Semler (1725-1791), Professor der Theologie in Halle, unterscheidet zwischen Menschenwort und Gotteswort in der Bibel. Damit wird er zum geistigen Vater der historisch-kritischen Methode. Unter Absehung von der Inspirationslehre beschreibt er die geschichtliche Entstehung des Kanons. Göttlichen Ursprungs sei nur, was zur moralischen Besserung diene, das Übrige sei als lokale und temporale Akkomodation (Angleichung) Jesu und der Apostel an ihre Zuhörer zu beurteilen und für die Gegenwart bedeutungslos. Mit anderen Worten, alles, was der Ethik, dem sozialen Miteinander, dient, ist zu gebrauchen und alles Übrige wie Wunder, Theophanien (Gotteserscheinungen) und Engelsankündigungen sind widervernünftig und damit überflüssig.

Die historisch-kritische Methode der Bibelauslegung konstituiert sich mit Ernst Troeltsch (1865-1923), Theologe und Religionsphilosoph. Die Bibel wird wie ein normales Buch betrachtet und mit gewöhnlichen literarischen Methoden gelesen. Die Bibeltexte werden wie profane Texte interpretiert und mit profanen Texten verglichen (Intertextualität). Zugang zur Bibel erhalte man durch „*Kritik*" (aufbauend auf die autonome menschliche Vernunft), „*Analogie*" (das Wunderliche muss mit unseren modernen Alltagserlebnissen übereinstimmen) und „*Korrelation*" (das ist die Wechselbeziehung zwischen biblischer Geschichte und ihrer Umwelt). Damit treten Offenbarung und Inspiration zurück. Troeltsch lehnt die Absolutheit des Christentums ab. Es ist eine Religion unter anderen. Jesus ist nicht Gott, sondern nur der „*Führer zu Gott*", nicht der Erlöser, sondern „*Urbild des christlich-persönlichen Lebens*". Er ist nicht das einzige Heil, sondern „*das große Beispiel der über die Nacht hinweg triumphierenden Gottesgewißheit*".[1]

Fassen wir das 18. und 19. Jahrhundert zusammen:

Der moderne Mensch, der sich allein seines Verstandes bedient, sucht einen neuen Zugang zur Bibel. Dabei gerät er in einen Konflikt zwischen Vernunft und Glauben, zwischen Wissenschaftlichkeit und Wundern, zwischen dem menschlichen Jesus und dem göttlichen Jesus. Jesus als der Menschensohn wurde von Maria geboren und in eine Krippe gelegt. Das erscheint noch nachvollziehbar aber Jesus ist zugleich das inkarnierte (fleischgewordene) Wort Gottes, der Sohn Gottes und Gott ist allein sein Vater. Aber die Jungfrauengeburt ist naturwissenschaftlich nicht mehr nachvollziehbar. Der moderne Mensch versucht ringend diesen „garstigen Graben" durch neue Begrifflichkeiten (wie Unterscheidung von Historie und Geschichtlichkeit) und durch neue Methoden (Historisch-Kritische Methode) zu überwinden. Doch gelingt ihm dieser Sprung nicht und er wird auch nie gelingen, weil er sich allein seines Verstandes bedient und den Geist Gottes ausschließt.

Die historischen Ereignisse in der Bibel werden immer mehr in Frage gestellt. Das Erlösungswerk Christi bleibt dabei zunächst noch unangetastet. In Heilsfragen sei die Bibel noch Wort Gottes.

---

[1] Hans-Georg Pöhlmann in dem Artikel über Ernst Troeltsch in: H. Burkhardt u.a. (Hg.), Evangelisches Lexikon für Theologie und Gemeinde, Wuppertal, 2.Aufl. 1998, Bd. 3, S. 2039.

3. Heilsfragen und Geschichte

Immer wieder flackert die Diskussion um die Heilsfragen in der Bibel auf. Man will, nachdem die Bibel in ihrer historischen Echtheit in Frage gestellt wurde, die alte Heilslehre doch nicht ganz aufgeben. Also lässt man die Heilsfragen, die die Errettung des Menschen betreffen, als Wahrheit stehen, bezweifelt aber, ob dazu auch die historischen „Sachaussagen" wahr sein müssen.[2] Jesus hat selbst gesagt, dass wir ihn in der Schrift suchen können (Joh 5,39), und zwar in der ganzen Schrift und nicht nur in bestimmten Teilen.

Wie will man überhaupt die Heilsfragen von ihren historischen Zusammenhängen trennen? Stehen nicht vielmehr die Heilsfragen inmitten eines geschichtlichen Umfangs? Steht nicht die Prophetie inmitten geschichtsträchtiger Ereignisse? Wenn die Bibel in ihren historischen Aussagen irren kann, wer verbürgt uns, dass sie sich dann nicht in ihren Heilsfragen irrt?

Und was gehört innerhalb der Theologie zu den Heilsfragen? Ist es nur das Kreuz? Wozu gehört aber das Kreuz? Es gehört zu Jesus von Nazareth! Und schon sind wir wieder bei den geschichtlichen Ereignissen angelangt. Wie will man an das Kreuz glauben, wenn man das ganze historische Umfeld in Bezug auf das Leben des Jesus von Nazareth, sprich seine biographischen Daten, die uns in den Evangelien überliefert wurden, ablehnt?!

Denn wir müssen bedenken: Das Kreuz auf Golgatha verbindet Himmel und Erde, die Horizontale mit der Vertikalen. Es blickt zurück auf die Menschheitsgeschichte und weist in die ferne Zukunft. Das Kreuz ist der Mittelpunkt der göttlichen Heilsgeschichte. Um diesen Mittelpunkt dreht sich Gottes Heilsgeschichte, die bis zum Ende nach dem vollkommenen göttlichen Plan abläuft. Und dieser Plan ist uns in der Bibel aufgeschrieben. Wenn man die Wahrhaftigkeit nur auf das Kreuz beschränken will, fällt die gesamte Heilsgeschichte flach und damit das Kreuz selbst.

Das Ende der Bibliologie ist absehbar, in dem Sinne, dass die Bibel nicht mehr als Gottes Wort anerkannt wird. Sie ist nur noch in ihren Heilsfragen gültig. Damit aber verliert sie ihre eigentliche Autorität. Der mündig gewordene Mensch löst sich von der Autorität der Bibel.

---

2 Vgl. Howard Marschall: „Biblische Inspiration", Gießen: TVG, 1986, S. 58f. oder auch H. Hempelmann: „Nicht auf der Schrift, sondern unter ihr", Lahr: Verl. Der liebenzeller Mission, 2000, S. 104: „Die Unfehlbarkeit, Vollkommenheit der Bibel zeigt sich vor allem darin, dass sie und wie sie den Weg zum ewigen Leben mit Gott unfehlbar und vollkommen weist."

4. Der Autoritätsverlust der Bibel

Die Autorität[3] der Schrift[4] geht aus ihrem Wesen hervor.[5] Sie ist die unmittelbare Folge der Inspiration. Die Bibel hat ihre Autorität, weil sie von Gott gegeben ist.[6] Die Autorität der Schrift verlangt Gehorsam. Jesus selbst stellt sich unter ihre Autorität. Er stellt kein Wort des Alten Testaments in Frage. Er erfüllt alle Verheißungen des Alten Bundes, indem er bis zum Tode am Kreuz gehorsam ist (Phil 2,8). Die Autorität der Schrift besitzt keinen Zwangscharakter. Der Gehorsam ihr gegenüber geschieht freiwillig. Zudem hat die Autorität ihren Ursprung nicht in der Kraft der menschlichen Vernunft, sondern in Gott selbst. Sie ist geistlich. Die Autorität der Schrift ist Ausdruck der Autorität Gottes.[7] Sowenig wie Gott den Menschen sklavisch unterdrückt, ihm den eigenen Willen nimmt, ebenso wenig tut dies die Schrift.[8] Leider ist so die Autorität im umgekehrten Sinne in unserem Jahrhundert verstanden worden. Das Ziel der „Frankfurter Schule" der 60er und 70er bestand darin, jegliche Autorität abzuschaffen. Ihr Konzept bestand aus sechs Proklamationen:[9]

- Herrschaft sei immer repressiv, das heißt, sie will den Menschen ausbeuten und knechten.

---

3 Der folgende Beitrag über die Autorität der Schrift ist ein Ausschnitt aus meinem Buch: „Ist die Bibel zuverlässig?", Barntrup: Verlagsbuchhandlung Lebensquelle, 1998, S. 93ff.

4 In der Dogmatik sprechen wir von den „affectiones" (Affekten) der Schrift. Zu der vierfachen Beschaffenheit der Schrift gehört die Autorität (auctoritas), die Genügsamkeit (sufficentia), die Klarheit (claritas) und die Wirksamkeit (efficentia). Vgl. dazu Otto Weber: „Grundlagen der Dogmatik", Neukirchen: Verlag des Erziehungsvereins, 2.Aufl. 1959, Bd. I, S. 296-316.

5 Vgl. dazu auch Gerhard Maier: „Biblische Hermeneutik", Wuppertal: TVG, 1990, Artikel IX: „Die Autorität der Schrift", S. 140-159.

6 Johannes Calvin: „Deshalb wird durchweg die höchste Beglaubigung der Schrift darin gesehen, dass hier Gott in Person redet" (in: Institutio I, 7,4).

7 Wir sind nicht, wie Helmut Thielicke meint, der Schrift wie Koordinaten nebengeordnet und dürften sie dementsprechend kontrollieren. Helmut Thielicke über die „Autorität" in: Religion in Geschichte und Gegenwart (RGG), Ungekürzte Studienausgabe, 3.Aufl. 1986, I, Sp. 792ff.

8 Wir sind nicht Unmündige, wenn wir uns der Autorität der Schrift beugen. Unmündige sind wir unter der Herrschaft diktatorischer Ideologien und unter der Herrschaft des Satans. Gott aber macht uns zu Mündigen (Gal 4,1-7). Vgl. auch G. Maier: „Bibl. Hermeneutik", a.a.O., S. 48.

9 Georg Huntemann: „Die Zerstörung der Person", Bad Liebenzell: Verlag der liebenzeller Mission, 2.Aufl. 1984, S. 18-23. Als Fundamental- und Offenbarungsethiker setzt G. Huntemann sich klar für das biblische Ethos ein.

- Das heteronome, etwa durch ein Gebot, durch ein „du sollst“ an den Menschen herangetragene Ethos sei schon Herrschaftsanspruch und deswegen zu verneinen.
- Das Subjekt, der Mensch als Person, geht im Kollektiv unter. Nur der Beschluss der Gruppe zählt. Eine Autorität über der Gruppe wird abgelehnt. Rollen (von Mann und Frau) und Normen sind beliebig austauschbar. Die Gruppe (oder auch die Gesellschaft) bestimmt das Verhaltensmuster, also die Ethik. Die Gruppe ist alles, du bist nichts.
- Das Ethos entsteht erst durch Diskussion in der Gruppe. Der Diskurs ist unendlich. Wer Gott als den allmächtigen Vater, Schöpfer Himmels und der Erde bekennt, steht unter einem herrschaftslegitimierenden Weltbild, muss also außerhalb des Diskurses der Gruppe bleiben, die Ethos „macht“ (Konsensusethik). Die Gruppe ist also der neue Gott, der neue Gebote gibt.
- Alle herkömmlichen Werte und Normen werden „hinterfragt“. Der Mensch hat keine Ehrfurcht mehr, weder vor dem heiligen Gott, noch vor seinem Wort. Die Bibel wird hinterfragt und verliert dadurch ihre Gültigkeit für „Glauben und Leben“ des Christen.
- Christliche Werte und Normen wie Ehe, Familie und Erziehung werden stets als Konflikte (Konfliktstrategie) durch die Massenmedien dargestellt und somit dem Menschen madig gemacht. Der Konflikt schafft revolutionäres Bewusstsein, das zur Aktion gegen bestehende Autorität motivieren soll.

Dem aufmerksamen Leser wird sofort bewusst, dass die Autorität der Bibel ebenso in Frage gestellt wird. Sie verliert ihre Autorität in unserem Leben und sogar in den Gemeinden. Die Gemeinde muss wissen: Sie ist nicht Herrin, sondern die Magd der Schrift; nicht die Mutter, sondern die Tochter; nicht die Urheberin, sondern die Leserin; nicht Richterin, sondern Zeuge und Verteidigerin des biblischen Textes.[10]

Menschliche Autorität wurde durch den Sündenfall zerstört, wirkt repressiv, unterdrückend, egozentrisch und ausbeutend.

Der Gehorsam Gott gegenüber wirkt auf den Christen befreiend, erlösend und wohltuend. Gott führt den Menschen aus der Sklaverei in die Freiheit: „Ihr aber, liebe Brüder, seid zur Freiheit berufen“ (Gal 5,13). Gott beutet den Men-

---

[10] René Pache: „Inspiration und Autorität der Bibel“, Wuppertal: R.Brockhaus, 3.Aufl. 1985, S. 305. So auch G. Maier: „Bibl. Hermeneutik“, a.a.O.: Die Hl. Schrift ist norma normans (Norm der Norm, S. 152) und nicht der Zeitgeist (S. 352).

schen nicht aus, sondern er beschenkt ihn, indem er seinen einzigen Sohn am Kreuz sterben lässt, um den Menschen zu erlösen.

Wer die Autorität Gottes anerkennt, der hat die beste Hilfe für die Gestaltung seines Lebens. Wir sind Gott gehorsam, nicht als Knechte, sondern als Kinder (Röm 8,14-17).

In diesem Sinne ist auch die Autorität der Bibel zu verstehen und zu akzeptieren. Wenn die Bibel ihre Autorität verliert, dann verliert die Gemeinde Jesu ihre Orientierung.[11] Sie besitzt keine geistlichen Maßstäbe mehr. Sie ist nicht mehr kontrollierbar. Sie fährt auf dem Meer ohne Kompass und erreicht somit den Hafen nicht mehr.

Gottes Wort ist der beste Kompass und das beste Kursbuch für unser Leben. Karl Heim berichtet von einem Treffen mit Hudson Taylor:

> „Wir kamen ja aus dem Tübinger Stift, der Hochburg der liberalen Theologie und der Bibelkritik. Wir umringten Hudson Taylor und stellten ihm die Frage: 'Wie können Sie so an jedes Wort der Bibel glauben?' Er gab uns zur Antwort: 'Wenn Sie morgen wieder von Frankfurt abreisen wollen, so schlagen Sie das Kursbuch auf und sehen nach, wann der Zug abgeht. Und wenn da steht, um sieben Uhr morgens fährt der erste Zug, so stellen Sie weiter keine Untersuchungen an über die Zuverlässigkeit des Kursbuches, sondern gehen morgens sieben Uhr auf den Bahnhof und finden dort den angegebenen Zug. Genau so, wie Sie es mit dem Kursbuch machen, habe ich es seit fünfzig Jahren mit der Bibel und ihren Geboten und Zusagen gemacht, und ich habe ihre Weisungen in einem langen Leben auch unter Hunderten von Todesgefahren immer richtig gefunden.'“ [12]

---

[11] So auch Stephan Holthaus: „Trends 2000 – Der Zeitgeist und die Christen“, Basel/Gießen: Brunnen Verlag, 1998, S. 102.
„Hintergrund für die ethische Krise der Kirchen und Gemeinden ist ohne Frage die Verunsicherung über die Autorität der Bibel. Zerstört durch die Historisch-Kritischen Methoden der Bibelwissenschaften, hat sie keine normsetzende Kraft mehr. Alle ethischen Fundamente scheinen zu schwimmen, die Bibel wird zum Relikt einer vergangenen Zeit degradiert – auch bei manchen Evangelikalen: Die Bibel ist zeitbedingt, von ihren Meinungen geprägt. Einem solchen Buch kann man keine allgemeingültige Autorität mehr zusprechen.“

[12] Lienhard Pflaum in: Informationsbrief der Bekenntnisbewegung „Kein anderes Evangelium“, Nr. 183 / August 1997, S. 16.

5. Inspiration im Wandel der Zeiten

Im Laufe der Geschichte der Aufklärungstheologie wurde die Bibel als ein Produkt des menschlichen Geistes gesehen. Sie verliert ihren göttlichen Charakter. Bereits Johann Salomo Semler hat die Lehre von der Inspiration der Bibel aufgegeben. Einige versuchen noch an der Realinspiration festzuhalten (wie Menken, Hofmann, Rothe), indem sie die Sache, insbesondere die Heilsgeschichte, für inspiriert halten. Schleiermacher versuchte es mit der Personalinspiration, indem er die Apostel für inspiriert hielt, nicht aber das Geschriebene.[13]

Die katholische Kirche gibt die Inspirationslehre nicht auf.[14] Für sie ist die Bibel inspiriert. Daneben werden aber auch einige Apokryphen (wie Judit, Tobias (Tobit), Sirach, 1. u. 2.Makkabäer u.a.) als kanonisch anerkannt.[15] Zudem gesellt sich die „Heilige Überlieferung", die eng mit der Heiligen Schrift verbunden ist, weil sie beide derselben göttlichen Quelle entspringen.[16]

Der indische Jesuit Ishanand Vempeny geht noch einen Schritt weiter. Er untersucht in seinem 1973 erschienen Buch „*Inspiration in the Non-Biblical Scriptures*" (Inspiration in den nichtbiblischen Schriften) die Religionen. Da auch die Religionen einen „Heilsplan", einen „kosmischen Bund" und eine „Logos-Theologie" (Logos, das Wort) besäßen, seien somit auch ihre Heiligen Schriften inspiriert und damit auch wahr.[17]

Welchen Weg wird der Protestantismus in der Inspirationslehre in der Zukunft gehen? Wird sie die Lehre ganz aufgeben oder wird sie sich der katholischen, und damit offenen, Lehrauffassung angleichen?

---

[13] Vgl. zur geschichtlichen Darstellung der Inspirationslehre Otto Weber über den Artikel „Inspiration" (II) in: RGG, a.a.O., Bd. 3, Sp. 775ff. Siehe auch G. Maier: „Biblische Hermeneutik", a.a.O., S. 79ff.; Eckhard Schnabel: „Inspiration u. Offenbarung", Wuppertal, 2.Aufl. 1997, S. 47ff.

[14] Zweites Vatikanisches Konzil: „XI. Die dogmatische Konstitution über die göttliche Offenbarung ‚Dei Verbum'", 3,11, in: Karl Rahner / Herbert Vorgrimler (Hg.): Kleines Konzilskompendium – Sämtliche Texte des Zweiten Vatikanums, Freiburg im Breisgau/ Basel/ Wien: Herder, 23.Aufl. 1991, 373f.

[15] Die röm.-kath. Kirche deklarierte auf dem Konzil von Trient von 1546 einige Apokryphen als kanonisch. Sie anerkannte Zusätze zu Daniel und Ester, Baruch, den Brief des Jeremia, 1. u. 2.Makkabäer., Judit, Tobias (Tobit), Sirach und die Weisheit Salomos.

[16] Zweites Vaticanum XI, 2,9 (Rahner / Vorgrimler, a.a.O., S. 372).

[17] Die Arbeit des Jesuiten Ishanand Vempeny wurde zusammengefasst von Helmut Gabel: „Inspirationsverständnis im Wandel – Theologische Neuorientierung im Umfeld des Zweiten Vatikanischen Konzils", Diss. 1990, Univ. Mainz, Mainz: Matthias-Grünewald-Verl., 1991, S. 280-286.

Für den Monat September des Jahres 2006 gab die Herrnhuter Losung einen Monatsspruch aus dem Buch der Weisheit 15,1 an. Und der Bibelleser konnte in der fortlaufenden Bibellese zwischen 1.Chr und Weish wählen. Für den Sonntag des 20. August konnte der Verkündiger den Predigttext zwischen Jes 62,6-12 und Sir 36,13-19 wählen.[18]

Die Gemeinde Christi darf die biblische Lehre von der „Theopneustie" („Gotteinhauchung" der 66 kanonischen Bücher der Bibel) nicht aufgeben, sie auch nicht variieren oder assimilieren.

Die Verbalinspiration wird eindeutig in 2.Tim 3,16 bezeugt. Immer wieder heißt es in der Schrift, dass wir ihr nichts hinzufügen oder von ihr wegnehmen sollen (5.Mo 4,2; 13,1; Spr 30,5-6; Offb 22,18-19).

Wenn die Autorität der Bibel fällt, dann fällt auch die Inspiration (und umgekehrt) und das bedeutet, dass sie in der Gemeinde wie ein profanes Buch behandelt wird. Sie verliert ihre göttliche Kraft und ihre Verbindlichkeit! Wo findet die Gemeinde Jesu dann noch Zuverlässigkeit und Wahrheit? In Christus? Ja, aber Christus finden wir in der Schrift (Joh 5,39). Die Bibel ist zeitlos gültig (Mt 24,35). Nicht stellen wir sie in Frage, sondern sie stellt uns in Frage. Sie allein ist der Maßstab für unser Leben und Handeln.

6. Offenbarung und Geschichte

In der ersten Hälfte des 20. Jahrhunderts hatte man einen neuen „garstigen Graben" zwischen dem modernen Menschen und der Bibel entdeckt: Es ist der Graben, der zwischen Offenbarung und Geschichte liegt. Die Geschichte spielt sich auf der Erde ab, im Diesseits. Sie ist nachvollziehbar, prüfbar, verifizierbar. Die Offenbarung dagegen geschieht aus dem Jenseits, aus dem Himmel und ist damit mit empirisch-wissenschaftlichen Methoden nicht mehr prüfbar.[19] Diese Entwicklung in der Theologiegeschichte ist nachvollziehbar: Hat

---

[18] Evangelische Brüder-Unität Herrnhut und Bad Boll (Hg.): „Die täglichen Losungen und Lehrtexte der Brüdergemeine für das Jahr 2006", Lörrach/ Basel: Reinhardt, 276. Ausgabe 2005. Die fortlaufende Bibellese und die Monatssprüche stammen von der „Ökumenischen Arbeitsgemeinschaft für Bibellesen" in Berlin. Auch wenn die Herausgeber der Herrnhuter Losungen nicht für die fortlaufende Bibellese, für die Monatslosung und für die Auswahl des Predigttextes verantwortlich sind, so ist dennoch der Leser irritiert, weil es keinen Hinweis in Bezug auf die Unterscheidung zwischen Apokryphen und der Bibel gibt.

[19] Siehe dazu den Beitrag von Rolf Hille in: Arbeitskreis für evangelikale Theologie (AfeT) in Verbindung mit der Deutschen Evangelischen Allianz (Hg.): „Evangelikale Theologie", 12/2 Nov. 2006, S. 2-5. Im Altprotestantismus war die Bibel der einzige Maßstab. Der Neuprotestantismus orientiert sich an der Wissenschaftstheorie. „Im Gegensatz dazu betrachtet der Neuprotestantismus nicht nur die kirchliche Tradition und

man im 19. Jahrhundert zwischen Menschenwort und Gotteswort in der Bibel unterschieden, so gibt es nun ein Problem mit der Offenbarung Gottes. Die eigentliche Schlussfolgerung wäre gewesen, die Bibel ad acta (zu den Akten) zu legen. Stattdessen versucht man Offenbarung und Geschichte irgendwie auf einen Nenner zu kriegen.

Ich greife exemplarisch zwei Theologen heraus, die versucht haben, den „garstigen Graben“ zwischen Offenbarung und Geschichte zu überbrücken:

Der reformierte Theologe Karl Barth (1886-1968) macht sich in seiner Kirchlichen Dogmatik Gedanken darüber, inwiefern die Bibel noch Gottes Wort sein könnte. Ich fasse seine Überlegungen kurz zusammen[20]:

> Die Aussage „die Bibel ist Wort Gottes“ sei nur ein Glaubensbekenntnis, so Barth.
>
> Die Bibel werde nur im Ereignis Wort Gottes. Ereignis heißt, wenn Gott durch sein Wort redet.
>
> Da, wo die Bibel nach dem Menschen greift (im Ereignis), wird sie Wort Gottes.
>
> Hier ist das geschriebene Wort identisch mit dem verkündigten Wort. Das verkündigte Wort ist dann Wort Gottes, wenn es von Gott bestätigt und begnadigt wird, wenn also der MENSCH angesprochen wird.
>
> So ist das geschriebene Wort der Bibel Wort Gottes, wenn Gott redet.
>
> Wir sagten von der kirchlichen Verkündigung: Sie muss Gottes Wort je und je werden. Und wir sagten dasselbe von der Bibel: Sie muss Gottes Wort je und je werden.
>
> Indem der freie Gott sich ihrer bedient, sind Bibel und Verkündigung Gottes Wort.

Dogmenbildung, sondern auch die Schrift selbst als Produkt einer langen und komplexen religionsgeschichtlichen Entwicklung, die wie alle menschliche Tradition kritisch zu untersuchen ist“ (S. 4). „Wegen des Festhaltens an der göttlichen Inspiration der ganzen Schrift ist die pietistische Theologie dem ‚Altprotestantismus‘ zuzuordnen. Durch die vielfältigen internationalen – vor allem angelsächsischen – Bezüge wurde der Evangelikalismus im 20. Jahrhundert zu einer ökumenisch offenen Theologie“ (S. 4). „Im Zusammenhang der laufenden bzw. anstehenden Anerkennungsverfahren evangelikaler Ausbildungsstätten muss sich ein Konzept ergeben, das einerseits der inhaltlichen Schriftbindung der evangelikalen Theologie Rechnung trägt und andererseits den formalen Kriterien wissenschaftlicher Arbeit genüge tut“ (S. 5).

[20] Karl Barth: „Kirchliche Dogmatik“ (KD), München, 2.Aufl. 1935, I, 1, § 4 (S. 101-124).

Wenn die Bibel nicht Wort Gottes und auch nicht Offenbarung ist[21], dann wird sie zu einer profanen Lektüre, ja sogar mit derselben identifiziert. Barth behauptet, dass die Bibel mal hier mal dort Gottes Wort „enthalte". Er schreibt: „*hier deus dixit, hier Paulus dixit. Das ist zweierlei.*"[22] Auf Deutsch: „Hier spricht Gott, hier spricht Paulus. Das ist zweierlei." Der reformierte Theologe geht sogar soweit, dass er die Bibel auf die Stufe des verkündigten Wortes (Predigt) stellt. Aber ist die Verkündigung Wort Gottes, das heißt mit ihr identisch? Die Predigt ist Wort Gottes, insofern Gott redet. Aber sie darf niemals mit der Bibel identifiziert werden. Die Predigt steht unter der Bibel, und sie hat sich an ihr zu orientieren. Die Bibel wird auch nicht zum Wort Gottes, wenn Gott sich ihrer bedient.

Wir halten fest: Die Bibel ist das Wort Gottes! Sie ist es auch an sich! Sie ist nicht ein Versuch der Darstellung von Menschenworten.[23] Wenn wir die Psalmen lesen, dann redet nicht David zu uns, sondern Gott. Auch wenn die Bibel nicht zu mir redet, so bleibt sie doch Wort Gottes. Es ist falsch, wenn wir sagen: Die Bibel enthält Wort Gottes. Nein! Sie ist das Wort Gottes in Ewigkeit. Auch ist die Bibel nicht bloß ein Zeugnis von Menschenworten. Sie ist viel mehr. Sie ist inspirierte Offenbarung von oben. Wer die Inspiration ablehnt, der muss auch die Bibel als Wort Gottes ablehnen und umgekehrt: Wer die Inspiration bejaht, der muss auch die Bibel als das Wort Gottes akzeptieren.

Rudolf Bultmann (1884-1976) sieht die Bibel als ein Mythenbuch. Alles, was historisch nicht nachvollziehbar ist, wird zum Mythos[24].

Hart und unerbittlich klingt das „Erledigt" Bultmanns: *Erledigt* sind die Geschichten von der Höllen- und Himmelfahrt Christi – *erledigt* ist die Vorstellung von einer unter kosmischen Katastrophen hereinbrechenden Endzeit – *erledigt* ist die Erwartung des auf den Wolken des Himmels kommenden Menschensohns – *erledigt* sind die Wunder als bloße Wunder – *erledigt* ist der Geister- und Dämonenglaube („*die Blumhardtschen Geschichten sind mir ein Gräuel*"). Unser Weltbild ist unwiderruflich durch Wissenschaft und Technik bestimmt, das Weltbild des Neuen Testaments dagegen ist ein mythisches (3-Stockwerke-Theologie des Mittelalters).

Ebenso proklamiert er das Unverständlich: Unverständlich ist für den modernen Menschen die Vorstellung von dem göttlichen Geist als einem übernatür-

---

21 Ebd., KD, a.a.O., S. 114.

22 Ebd., KD, a.a.O., S. 116.

23 Ebd., KD, a.a.O., S. 116.

24 Rudolf Bultmann: „Der Sinn des Mythos und der Entmythologisierung", in: H.W. Bartsch (Hg.), Kerygma und Mythos, II, Hamburg, 1952, S. 180-190.

lichen Etwas, das in das Gefüge der natürlichen Kräfte eindringt – unverständlich ist für ihn die Deutung des Todes als einer Strafe für die Sünde, verursacht durch einen Ahnherrn – unverständlich ist für ihn die Lehre von der stellvertretenden Genugtuung durch das Sterben Christi am Kreuz – unverständlich ist für ihn die Auferstehung Christi als ein Ereignis – unverständlich ist für ihn die Erwartung, in die himmlische Lichtwelt versetzt und dort mit einem neuen, geistlichen Leib überkleidet zu werden.[25]

Bultmann meint den „garstigen Graben" zwischen Geschichte und Offenbarung überbrücken zu können, indem er die Bibel entmythologisiert, das heißt, die Mythen herausschält und „das Echte", das Historische, in der Verkündigung[26] präsentiert. Nur: Es bleibt nicht mehr viel übrig. Das Ergebnis ist die „Entmythologisierung Jesu": Präexistenz Jesu, seine Menschwerdung, sein stellvertretendes Opfer, seine Gottessohnschaft, seine Auferstehung, seine Himmelfahrt und seine Wiederkunft werden annulliert.[27]

Damit fällt die ganze Christologie (die Lehre von Christus) und mit der Christologie fällt die Soteriologie (die Lehre vom Heil)!

Der „garstige Graben" zur Bibel kann auch nicht von Barth und Bultmann übersprungen werden – im Gegenteil: er wird nur noch tiefer und weiter. Der moderne Mensch verliert immer mehr einen Zugang zur Bibel. Er verliert das Vertrauen zur Bibel und damit auch das Vertrauen zu dem Autor (Gott und seinem Geist) und zu der Hauptperson: JESUS!

Die Offenbarung kann gar nicht von der Geschichte getrennt werden. Beide zusammen finden sich wieder in der Heilsgeschichte der Bibel. Die Offenbarung ist ein Geschenk Gottes, das den Verfassern der Bibel gegeben wurde. Paulus schreibt:

> „Durch Offenbarung ist mir das Geheimnis kundgemacht worden, wie ich eben aufs kürzeste geschrieben habe" (Eph 3,3).

---

[25] Heinz Zahrnt: „Die Sache mit Gott – Die protestantische Theologie im 20. Jahrhundert", München: Piper, 9.Aufl. 1990, S. 239f. (Zitate Bultmanns in: Kerygma und Mythos, I, S. 18 u. 136).

[26] Es wird dann vom „kerygmatischen Jesus" gesprochen. Kerygma ist die Verkündigung, das Zeugnis, die Predigt. Es wird wohl noch von dem Tod und der Auferstehung Jesu in der Predigt gesprochen („Jesus sei im Kerygma auferstanden"), aber ER ist nicht leibhaftig auferstanden.

[27] An dieser Stelle nahm die Bekenntnisbewegung „Kein anderes Evangelium" ihren Kampf auf und proklamierte 1966 in der Dortmunder Westfalenhalle die leibhaftige Auferstehung Jesu. Siehe dazu Rudolf Bäumer u.a. (Hg.): „Weg und Zeugnis – Bekennende Gemeinschaften im gegenwärtigen Kirchenkampf", 1965-1980, Bad Liebenzell, 2.Aufl. 1981.

Existenziale Interpretation

In der Mitte des 20. Jahrhunderts herrscht in der Hermeneutik die „Existenziale Interpretation" vor. Da die Geschichte Israels uns nichts mehr zu sagen hat[28] und das Neue Testament voller Mythen ist, müssen folglich die biblischen Texte für den modernen Menschen uminterpretiert werden. Es wird gefragt, was die Texte heute für die Existenz des Menschen bedeuten (Existenziale Interpretation).

Natürlich wissen wir, dass die Bibel in und durch die Verkündigung heute zu uns redet. Aber bei der „existenzialen Verkündigung" spielt die Wahrhaftigkeit und die Autorität des Wortes Gottes keine Rolle mehr, so dass man sich fragen muss, wem denn nun der Zuhörer gehorchen soll, denn die Bibel hat ja ihre historische Glaubwürdigkeit verloren.

Nachdem der Exeget den Text historisch-kritisch beerdigt hat, soll er ihn existenzial wieder auferwecken, stellt schon Rudolf Bohren fest.[29] Der Mensch in seiner Existenz wird zum Gegenstand der Auslegung und der Predigt. Alles dreht sich um den Menschen, alles spielt sich auf der Erde ab.

„*Niemals und nirgends rettet das Historische, sondern allein das Konkrete*", schreibt Manfred Mezger.[30] Die historischen Aussagen in der Bibel spielen keine Rolle mehr, sie sind uninteressant, sondern allein das Konkrete, also das Erlebnis in dem Gottesdienst, Visionen und Träume, sprechen noch den Zuhörer an.

Die auf den Menschen bezogene existenziale Interpretation passt gut zu den Erlebnisgottesdiensten. Der eigentliche Inhalt des Bibeltextes und die biblische Lehre treten zurück. Der postmoderne Zuhörer möchte keine Wahrheiten gelehrt bekommen. Es besteht die Gefahr, dass der Hörer mehr vom Charisma des Verkündigers angesprochen wird als von dem Wort der Bibel.

Aber weder Zeichen und Wunder, noch die menschliche Weisheit (1.Kor 1,22) stellen die Mitte der Verkündigung dar, sondern allein der gekreuzigte und auferstandene Christus, der der Anfang, die Mitte und das Ziel des biblischen Wortes ist.

---

[28] So R. Bultmann in: Gesammelte Aufsätze, Tübingen: J.C.B. Mohr, 1933, S. 333.

[29] Rudolf Bohren: „Die Krise der Predigt als Frage an die Exegese" in: Evangel. Theol., 22. Jg. (1962), S. 73f. in: H. Zahrnt: Die Sache mit Gott, a.a.O., S. 275.

[30] Manfred Mezger: „Die geschichtliche Wahrheit als Vollmacht der Predigt" in: Ev. Theol., 22. Jg. (1962), S. 492, zitiert von H. Zahrnt: Die Sache mit Gott, a.a.O., S. 324.

7. Die Relativierung der Wahrheit

Das griechische Wort für Wahrheit lautet „*aletheia*“. Es ist abgeleitet von „*lethe*“, was „Vergessenheit“ oder „Verborgenheit“ bedeutet. Wahrhaftig ist also jemand, der nicht im Verborgenen (*a-letheia*) redet, sondern frei und öffentlich heraus, der nichts verstecken muß[31]. Das Gegenteil von Wahrheit ist also die Lüge, nicht die ganze Wahrheit erzählen, etwas im Verborgenen lassen. Gott ist ein Gott der Wahrheit, der sich offenbart, die ganze Wahrheit redet, nicht lügt. JESUS ist die Wahrheit, weil ER nichts im Verborgenen geredet hat (Joh 18,20). Die Rede Gottes und seines Sohnes ist aufgeschrieben in dem Buch der Wahrheit (vgl. Ps 119,160), das ist die Bibel.

Inzwischen aber hat man die Wahrhaftigkeit Gottes von der Wahrhaftigkeit der Bibel getrennt. Der Wahrheitsbegriff der Bibel wird neu definiert. Wahr sei nicht gleich richtig. Da die Wahrheit in der Geschichte geschieht, ist sie nie ein für allemal da, nie endgültig, nie fertig, nie allgemein, sondern sie bleibt immer offen, konstatiert Paul Tillich (1886-1965).[32]

Wahrheit ist nicht das, was mit der Realität korrespondiert, sondern sie ist religiös-pragmatisch und funktional zu verstehen; sie ist nicht in erster Linie in den objektiven Aussagen der Bibel zu finden, sondern hinter den Aussagen in der Absicht der Schreiber.[33]

Wahrheit hat schon im Alten Testament etwas mit Begegnung, mit Vertrauen und mit der Beziehung zu tun. Darauf hat schon Emil Brunner (1889-1966) in seiner Schrift „Wahrheit als Begegnung“ (1938) hingewiesen.[34]

Für Gott spielt die Begegnung, die Beziehung zum Menschen in erster Linie die entscheidende Rolle. Das bezeugen die vielen Geschichten in der Bibel (Abraham, Jakob, Gideon, David ...). Aber: Die Bibel hebt dadurch die Lehrwahrheiten (über Gott, über Jesus, über die Schöpfung, über die Erlösung, über den Hl. Geist, über die Gemeinde, über Israel, über die Eschatologie) nicht auf!

Und hier nun können wir Brunner nicht mehr folgen: Er wendet sich nun gegen eine „Bibelorthodoxie“ und gegen eine „Dogmenorthodoxie“. Wahrheit

---

[31] Franz Passow: „Handwörterbuch der griechischen Sprache“, neu bearbeitet von Chr.Fr. Rost u.a., II/1, Darmstadt: Wissenschaftliche Buchgesellschaft, 5.Aufl. 1983, S. 50f.

[32] Paul Tillich: „Philosophie und Schicksal“, 1929 nach H. Zahrnt: Die Sache mit Gott, a.a.O., S. 330.

[33] J.B. Rogers u. D.K. McKim: „The Authority and Interpretation of the Bible: An Historical Approach“, New York, 1979, zusammengefasst von Eckhard Schnabel: Inspiration und Offenbarung, a.a.O., S. 89.

[34] Vgl. die Ausführungen bei H. Zahrnt: „Die Sache mit Gott“, a.a.O., S. 78-82

spielt für Brunner eine sekundäre Rolle. Sie will gelebt werden in der Beziehung zu Jesus Christus. Der Inhalt der Wahrheit, die Lehre tritt bei Brunner zurück.

Brunner ist seiner Zeit weit voraus. Der Rücktritt der Wahrheit gegenüber dem Erlebnis, die Verdrängung der biblischen Lehre und der Moral gegenüber gelebten Beziehungen („personale Korrespondenz“) wird im 21. Jahrhundert immer stärker die Gemeinden prägen.

Es gehe also in der Bibel gar nicht um die sachliche Wahrheit, sondern um eine personale Wahrheit: Gott ist Wahrheit und das reicht aus.[35] Der hebräische Wahrheitsbegriff hat aber sowohl etwas mit „Begegnung, Beziehung“ zu tun, als auch mit „sachlicher Richtigkeit“.[36] Als Beispiel können wir den Arzt Lukas anführen, der sehr akribisch nach geschichtlichen Tatsachen in Bezug auf das Leben Jesu recherchiert hat (Lk 1,1-4).[37] Und Petrus weiß sehr wohl zwischen Mythen und Tatsachenberichten zu unterscheiden. Er stellt klar, dass er niemals den „klugen Fabeln“ (Mythen) gefolgt ist (2.Petr 1,16), sondern dass die Propheten, deren Zeugnisse in der Bibel aufgeschrieben sind, durch den Geist Gottes geredet haben (2.Petr 1,21) und damit will er sagen, dass der Geist Gottes nicht lügt. Es besteht meines Erachtens eine große Gefahr darin, an dem biblischen Wahrheitsbegriff herumzutüfteln, denn dann gleicht man jemandem, der das Fundament eines Wolkenkratzers wegsprengen möchte in der utopischen Hoffnung, dass das Gebäude doch noch stehen bleiben möge.

8. Das Ende des Ethos – die Säulen der Ethik fallen

Die Bibel hat in der Theologiegeschichte der letzten dreihundert Jahren ihren Wahrheitsanspruch, ihre Göttlichkeit, ihren Offenbarungscharakter und damit auch ihre Autorität verloren. Diese Entwicklungsprozesse haben fatale Folgen für die Gemeinde Jesu Christi. Denn wer diese liberalen Denkmuster übernimmt, der findet in der Bibel für sein Leben keine Maßstäbe, keine klare Orientierung mehr. Er wird einen subjektiven Weg des Glaubens wählen, kann sich aber nie gewiss sein, ob dieser eingeschlagene Weg der richtige ist.

Die Bibel ist nicht mehr *norma normans* (die Norm aller Normen). Es kommt zur Auflösung des biblischen Wahrheitsanspruchs und des biblischen Ethos.

---

[35] Vgl. dazu H. Hempelmann: „Gemeinsame Liebe – wie Evangelikale die Autorität der Bibel bestimmen“, Bad Liebenzell: Verlag der Liebenzeller Mission, 2001, S. 42-58.

[36] Vgl. dazu die Wortstudie von Heinrich von Siebenthal: „Wahrheit bei den Althebräern“ in: H. Stadelmann (Hg.), Liebe zum Wort, Nürnberg, 2002, S. 72-93.

[37] Siehe dazu die Ausführungen von Armin D. Baum: „Lukas als antiker Historiker“ in: Stephan Holthaus / Karl-Heinz Vanheiden (Hg.): Die Unfehlbarkeit und Irrtumslosigkeit der Bibel, Bibelbund-Verlag, Hammerbrücke, 2002, S. 141-155.

Das Ethos in der Gemeinde Jesu wird nicht mehr durch die Bibel geprägt, sondern durch die sich stets verändernde Gesellschaft.

Die schöpfungsgemäßen Ordnungen werden aufgegeben. Mann und Frau, Ehe, Familie verlieren ihren biblischen Stellenwert. An diese Stelle tritt das Kollektiv, das Orientierung, Geborgenheit, Sinn und Zweck vermitteln will (es aber nicht kann). Aber das Kollektiv bestimmt die Richtung, die Ordnung.

Bereits der Apostel Paulus kündigt in 2.Tim 3,1-7 für die „letzten Tage“ den moralischen Abfall an: Sie werden hochmütig, Geld liebend, den Eltern ungehorsam, undankbar, gottlos, lieblos, wild und zuchtlos sein, um nur einige Beschreibungen zu nennen.

9. Quo vadis, Gemeinde Jesu?

Wohin gehst du? Wohin geht die Gemeinde Jesu im 21. Jahrhundert?

Die Gemeinde Jesu muss sich den Herausforderungen einer sich stets verändernden Bibelhaltung in der Gesellschaft und in der Theologie stellen. Tut sie es nicht, ist sie Fremdeinflüssen schonungslos erlegen. Unser kurzer historischer Abriss hat gezeigt, dass die größten Angriffe auf die Bibel nicht von außen kamen, sondern von liberalen Theologen. Die Gemeinde Jesu muss sich mit dem eigenen Lager auseinandersetzen. Damit hat aber schon der Selbstzerstörungsprozess der Gemeinde begonnen.

Wenn die Wahrheit der Bibel relativiert wird und wenn JESUS nicht mehr das Wort Gottes ist, dem wir zu hören, dem wir im Leben und im Sterben zu vertrauen und zu gehorchen haben, dann dringen de facto andere Ereignisse, Mächte, Gestalten und Wahrheiten in die Gemeinde Jesu ein[38]!

Wir leben in einer Zeit, in der das christologische Gebot der Wachsamkeit mehr gefragt ist, denn je. Dreimal ruft unser HERR in seiner Endzeitrede in Mt 24 seine Jünger zur Wachsamkeit auf.

Welcher Versuchung, welchem Kampf steht die Gemeinde Jesu überhaupt nun im 21. Jahrhundert gegenüber?

---

[38] Vgl. noch das mutige Bekenntnis der Barmer Theologischen Erklärung von 1934:
„Jesus Christus, wie er uns in der Heiligen Schrift bezeugt wird, ist das eine Wort Gottes, das wir zu hören, dem wir im Leben und im Sterben zu vertrauen und zu gehorchen haben.
Wir verwerfen die falsche Lehre, als könne und müsse die Kirche als Quelle ihrer Verkündigung außer und neben diesem einen Worte Gottes auch noch andere Ereignisse und Mächte, Gestalten und Wahrheiten als Gottes Offenbarung anerkennen.“ (Art. 1).

Kann man ihr überhaupt noch etwas wegnehmen, wenn schon die Bibel, der historische JESUS und die Vokabel Gott relativiert wurden?

Wenn der Protestantismus nicht zu seinen reformatorischen Wurzeln[39] zurückkehrt, dann verliert sie den Boden unter den Füßen, dann hat sie kein Evangelium mehr für die verlorene Welt, dann wird sie dahinsiechen und hat der gottlosen Gesellschaft nichts mehr entgegenzuhalten und sie wird schließlich vom Sog der Ökumene verschlungen werden. Diese Entwicklung und das Ende der protestantischen Ära hat bereits Paul Tillich (1886-1965) seiner Zeit vorausgesagt. Tillich bezeichnet das „nachprotestantische Zeitalter" als einen „evangelischen Katholizismus".[40]

Wer die Autorität der Bibel ablehnt, sucht woanders nach Autoritäten.

Wer die Offenbarung Gottes negiert, sucht woanders Offenbarungen.

Wer das Ethos der Bibel verwirft, muss sich ein humanistisches Ethos schaffen.

Wer die 10 Gebote verflüchtigt, der setzt seine eigenen Maßstäbe, was in Autonomie und Anarchie hineinführt (2.Thess 2,3).

Wer JESUS als den einzigen Heilsbringer leugnet, sucht in sich selbst oder in anderen Religionen das Heil.

Der Weg im 21. Jahrhundert wird ein bibelloser Weg sein. 300 Jahre Theologiegeschichte haben die Kirche zu einer wortlosen Institution umfunktioniert. Der zukünftige Weg wird wohl ein spiritueller Weg sein, aber kein Weg des Wortes. Der postmoderne Mensch hört lieber den charismatisch begabten Redner als das geschriebene Wort der Bibel. Er fordert nicht das „sola scriptura" (allein die Schrift), sondern Zeichen.

---

[39] Sola scriptura: allein durch die Schrift; sola gratia: allein durch die Gnade; sola fide: allein durch den Glauben und sola Christus: allein durch Christus! Am 31. Okt. 1999 wurde in Augsburg, wo 1530 die Confessio Augustana der reformatorischen Bewegung vor Kaiser und Reich proklamiert wurde, eine gemeinsame Erklärung zur Rechtfertigungslehre, dem Kernpunkt reformierter Theologie, zwischen dem Lutherischen Weltbund als Glaubensgemeinschaft und der Katholischen Kirche feierlich unterschrieben. Dabei wird die Gnade betont, aber auch das Mitwirken des Menschen durch den Glauben und die freie Entscheidung. Am Abend des Reformationstages spricht Kardinal Karl Lehmann auf der Kanzel der Lutherkirche in Wiesbaden.

[40] Paul Tillich: „Das Ende der protestantischen Ära?" I, Ges. Werke VII, 152ff. in: H. Zahrnt: Die Sache mit Gott, a.a.O., S. 386ff.

Pilatus oder Hiob

Pilatus stellt die Frage nach der Wahrheit: Was ist Wahrheit? Diese Frage hat man in den letzten dreihundert Jahren innerhalb der Theologiegeschichte immer wieder gestellt. Ist die Bibel Wahrheit? Oder enthält sie nur die Wahrheit? Ist sie deshalb wahr, weil Gott Wahrheit ist? Oder ist sie wahr, weil sie Gottes Wort ist? Ist sie wahr, weil sie inspiriert ist? Oder ist die Bibel wahr, weil sie sich im Leben der Christen bewahrheitet?

Die Antworten auf diese Fragen führten oft in die Zerreißprobe protestantischer Theologie.

Die liberalen Theologen des 20. Jh. halten sich immer wieder in der Nähe von Pilatus auf, suchen, fragen, forschen nach Wahrheit, experimentieren mit der Wahrheit, suchen die Mitte zwischen Theologie und Wissenschaft, klopfen bei der Philosophie an, suchen nach immer neuen Methoden in der Hermeneutik. Stattdessen sollten wir lieber zu Hiob gehen, der ein eindeutiges Bekenntnis des Glaubens (Hiob 19,25) und zu seinem Erlöser abgelegt hat. Auch Hiob hat gerungen, gezweifelt, disputiert, aber er hielt an das Bekenntnis des lebendigen Gottes fest. In diesem Sinne ruft uns auch der Verfasser des Hebräerbriefes auf, an das göttliche Bekenntnis (griech. „homo-logia“ = „die Worte in gleicher Weise wiederholen“) Jesu Christi festzuhalten (Hebr 3,1; 4,14; 10,23). In diesem Bekenntnis der Hoffnung sollen wir fest stehen und nicht wanken, egal wie viele Bollwerke gegen Christus und seinem Wort aufgefahren werden. Es ist das Bekenntnis, dass die Bibel Gottes Wort ist. Wenn die Bibel nicht mehr Wort Gottes ist, wohin sollen wir dann gehen?! Wir wollen mit Petrus bekennen: „HERR! Wohin sollen wir gehen? Du hast Worte des ewigen Lebens!“ (Joh 6,68).

Wachet!

Die Gemeinde Jesu kennt ihren Weg, weil sie ihren HERRN kennt. Sie geht durch 2000 Jahre Kirchengeschichte durch viel Leid und Tränen ihrem Retter, in dem allein Erlösung ist (Apg 4,12), entgegen. Sie geht diesen schmalen, einzigen Weg (Joh 14,6), auch wenn er dornig, umstritten, angefochten und immer wieder in Frage gestellt wird.

Sie weiß, dass der leibhaftig auferstandene JESUS wiederkommt, um seine Gemeinde zu sich zu holen, wie ER es im hohepriesterlichen Gebet verheißen hat. Dann werden die Gerechten leuchten wie die Sonne in ihres Vaters Reich (Mt 13,43).

Die Schafe hören auf die eine Stimme ihres Hirten. Sie hören auf keine andere Stimme. Diese Stimme des großen Hirten und Wächter unserer Seelen JESUS hören sie nirgends sonst als in seinem Wort, in der Bibel.

Aber die Gemeinde Jesu muss wachsam sein. Jeder einzelne Gläubige muss wachen. Denn wenn die Gemeinde Jesu dieses Wort Jesu vergißt, verwässert, verwischt, vernachlässigt, verliert, dann ist sie schon der Verführung erlegen.

Die Gemeinde Jesu weiß von der Parusie (Wiederkunft) Jesu nicht, weil sie auf die Stimmen von Theologen, Philosophen oder sonstigen Religionsführern hört, die nun schon über 300 Jahre lang nach dem historischen Jesus suchen, sondern sie weiß um seine glorreiche Wiederkunft, weil es sein Wort sagt (Joh 14,3; 2.Thess 2,1-2).

„Ihr sucht in der Schrift, denn ihr meint, ihr habt das ewige Leben darin; und sie ist's, die von mir zeugt" (Joh 5,39).

Deshalb ist die Gemeinde Jesu im 21. Jh. mehr als in allen anderen Jahrhunderten gefordert, auf dies eine Wort der Bibel als das offenbarte, inspirierte, geschriebene und wahrhaftige Wort Gottes, das in Ewigkeit bleibt (*verbum dei manet in aeternum*), zu achten, ihm zu lauschen, es zu durchforschen, ihm zu gehorchen und es zu bewahren – bis ER kommt! Maranatha!

Steffen Denker

Predigt: Das Wort Gottes – die Kraft Gottes

Hebräer 4,12

Liebe Brüder und Schwestern,

An diesem wunderbaren Tag grüße ich Euch herzlich im Namen unseres Herrn Jesus Christus. Es ist dem Bibelbund eine besondere Freude, die Gastfreundschaft der Zionshalle in den letzten Tagen genossen zu haben und nun auch mit Euch den Tag des Herrn und die Kraft Seiner Auferstehung zu feiern.

Viele Christen sehnen sich danach, die Kraft Gottes in ihrem Leben zu erfahren und noch mehr zu erfahren. Menschen ohne Beziehung zum christlichen Glauben suchen Erfahrungen mit einem höheren Wesen, wissen aber nicht, wo sie diese Macht wirklich finden. Liebe Geschwister, wir wollen uns heute deutlich vor Augen führen: Gott hat uns *Sein Wort* gegeben, damit wir Seine Kraft *in Seinem Wort* erfahren. Wenn der Apostel vom Evangelium sagen kann, es sei *die Kraft zum Heil für jeden, der glaubt* (Röm 1,16), so möchte ich im Einklang mit der ganzen Heiligen Schrift heute bezeugen, dass sie die Kraft Gottes ist. *Das Wort Gottes ist die Kraft Gottes.* Das Wort Gottes ist lebendig, kein toter Buchstabe. Deshalb lässt sich hier Gott finden. Sie ist das Mittel, durch das uns Gott alles zum Leben und zur Gottseligkeit kundtut (2.Petr 1,3).

Nun wollen wir noch einmal miteinander die Gelegenheit ergreifen, unser Vertrauen auf Sein Wort zu befestigen. Wir schlagen unsere Bibeln auf in Hebr 4,12: *Denn das Wort Gottes ist lebendig und wirksam und schärfer als jedes zweischneidige Schwert und durchdringend bis zur Scheidung von Seele und Geist, sowohl der Gelenke als auch des Markes, und ein Richter der Gedanken und Gesinnungen des Herzens.*

Liebe Freunde, mir ist wohl bewusst, dass die meisten von uns diesem Satz aus der Schrift schon oft begegnet sind und einige ihn auswendig kennen. Leider hören wir aber oft genau den Bibelversen am wenigsten zu, die wir am genauesten zu kennen meinen. Stimmt's? Ob ich Eure Aufmerksamkeit heute morgen dennoch für Hebr 4,12 gewinnen darf? Für das Wort Gottes, das dein Leben neu macht? Ich möchte Euch zeigen, worin die Lebendigkeit des Wortes Gottes besteht und die Wirkmacht und warum es dich und mich zu dem Ziel führt, für das es uns gegeben ist. Eure Prediger zuhause sollen dann auch über die Schärfe des Wortes Gottes predigen, seine durchdringende Kraft und seine Richtqualität, über all das spricht Hebr 4,12. Heute aber lasst mich nur den Anfang des Verses in Euer Herz ganz fest einpflanzen: *das Wort Gottes ist lebendig und wirksam*! Seid ihr bereit?

1. Lebendig ist das Gegenteil von tot

Liebe Geschwister, die Bibel ist nicht das einzige Buch, das den Lauf der Weltgeschichte beeinflusst hat. Auf Platz 2 der meistverkauften Bücher befindet sich das „Kleine Rote Buch," auch „Mao-Bibel" genannt, mit 1-1,5 Milliarden verkauften Exemplaren, auf Platz 3 „Das Manifest der Kommunistischen Partei" (500 Millionen). Niemand wird behaupten, die Verbreitung dieser Bücher habe keine Konsequenzen gehabt. Auf Platz 23 weltweit übrigens „Heidis Lehr- und Wanderjahre" von Johanna Spyri.[1]

Und die Bibel? Sie liegt unangefochten auf Platz 1 mit 2 bis 3 Milliarden verkauften Exemplaren.[2] Wir freuen uns darüber. Dennoch frage ich: Ist es nun die große Besonderheit der Heiligen Schrift, dass sie das meistverbreitete Buch ist? Ist ihr Vorzug eine Sache der Zahlen? Oder vielleicht des Stils? Oder der besten Werbung? Nein, nein und nochmals nein. Was die Bibel besonders macht, ist ihre Qualität: Wort des lebendigen Gottes. Alle Bücher dieser Welt sind Buchstaben. In Worte gefasste Ideen von Menschen, die andere Menschen auf irgendeine Art beeinflussen. Aber sie bleiben Buchstaben. Die Bibel ist mehr. Als Wort des lebendigen Gottes sind ihre Wort selbst lebendig. Sie sind nicht tote Buchstaben, auch wenn sie auf Papier gedruckt sind. In Gott *ist die Quelle des Lebens* (Ps 36,10), und was aus Seinem Mund kommt, das ist Leben. Darum ist Gottes Wort Gottes Kraft.

Durch das Reden Gottes schafft Gott Wirklichkeit. Zum Beispiel: Durch Sein Wort ist das Universum entstanden (Ps 33,9). In Seinem Wort ist Er heute gegenwärtig. Darum kommt Gottes Wort nie leer zurück, sondern führt aus, wozu Gott es gesandt hat (Jes 55,11). Darum, liebe Geschwister, können wir Röm 1,16 gar nicht wörtlich genug nehmen, wo es heißt: *Das Evangelium ist Gottes Kraft zum Heil jedem Glaubenden.* Das Evangelium, das die frohe Botschaft von der Rettung durch das stellvertretende Sühnopfer des Herrn Jesus Christus für alle, die Ihm Glauben schenken, in verstehbare Worte gefasst – *dieses* Evangelium ist die Kraft Gottes zum Heil. Es ist mehr als Buchstabe. Es ist nicht nur der Inbegriff des Heils, nicht nur die Nachricht über das Heil, nicht nur die Kunde vom Heil – es schafft in dir und in mir die geistliche Realität, von der es redet und für die es bestimmt ist. So sehen wir es im biblischen Beispiel der Stoffhändlerin Lydia: *deren Herz öffnete der Herr, dass sie achtgab auf das, was von Paulus geredet wurde* (Apg 16,14).

Das Evangelium kann, was niemand anders vermag: es schafft sich im eigentlichen Sinn des Wortes Gehör. Es schöpft, es erschafft seit der ersten Seite der

---

[1] „Liste erfolgreicher Bücher nach verkauften Exemplaren." www.wikipedia.org, 23. Mai 2011.

[2] Ebd.

Bibel im Raum der Schöpfung und im Raum der Erlösung: Es weckt den Glauben. Darum beten wir: *Alle Morgen weckt er mir das Ohr, dass ich höre, wie Jünger hören* (Jes 50,4). Nicht durch Redekunst, sondern durch seine Qualität als gottgehauchtes Wort des lebendigen Gottes und darum als Kraftwort. So bezeugt der Apostel Paulus den Korinthern: *Meine Rede und meine Predigt bestand nicht in überredenden Worten der Weisheit, sondern in Erweisung des Geistes und der Kraft* (1.Kor 2,4). Und gegenüber den Thessalonichern freut er sich: *Wir danken Gott auch unablässig, dass, als ihr von uns das Wort der Kunde von Gott empfingt, ihr es nicht als Menschenwort aufnahmt, sondern, wie es wahrhaftig ist, als Gottes Wort, das in euch, den Glaubenden, auch wirkt* (1.Thess 2,13). *Wirkt* nicht dank seiner genialen Ideen, sondern *wirkt* dank seiner Qualität als lebendes Wort Gottes. Liebe Freunde, aus dieser Perspektive dürfen wir noch einmal neu das Gebet erlernen, das uns der Ps 119 lehrt: *Öffne meine Augen, dass ich erblicke die Wunder in deinem Gesetz* (Ps 119,18). Wir überschätzen das Bibelwort nicht, wenn wir in ihm nicht nur die Berichte *über* Gottes Wunder erkennen, sondern glauben, dass in diesem Wort die Kraft für Gottes Wunder steckt: *Öffne meine Augen, dass ich erblicke die Wunder in deinem Gesetz.* Das Wort Gottes ist eben lebendig und wirksam.

Liebe Geschwister, trauen wir dem Wort Gottes doch wieder zu, dass es Leben verändert, so wie es einst auch unser Leben erneuert hat – oder? Kraft der Kraft Gottes.

Das größte Wunder, das Gott mit Seinem Wort heute täglich vollbringt, ist die Wiedergeburt verlorener Menschen zu neuem ewigem Leben. Das meine ich wörtlich. Wir sind vielleicht enttäuscht, weil es wenige „Bekehrungen" in unserem Umfeld gibt. Aus dem leisen Vorwurf wächst eine laute Anklage gegen Gott: „Ich habe brav meine Zeugenpflicht erfüllt: Traktate verteilt, immer wieder über den Heilsweg Zeugnis abgelegt – jetzt solltest Du, Herr, doch gefälligst auch einmal Bekehrungen generieren, bitteschön!!!"

Nur, bedenken wir: Der Mensch, der tot ist in Übertretungen und Sünden (Eph 2,1), wird nur durch den Heiligen Geist mit dem Mittel des Wortes unseres Herrn wiedergeboren zu ewigem Leben, nicht durch seinen Fleischeswillen. Der Herr Jesus sagt: *Der Geist ist es, der lebendig macht, das Fleisch nützt gar nichts. Die Worte, die ich zu euch geredet habe, sind Geist und sind Leben* (Joh 6,63). So IST das Bibelwort nicht allein lebendig, es GIBT auch Leben als Mittel in der Hand Gottes nach Seinem gnädigen Wirken und Wohlgefallen durch den Heiligen Geist.

Der Herr Jesus vergleicht darum das Wort mit lebendigem Samen: *Der Same ist das Wort Gottes* (Lk 8,11). Bloße Buchstaben als tote Samenkörner würden keine Frucht hervorbringen, der lebende Same aber schon. Wenn wir als Bauern auf Gottes Acker den Boden bearbeiten und die Saat ausstreuen, so ist und bleibt das Geheimnis des neuen Lebens Wirkung des lebendigen Samens: *Nach seinem Willen hat er uns durch das Wort der Wahrheit geboren* (Jak 1,18). Und der Apostel Petrus sagt: *Ihr seid wiedergeboren nicht aus vergänglichem Samen, sondern aus unvergänglichem durch das lebendige und bleibende Wort Gottes* (1.Petr 1,23). Das Wort Gottes ist es, das unser kaltes Herz zur brennenden Liebe zum Rettergott entflammt und das steinerne Herz unserer Verlorenheit aufbricht, um es durch ein lebendiges Herz zu ersetzen: *Ist mein Wort nicht brennend wie Feuer, spricht der HERR, und wie ein Hammer, der Felsen zerschmettert* (Jer 23,29)?!

Der Reformator Martin Luther ist ebenso von der Selbstwirksamkeit des Wortes Gottes überzeugt gewesen. Er war alles andere als ein fauler Mensch, er hat für die Sache des Evangeliums gearbeitet wie wenige andere. Und dennoch wusste er, dass weder er noch seine Freunde Philipp Melanchthon oder Nikolaus von Amsdorf oder sonst ein Mensch dem Evangelium Wirkmacht verleihen, sondern der Garant, Autor und Sprecher des Wortes Gottes selbst, der dies vollbringt – Gott: „Ich hab' allein Gottes Wort getrieben, gepredigt und geschrieben; sonst hab ich nichts getan. Das hat, wenn ich geschlafen hab', wenn ich wittenbergisch Bier mit meinem Philippo oder Amsdorf getrunken hab', allzu viel getan. Ich hab' nichts getan."

Wenn wir uns nach Erneuerung, Festigung, Erweckung, Reinigung, Zurüstung für die Gemeinde Jesu sehnen, liebe Geschwister, so geht alles Geisteswirken über das Wort Gottes, das da *reichlich unter uns wohnen* möge (Kol 3,16), oder es wird nichts geschehen. Ohne Wort Gottes ist Gott nicht zu haben und Sein Wirken schon gar nicht. Jede lebendige, lebende, lebenschaffende Bewegung muss eine Bibelbewegung sein! Möge der Herr dies schenken!

2. Lebendig ist nicht das Gegenteil von langweilig

Liebe Freunde, das Wirken des lebenden Wortes Gottes ist für uns eine Angelegenheit von „Sein oder Nicht-Sein." Ein heimlich-unheimliches Missverständnis über das lebendige Wort Gottes plagt aber viele Mitchristen in einem stillen Winkel ihres Herzens: Sie denken, „lebendig" sei das Gegenteil von „langweilig." Wenn sie nun ihre eigene Begegnung mit dem Wort Gottes als „langweilig" empfinden, sprechen sie aber ihre persönliche Unlust einem Qualitätsmangel der Bibel zu – anstatt ihrem eigenen alten Adam. Und dann werden alle möglichen und unmöglichen Versuche unternommen, dem göttlichen Lebenswort durch menschliche Bemühungen vermeintliches Leben einzuhauchen. Da stellen die Herausgeber der neuen Zeitschrift „Faszination Bibel" im Editorial keine Ausnahme dar: „Viele Christen sind bibelmüde. Sie ... finden die Bibel oft langweilig. Spüren nicht viel vom „lebendigen" Buch ... All diese Gefühle und Haltungen standen Pate bei unserer Magazin-Idee. Neuen

Appetit machen auf die Bibel."[3] Wunderbar. Aber das Unterfangen muss scheitern, wenn die Autoren selbst nicht von der innewohnenden Kraft Gottes im Wort Gottes überzeugt sind. Warum läsen wir sonst in einem Artikel über die Heiligkeit der Bibel einerseits „Die Bibel ist nicht nur teilweise inspiriert" und andererseits „Inspiration besagt, dass Gott dieses Buch als sein eigenes beschlagnahmt hat."[4] Nein. Gott hat gar nichts beschlagnahmt. Gott hat gesprochen, gegeben, und es steht da: im Wort der Heiligen Schrift. Der Artikel erklärt weiter: „Inspiration wird erfahren, wo das Wort trifft."[5] Ich sage euch, liebe Geschwister: Es ist völlig egal, ob ihr Gott den Gefallen zu tun gedenken wollt, euch großzügigerweise einmal von seinem Wort treffen lassen zu wollen oder es vielleicht auch weiterhin für langweilig abzutun – Gottes Wort bleibt, was es ist: gottgehaucht, inspiriert. Unsere Erfahrung fügt dem nichts hinzu. Es bleibt, was es ist. Wir sind nur töricht, schaden uns selbst und schneiden uns vom Segen ab, wenn wir uns dem Wort verweigern. Es ist völlig egal, ob ihr euch als geschätzte Hörer des Gotteswortes dazu bequemen möchtet, dem Bibelwort inspirierte und inspirierende Qualitäten zueignen zu wollen oder nicht – es bleibt, was es ist: Gottes Wort, Lebenswort, gottgehauchte-geistgehauchte Botschaft zum Heil jedem Glaubenden.

Die behauptete Langweiligkeit des Wortes Gottes ist in Wahrheit eine Aussage über die Unwilligkeit unseres alten Adams. Unser irdisch gesinntes Wesen will sich dem Licht des Ewigen nicht aussetzen und wehrt sich, die kleine Mühe und Anstrengung auf sich zu nehmen, gemäß den Worten des Herrn: *Habt ihr nicht auch diese Schrift gelesen …* (Mk 12,10)?! An der Qualität der Schrift liegt es nicht, sondern an unserer eigenen Beschaffenheit. Unsere Selbstverliebtheit hindert uns, das Wort unseres Gottes aufzunehmen. Der Nutzen des Wortes Gottes gereicht uns nicht erst dann zu unserer Unterweisung, zu unserer Umgestaltung und zu unserer Korrektur, wenn wir es mit unserem Einverständnis quasi aktivierten und zur Geltung brächten, es ansonsten aber tot bliebe. Es bleibt vielmehr gültig was 2.Tim 3,16 über die objektive Gottgehauchtheit und Wirksamkeit des Wortes Gottes *sagt: Alle Schrift ist von Gott eingegeben und* ist *nützlich zur Lehre, zur Überführung, zur Zurechtweisung, zur Unterweisung in der Gerechtigkeit*. Der Glaube kommt nicht aus Kurzweiligkeit von Gottes Mitteilungsmittel, sondern aus Seiner lebendigen und wirksamen Kraft: *damit euer Glaube nicht auf Menschenweisheit, sondern auf Gottes Kraft beruhe* (2.Kor 3,7).

---

[3] Ulrich Eggers, Martin Gundlach, Ulrich Wendel: „Langweilig. Lebenswichtig." Faszination Bibel: Das Buch der Bücher lieben lernen (Okt-Dez 2010), S. 3.

[4] Christoph Schrodt: „Was ist so heilig an der heiligen Schrift?" Faszination Bibel: Das Buch der Bücher lieben lernen (Okt-Dez 2010), S. 28.

[5] A.a.O.

Darf ich euch einladen, liebe Freunde, der Wirkmacht dieses Wortes Gottes wieder von Neuem Euer Vertrauen zu schenken? Es ist nicht nur nicht langweilig, es ist nicht nur *literarisch* interessant und *darum* „lebendig,“ sondern es lebt *als Wort des Lebens* aus und von und durch und mit Gott. Evangelisation ist die Verkündigung dieses lebenschaffenden Wortes Gottes, keine Veranstaltung, um den Appetit geistlicher Leichen auf Nahrung für ihre Seele zu wecken. Wenn aber der Herr Jesus Christus nach seinem Wohlgefallen, durch den Heiligen Geist, mit dem Mittel des Wortes des Evangeliums ein totes Ohr zum Hören aufgeweckt und der Mensch zu seiner Erweckung Lebensworte aufnimmt, so entsteht neuer und authentischer Appetit. Das Bibelwort ist nicht geistloses Bla-Bla, sondern ist alles Wort zum Leben und zur Gottseligkeit für dich. Die Gemeinde des Herrn braucht wieder ein lebenspraktisches Vertrauen auf alle Wahrheit des Wortes Gottes. Es fängt bei dir an. Bei deinem Vertrauen auf seine Heilszusagen. Bei deinem Vertrauen darauf, dass Gott es so meint wie Er es in seinem Wort sagt. **Mag sein, dass es auch lebendige Predigten gibt, die langweilig sind. Aber sie sind lebend-lebendig.** Möge der Herr diesem Prediger seine Gnade zur Predigtbefähigung stärken. Aber eine Predigt, die *nicht* Gottes Wort verkündigt als lebendiges Wort des Allmächtigen, kann so spannend sein, wie sie will: sie bleibt tot. Du wartest vielleicht auf gewisse Änderungen in deinem Leben: Heiligung, Zurechtbringung, Trost. Du darfst verstehen, dass das Wort Gottes dir nicht nur eine Sollordnung, eine hehres Ziel ohne Bezug zur Realität vorstellt, sondern dass mit Gottes Gebot, Zusage und Verheißung zugleich auch seine Kraft zu dir kommt. Solange wir auf dieser Erde sind, wird die Saat des Wortes Gottes auch beim frömmsten Frommen nicht auf 100% guten Boden fallen. Das liegt bei allem Glauben und Gottvertrauen an unserem gefallenen Zustand, Adam und Eva sei Dank. Aber immer wann und wo wir in Christus sind, wird das lebendige Wort Gottes wirksam in uns zum Ziel kommen. *Bleibet in mir*, spricht Christus darum (Joh 15,4). Ebenso der Apostel Paulus: der Schlüssel für alle geistlichen Segnungen ist und bleibt unser ganzes Leben lang das Sein *In Christus* (Eph 2,10,13; 4,32 und öfter). **Habt Mut, liebe Geschwister, die Lebendigkeit der Bibel besteht nicht in der Kurzweil, die sie bietet, sondern in der Erweisung des Geistes und der Kraft (1.Kor 2,4). Die Wirksamkeit der Bibel ist nicht in toten Menschenbuchstaben gefangen, sondern sie ist garantiert im inspirierten Geistwort Gottes, das mit dir und mir zum bestimmten Ziel kommen wird.**

3. Lebendig führt es uns ans Ziel

Liebe Brüder und Schwestern, habt ihr eure Bibeln wieder lieber gewonnen? Wunderbar. Lasst uns am Ende unseres wunderbaren Jubiläumskongresses auch noch Ausblick halten. Was wird die Zukunft für das Leben des Glaubenden bringen? Wird die Heilige Schrift im Leben des Glaubenden an Einfluss abnehmen, weil der Mensch „sowieso schon so viel weiß?“ Oder wird ihre Bedeutung zunehmen, weil der Christ dadurch, dass er sie besser kennt, immer noch mehr wissen wird, wie viel er noch nicht kennt und weiß? Wird der einmal bekehrte Christ aus eigener Herrlichkeit das himmlische Ziel erobern, oder bleibt er von der Wirksamkeit und Kraft des Gotteswortes abhängig? Gottes Wort lehrt uns das Letztere. Der Apostel Paulus bekräftigt seinem Kind im Glauben, Timotheus, dass es nicht der Christ ist, der die Weisheit zum Eingang ins Himmelreich in sich trägt, sondern das Bibelwort, das an seiner Seite steht. Dieses ist seine Leuchte: *Du kennst von Kind auf die Heiligen Schriften, die Kraft haben, dich weise zu machen zur Rettung durch den Glauben, der in Christus Jesus ist* (2.Tim 3,15). Der Herr Jesus Christus verheißt Seinen Nachfolgern: *Ich lebe, und ihr sollt auch leben* (Joh 14,19). Er wird uns durch die Zeit in die Ewigkeit tragen mit der Macht Gottes: *Eines hat Gott geredet, zwei Dinge sind es, die ich gehört, dass die Macht bei Gott ist* (Ps 62,11). Diese Macht ist keine andere als die, die den Herrn Jesus aus den Toten auferweckt hat, unseren Glauben geweckt hat, uns in diesem Leben umgestaltet und uns einst als Glieder am Leib Jesu als Brautgemeinde *ohne Flecken und Runzeln* (Eph 5,27) vor dem Vater präsentieren wird: *Er wird unseren Leib der Niedrigkeit umgestalten zur Gleichgestalt mit seinem Leib der Herrlichkeit, nach der wirksamen Kraft, mit der er vermag, auch alle Dinge sich zu unterwerfen* (Phil 3,21). Und – es ist keine andere Kraft als die, die uns im Wort Gottes begegnet. Gelobt sei Christus!

Liebe Brüder und Schwestern: Heute morgen haben wir gesehen, dass das Wort Gottes die Kraft Gottes ist. Haben wir unseren Kritikern Nahrung gegeben, die behaupten, wir glaubten an ein Buch anstatt an Gott? Wir vertrauten auf tote Buchstaben und nicht auf den lebendigen Geist? Ich bin überzeugt: wir haben Zeugnis abgelegt vom Gegenteil. Gott lässt sich nicht von Seinem Wort trennen! Gott, dem Geist, gefällt es, durch das Mittel der Kraft des Evangeliums selbst Heil zu geben jedem, der durch diese Kraft überwunden worden ist und glaubt. Oh, das Evangelium ist nicht nur nicht langweilig, sondern seine Worte *sind Geist und sind Leben* (Joh 6,63). Sie haben die Kraft, dich zu bewahren auf das Ziel! Lass dir deine Bibel von niemandem rauben, lieber Bruder, liebe Schwester!

Der, der das Wort gesprochen hat, segne Euch, Gott der Allmächtige:

Herr, dein Wort, die edle Gabe,
diesen Schatz erhalte mir,
denn ich zieh' es aller Habe
und dem größten Reichtum für.
Wenn dein Wort nicht mehr soll gelten
Worauf soll der Glaube ruhen?
Mir ist nicht um tausend Welten
Aber um dein Wort zu tun.
Amen.

Die Autoren

Steffen Denker, Kilchberg (CH); Präsident des Bibelbundes Schweiz; Pastor der Action Biblique Zürich; Lehrtätigkeit am EBTC-Zürich; Verfasser diverser Artikel für „Bibel und Gemeinde“ und andere christliche Medien.

Thomas Jeising, Drs. Homberg/Efze (D); Prediger in der Evangelischen Gemeinschaft Homberg; Stellvertretender Vorsitzender des Bibelbundes Deutschland; Verfasser zahlreicher Artikel in „Bibel und Gemeinde“ und in christlichen Zeitschriften.

Bernhard Kaiser, Dr. Th. Reiskirchen (D); Gründer und Leiter des Instituts für Reformatorische Theologie IRT; Dozent für Systematische Theologie an der Universität Komarno (Slowakei); im Leitungskreis der Studiengemeinschaft Wort und Wissen; Verfasser diverser theologischer Bücher.

Michael Kotsch, lic. phil., Bad Mainberg (D); Vorsitzender des Bibelbundes Deutschland; Lehrer an der Bibelschule Brake und Referent an der STH Basel; Mitarbeit in der Arbeitsgemeinschaft für biblische Ethik in der Medizin (ABEM); Verfasser diverser Bücher und Artikel in christlichen Zeitschriften.

Benedikt Peters, lic. phil. Arbon (CH); Vizepräsident des Bibelbundes Schweiz; Bibellehrer in christlichen Gemeinden und Bibelschulen in Mittel-, Süd- und Osteuropa; Verfasser einer Reihe von Büchern und zahlreichen Artikeln.

Johannes Pflaum, Neu St. Johann (CH); Verkündiger und Bibellehrer im In- und Ausland; Lehrtätigkeit am EBTC-Zürich; im Vorstand des Bibelbundes Schweiz; Buchautor; Verfasser zahlreicher Artikel und theologischer Schriften.

Alexander Seibel, Schöffengrund (D); weltweit tätig in der Evangelisation, Mission und als Verkündiger; Publizist und Autor mehrerer Bücher und zahlreicher Artikel in christlichen Zeitschriften.

Álmos Ete Sípos, Dr. Th., Pécel (H); Lehrer an der Bibelschule des Bibelbundes in Pécel; Generalsekretär Bibelbund Ungarn; Verfasser mehrerer Bücher und zahlreicher Artikel für „Bibel und Gemeinde“ Ungarn und in christlichen Medien.

Siegfried Weber, Großheide (D); Leiter der Ostfriesischen Zeltmission; Studienleiter der Bibel- und Missionsschule Ostrfriesland BMO; Verfasser zahlreicher Artikel in christlichen Medien.

Der Bibelbund

Der Bibelbund ist ein Zusammenschluss bibeltreuer Christen, die sich in einem eingetragenen gemeinnützigen Verein organisieren. Er nimmt Stellung zu kritischen Fragen über die Bibel. Sein Anliegen ist es, die Gläubigen vor Ort in ihren Auseinandersetzungen mit unbiblischen Entwicklungen in ihrer Umgebung zu helfen und ihr Vertrauen in die Irrtumslosigkeit der Heiligen Schrift stärken. Deshalb gründet er auch keine eigenen Gemeinden.

1894 wurde der Bibelbund in einem pommerschen Pfarrhaus gegründet, um ein Forum für schriftgebundene christliche Lehre zu bilden. Durch den Bibelbund wollte man sich besser gegen das massive Vordringen der Bibelkritik und die zunehmende Liberalisierung der Theologie zur Wehr setzen. Bekannte Mitglieder des Bibelbundes waren unter anderen: Fritz Rienecker, Wilhelm Möller, Erich Sauer, General von Viebahn, Kurt Koch, Otto Riecker, Hans Bruns, Wilhelm Busch, Heinrich Jochums. Heute wird die Arbeit des Bibelbundes von Christen aus Kirchen und Freikirchen, Gemeinschaften und Brüdergemeinden getragen, die durch das Bekenntnis zur Heiligen Schrift verbunden sind.

Die Mitglieder bekennen sich zu dem Glauben, dass allein die Bibel Alten und Neuen Testaments nach ihrem Selbstzeugnis bis in den Wortlaut hinein das durch göttliche Inspiration empfangene, wahre Wort Gottes und verlässliche Zeugnis von seiner Offenbarung in der Geschichte ist. Sie halten an der völligen Zuverlässigkeit und sachlichen Richtigkeit aller biblischen Aussagen – auch in geschichtlicher und naturkundlicher Hinsicht – sowie ihrer uneingeschränkten Geltung in ihrem heilsgeschichtlichen Zusammenhang fest. Sie ist in allem, was sie sagt, uneingeschränkte göttliche Autorität und Norm für Lehre und Leben.

In die Öffentlichkeit tritt der Bibelbund durch Vorträge und Tagungen, vor allem aber durch seine Zeitschrift »Bibel und Gemeinde«, die seit fast 100 Jahren erscheint. Dazu kommt der Vierteljahresbrief »Biblisch Glauben, Denken, Leben«, der noch in der DDR als Mitarbeiterhilfe entstand und kostenfrei weitergegeben werden kann.

Mit dem Bibelbund Schweiz und Ungarn zusammen entstand im Jahr 2002 die Arbeitsgemeinschaft »Bibelbund International«.

Die Ziele des Bibelbundes

- Stärkung des Vertrauens in die Irrtumslosigkeit der Heiligen Schrift.
- Engagiertes Eintreten für den Glauben des Evangeliums, der uns in der Bibel überliefert ist.
- Kritik der Bibelkritik und der von ihr geprägten Theologie.
- Erarbeitung und Darstellung von bibeltreuer Theologie.
- Förderung des persönlichen Bibellesens zur Erfahrung der rettenden Kraft des Wortes Gottes.
- Veranstaltungen von Kongressen und Tagungen, Vorträgen, Seminaren und Bibelwochen, die dem Anliegen des Bibelbundes dienen.
- Förderung und Herausgabe von wissenschaftlicher und allgemeinverständlicher Literatur zur Heiligen Schrift und zu angrenzenden Gebieten wie z.B. Sprachforschung, Archäologie und Naturwissenschaften.

Kontakt

Bibelbund Deutschland
Postfach 470268
12311 Berlin
Tel 030 / 44 03 92-53
Fax 030 / 44 03 92-54
kontakt@bibelbund.de
www.bibelbund.de

Die Bibel:
Ganze Inspiration
Ganze Wahrheit
Ganze Einheit

Bibelbund Schweiz
Postfach
9630 Wattwil SG
Tel 056 / 6 22 65 35
Fax 041 / 7 69 10 89
info@bibelbund.ch
www.bibelbund.ch